Case Studies of
China's Beautiful Villages

卜希霆 主编
陈文玲 副主编

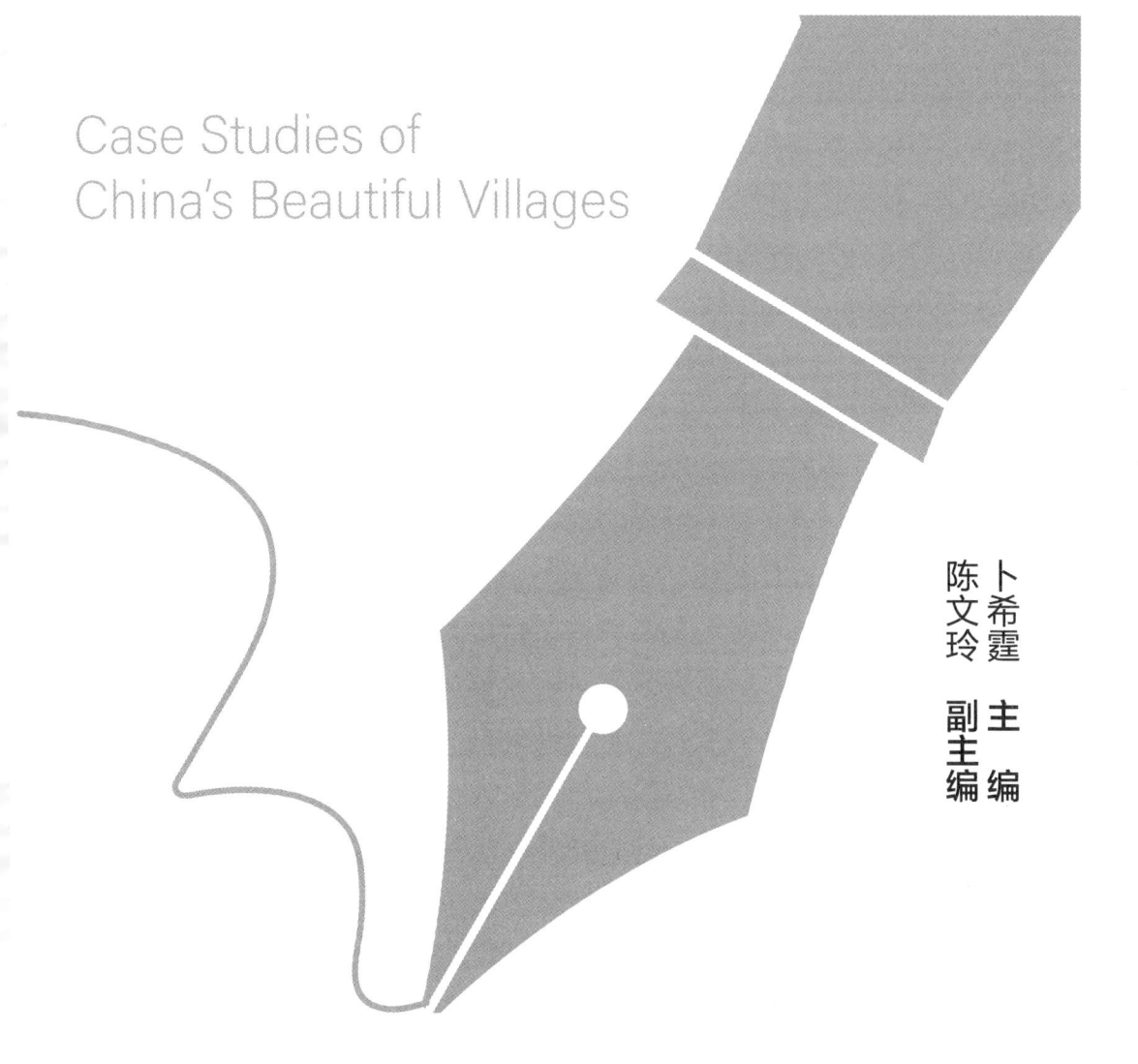

中国美丽乡村
案例研究

中国国际广播出版社

图书在版编目（CIP）数据

中国美丽乡村案例研究 / 卜希霆主编. —北京：中国国际广播出版社，2023.2

ISBN 978-7-5078-5316-2

Ⅰ.①中… Ⅱ.①卜… Ⅲ.①农村－社会主义建设－案例－中国 Ⅳ.①F320.3

中国国家版本馆CIP数据核字（2023）第037647号

中国美丽乡村案例研究

主　　编	卜希霆
副 主 编	陈文玲
策划编辑	赵　芳
责任编辑	张　玥
校　　对	张　娜
版式设计	邢秀娟
封面设计	王广福　姜馨蕾　赵冰波

出版发行	中国国际广播出版社有限公司 ［010-89508207（传真）］
社　　址	北京市丰台区榴乡路88号石榴中心2号楼1701
	邮编：100079
印　　刷	环球东方（北京）印务有限公司

开　　本	710×1000　1/16
字　　数	280千字
印　　张	22.5
版　　次	2023年8月　北京第一版
印　　次	2023年8月　第一次印刷
定　　价	68.00元

版权所有　盗版必究

序 言

我的美丽"乡愁"

卜希霆

中国传媒大学文化产业管理学院硕士研究生导师、

文化发展研究院副院长

德国社会学家斐迪南·滕尼斯曾说,乡村是"一个天然共同体",它既是人们的生产空间,也是人们的生活空间。对于中国人来说,乡村就是每个人的"文化乡愁"。

文化是国家和民族的灵魂,更是乡村振兴中铸魂凝力的关键所在,文化建设能激发生产力、提高竞争力、增强吸引力、提高凝聚力,决定了一个区域、一个地方的价值取向和精神面貌,乡村振兴是促进农村可持续发展、提升农民生活品质、加快城乡一体化进程、建设幸福农村的重大国家战略。建设美丽乡村是促进农村可持续发展、提升农民生活品质、加快城乡一体化进程、建设幸福农村的重大举措,也是推进新农村建设的重要抓手。"美丽乡村"建设与乡村振兴息息相关,自党的十九大提出实施乡村振兴战略、建设美丽中国目标以来,建设美丽乡村、实现乡村振兴对于文化强国建设战略目标来说至关重要。2019年,在国家乡村振兴战略的指引下，笔者所供职的中国传媒大学文化产业管理学院策划组织了"美丽乡村大调研"，以广袤的中国乡村为基底，组织开展暑期社会实践调研活动。本次调研活动共有10支社会实践团队、116名师生共同参与，涵盖本科生、硕士研究生、博士研究生等，分别前往北京的昌平、门头沟、延庆以及河北的保定等地展开调研工作。认识来源于实践，"美丽乡村大调研"给学生们带来的不仅仅是通过实践了解乡村发展信息，更有通过实践去探求文化赋能乡村的方法与路径，真正践行"把灵魂装进肉体里，把论文写在大地上"的大学研究精神。在"美丽乡村大调研"期间，师生共同研读费孝通先生的《乡土中国》等乡村理论著作，深入村庄田野，直面乡村肌理，边踏查边讨论，紧扣时代脉搏，专注影响地方发展的实际问题，共同挥笔绘就新时代生态美、环境美、人心美、风貌美的"美丽乡村"崭新画卷。学生们将书本上的知识与生活中的实践相结合，进一步深入了解我国乡村发展的现状及未来发展趋势，更好地认识我国乡村振兴战略的重大意义，以及乡村振兴战略对于我国实现农业农村现代化的重要作用。在此背景下，笔者组织师生在"美丽乡村大调研"实践的基础上，整理出版了《中国美丽乡村案例研究》一书，选取在新时代乡村振兴建设中涌现出的美丽乡村典型案例进行观察分析。从不同角度，运用大量数据，结合文献资料，详细地分析了乡村振兴战略背景下各地区在"美丽乡村"建设过程中所取得的成就，并对今后的发展方向提出了建议。

这既是一部对中国美丽乡村样本系统化研究的案例选辑，也是以乡村为课堂践行"立德树人"教育思想的结课汇报，同时又是大学"走出象牙塔"与乡村携手同耕的"知行合一"的美丽乡村研究"试验田"。本书从全国"美丽乡村"建设的典型案例中精选出多个极具代表性的样本，包括北京市朝阳区高井村、昌平区狮子营村、延庆区下虎叫村、门头沟区爨底下村、门头沟区灵水村、昌平区康陵村、昌平区德陵村、昌平区上口村，河南省信阳市郝堂村，浙江省杭州市众联村，重庆市南岸区放牛村，海南省海口市博学村，福建省厦门市青礁村等。

本书不仅对美丽乡村的"形"进行了全面梳理，而且对美丽乡村的"神"进行了深入探讨，通过实地调研，本书更深入地了解了美丽乡村的"魂"，在调研的过程中，我们从乡土文化中汲取智慧与力量，在历史中传承文明与记忆，在当代谱写美丽乡村的新篇章。同时，本书也是对"美丽乡村"建设的一次理论与实践相结合的创新尝试。本书立足于我国农村经济社会发展实际，以城乡统筹发展为主线，系统梳理了近年来我国"美丽乡村"建设过程中的经验做法，总结了不同地区、不同模式的发展经验。本书还结合我国农村实际情况以社会学视角进行观察与剖析，对我国"美丽乡村"建设提出思考与建议。

本书所选案例具有一定的代表性和典型性，不仅体现了我国近年来"美丽乡村"建设工作取得的成果，更是对中国农村发展规律认识与总结的提升。通过对这些案例进行分析和总结，能够发现各地在"美丽乡村"建设过程中存在的共性和个性问题，这些问题又可以为今后的"美丽乡村"建设提供启示。未来，我们还将继续深入研究中国"美丽乡村"建设问题，推动"美丽乡村"建设向更高水平发展。此外，本书通过对不同地区在"美丽乡村"建设过程中所采用的不同模式进行研究，在一定程度上体现了我国乡村的多样性和丰富性，为我国实现农业农村现代化提供了可供借鉴的经验。

本书即将付梓之际，感谢范周、杨树雨、袁庆丰、齐骥、刘江红、王青亦、王文勋、陈文玲、熊海峰、杨剑飞、陈娴颖、邹千江等中国传媒大学文化产业管理学院的各位老师为调研工作付出的辛劳与指导，同时，感谢参与调研与写作的各位同学。同时，本书作为中国传媒大学文化产业管理学院与北京市朝阳区高井村共建"美丽乡村研究所"合作项目（项目编号：HW19205）的主要成果，项目顺利开展得到了北京市朝阳区高井村党总支庄虔春书记、果屹娜副书记的大力支持与悉心指导，得到时任中国传媒大学党委书记陈文申、校长廖祥忠同志，时任北京市朝阳区委书记王灏同志的亲切指导，在此，一并表示感谢！

本书通过对"美丽乡村"的调查研究，以点带面、点面结合，探索新时代中国"美丽乡村"建设的实践模式，为各地"美丽乡村"建设提供可借鉴、可复制、可推广的经验。本书适用于高校师生、返乡创业人员、广大农民群众以及关心和支持"美丽乡村"建设的社会各界人士阅读。此外，本书也可以作为我国农业农村现代化建设的重要参考。对于广大城乡居民来说，美丽乡村不仅是他们对美好生活的向往，也是实现农村现代化的重要场景与空间。

自2017年乡村振兴战略实施以来，我国农村发展取得了翻天覆地的变化。经济发展和乡村振兴战略的实施，为有志于创新、创业的青年创造了更多条件，提供了更多机会。谨以此书献给广大关心我国农村发展、致力于建设美丽乡村的朋友。"广阔天地，大有可为"，一起共勉。

最后需要说明的是，本书整理期间恰逢新冠病毒肆虐，出版进程受到一定延滞，因此部分采写信息存在一定误差，不当之处，烦请各位不吝赐教、批评指正。

目 录
CONTENTS

上篇　美丽乡村北京榜样　　　　　　　　　　001

乡村精英探寻发展道路，文化产业助力全面发展
　　——高井村的"美丽乡村"建设　　　　　003

农村经济合作社：激活乡村振兴的内生动力
　　——狮子营村调研报告　　　　　　　　　026

共生模式下的"美丽乡村"建设新思路
　　——北京市延庆区刘斌堡乡下虎叫村调研报告　　044

自发与合作：从传统古村落到文旅IP开发
　　——爨底下村的"美丽乡村"建设实践　　062

将"自然瑰宝、文化富地"打造为乡村旅游胜地
　　——京西灵水的"美丽乡村"建设初探　　085

依托康陵优秀传统文化，谱写民俗旅游发展新篇
　　——康陵村"美丽乡村"建设调研报告　　110

以德为魂：唤醒陵寝文化形塑下的内生动力
　　——德陵村"美丽乡村"建设发展报告　　137

驴打滚宴民俗村
　　——上口村的"美丽乡村"发展之路　　　163

下篇　乡村振兴京外寻芳　　　　　　　　　　　　　　183

重建村社共同体与三生共赢，让农村建设得更像农村
　　——郝堂村"美丽乡村"建设调研报告　　　　185

社会组织激发"三治"融合
　　——众联村的"美丽乡村"建设　　　　　　　230

蝶变：从荒山村到"后花园"
　　——重庆南岸区南山街道放牛村的乡村振兴之路　255

自下而上的社区营造
　　——博学村的"再造故乡"探索　　　　　　　273

革命老区的新胜仗
　　——骆驼湾村与顾家台村的脱贫变迁　　　　　300

经典闽台生态文化村
　　——青礁村的"美丽乡村"建设　　　　　　　328

上篇

美丽乡村北京榜样

乡村精英探寻发展道路，文化产业助力全面发展

——高井村的"美丽乡村"建设

■ 朱玉良　刘业莹

一、高井村基本情况

（一）区位概况

高井村隶属于朝阳区高碑店乡，位于朝阳路两侧，与京通快速路、五环路和朝阳北路相连接，在长安街东延长线上，距离天安门14千米，西邻CBD商圈，地理位置优越。高井村辖区面积达3.9平方千米，下辖高井、兴隆庄、太平庄、白家楼等4个自然村，村委会户籍人口3480人（其中农民641人），流动人口常年在5000人左右；党支部14个，其中自管党支部5个、非公党支部9个，"两委"（村党支部委员会和村民委员会）班子11人，党员182人。明清时期，传说原村内高土丘处有一眼水井，从井台上看水面可以看到京城朝阳门城楼的倒影，该村遂被称为"高井"。

（二）产业结构发展脉络

1978年农村改革以前，农业一直都是高井村的主导产业，也是村民收入的主要来源，但农业生产增长率徘徊不前。

1978年实行家庭联产承包责任制以后，高井村的农业内部结构和农村产业结构得以调整，1994年高井村农业进入发展高峰期，农业收入达293.1万元。除第一产业加速发展外，工业也正式出现。高井村工业产值从1978年初始的16.4万元，到2005年已经达到30085万元，平均每年递增32%。

1985年，高井村的第三产业开始出现，且发展速度远远高于工业。20世纪90年代中后期，高井村"两委"抓住朝阳区建设朝阳路现代服务业商圈的有利契机，依托区位优势发展现代商业服务业。与此同时，新上任的庄虔春书记利用正在发展建设中的中央电视台、北京电视台的潜在资源优势和中国传媒大学的人才资源优势，于2005年规划建设了高井传媒文化产业园区。如今，高井村的第三产业早已超过第一、第二产业，成为当地主营产业，其中传媒文化产业的发展成为亮点。

（三）区域发展历程

20世纪70年代末以前，整个高碑店乡以种植业为主，是北京的蔬菜供应地之一。90年代末以来，城市化的快速推进和北京城区的东扩，使此地成为典型的城乡接合部。随着大量国家和市级重点工程的实施，大量农民土地被征用，产业发展空间被挤占，高井村面临着土地征用、环境脏乱差、外来人口多等多方面的问题，就业和民生问题突出。

2004年，以庄虔春为党总支书记的新一届领导班子上任。在庄书记提出的"责任高井"这一理念的引领下，"两委"班子带领全村百姓一起努力，开始着手村内环境整治，为百姓创建整洁舒适的生活环境。同年，全民免费健康体检与健康大课堂项目的实施也大大提升了村民的健康水平；除此之外，高井村党建工作开始着力推进，在党总支的倡导下，崭新高井的建设征程正式开启。

2004—2012年，是高井村经济、文化、民生等各方面建设极大改善和迅猛发展的一段时期。从2005年开始，高井村"两委"班子在党总支书记庄虔春的带领下，敏锐捕捉到传媒和文化创意产业的发展方向，果断决定筹划建设高井传媒文化产业园区，到2008年时一期已经建成并开始投入运营。2007年，中央一号文件下发，指导新农村建设，高井村启动新农村建设原房改建工程，经过3年的努力，新农村建设基本完成，不仅统一为村民建设409栋独栋式二层新居，拆除了私搭乱建，改善了村民居住生活环境并减少了辖区不安全的隐患，还全面加强了环境绿化美化和功能场所的建设，从而使高井村实现了质的飞跃。同时，在公共卫生建设方面，高井村开始全面深化现代公共卫生村建设。

2012年，高井村被评为2011—2012年度"北京最美的乡村"。

2012年以来，高井村加速发展，其建设发展走向更多领域，也进入更高层面。2013年，高井村由村委会集体出资为村民进行医药费二次报销，大大减轻了村民的医药费负担。2015年起，以庄虔春书记为首的高井村党总支在各级党组织的支持下建立起了高井道德讲堂，以加强村民思想道德建设，培育其社会主义核心价值观。2017年，高井村党总支按照习近平总书记提出的"望得见山、看得见水、记得住乡愁"[①]的讲话内容，升级改造了高井村史馆。同年，高井村党总支还按照国家的档案馆建设标准，将档案进行数字

---

① 习近平谈绿色发展：留得住青山绿水记得住乡愁［EB/OL］.（2015-11-09）. https://news.12371.cn/2015/11/09/ARTI1447003693814696.shtml?ivk_sa=1024320u.

化，形成大数据的数据库管理模式。另外，庄虔春书记也紧紧抓住北京市发展文化创意产业的机遇，统筹中国传媒大学、北京CBD-定福庄国际传媒产业走廊、北京电视台等传媒资源，全面规划和建设高井传媒文化产业园区。2018年高井传媒文化产业园区建设已经初具规模，同中国传媒大学、北京中视东升文化传媒有限公司合作，三方联合全力打造集产学研商于一体的文化产业园区。

综上，在庄虔春书记的带领下，高井村已经由最初脏乱差的城乡接合部华丽转身，并获得国家级充分就业村、全国民主法治示范村、全国计生协先进单位、北京市"五个好"先进村党组织、北京市思想政治工作优秀单位、北京市民主法治示范村、首都文明村、北京最美的乡村、北京环境建设先进村、首都绿色村庄、北京市交通安全先进单位、北京市敬老爱老为老服务示范单位、朝阳区先进基层党组织、朝阳区基层党建创新奖等多项各级荣誉，成为首都传媒发展新高地及民生幸福的新高井，并且具有光明、美好的发展前景。

二、高井村"美丽乡村"建设现状

（一）五位一体的建设现状

1. 经济方面

（1）发展传媒文化产业。

高井村原有企业以仓储、商业、服务业为主，企业规模小、低级次、人员聚集，集体收入低。2005年以来庄虔春书记秉持着高端高效的发展理念，借助中央电视台（2018年撤销建制，组建中央广播电视总台）、北京电视台以及中国传媒大学的区位优势和北京市大力发展文化产业的机遇优势，全力打造高井传媒文化产业。高井村经过10年的发展优化升级，建成了东亿国际传媒、红庄·国际文化保税创新园，引进了红星美凯龙等各个产业。又以土地优势和环境优势发展光明山老年公寓、红星美凯龙、宝马5S店、奔驰4S店等系列配套服务产业。高井村的村民可以通过土地入股发展产业园区，通过分红来获得收入。其中，东亿国际传媒产业园在2012年时就已在其首批推出的1.8万平方米的产业空间里入驻数家企业并使总年产值达到16亿元，年上缴税金近3亿元，且后续一直呈增长态势。

（2）优化乡村生产格局。

随着生产力水平的不断提高、现代科技农业的发展，高井村走上了因地制宜的乡村振兴之路。传统农耕生产方式和小规模、抱团互助的生产关系已逐渐转化为现代先进的农业生产方式和大规模、分工组织的生产关系。村民已经不分散种植蔬菜等农作物，而是由生产队统一种植蔬菜和花卉等。此外，村里的老人比较多，除生产队的基本分配和退休补贴金外，他们还可以将空置的房屋进行出租以获得额外的收入。

2.政治方面

（1）合理组织规划建设。

截至笔者调研之日，高井村党总支共有党支部14个、"两委"班子11人、党员182人。以庄虔春书记为首的高井村党总支十分重视村庄的规划与建设，全力构建科学规范、运行有效、制度完备的党风廉政建设主体责任制度体系。为了规范化管理，高井村健全了高井村党总支"两委"联席会议制度、党建工作制度、村委会工作移交制度、重要岗位人员的任用决策制度、村级档案管理制度、村干部培训制度、村委会用章制度、民主理财制度、民主监督制度等多项制度，还建立健全高井村村务监督委员会，便于规范管理与监督。

高井村还时常派党员入户走访并举办"1+1"党员连心活动，

深入村民群众，及时发现并解决问题。近年来高井村更是实现了所有工作电子存档，大到村委会换届选举，小到每一笔财务支出。村党总支班子会、村民代表会，以及村集体的每一笔支出等，都记录下来，使信息更加公开透明，也让老百姓放心。依托"智慧高井"这一涵盖了村里的财政、村务、治安管理等方面内容的大数据平台，在手机上，村民不仅能够看到村里的各类信息和新闻，还能够动态掌握村里的房屋租住、流动人口等情况，实现了党务、村务、财务"三公开"。同时，将各项信息进行有序的整合，不仅减少了管理成本，还极大提高了工作效率和管理能力。

(2) 进行特色党建工作。

高井村秉持"创先争优、责任高井"的理念，坚持以党建为保障、以经济为支撑、以民生为根本，以明确的机制强化知责之心，以丰富的载体培养担责之能，以具体的工作实践履责之行，全力打造责任高井。高井村以"悦读高井"为载体，夯实理论基础，提高党委班子的文化素质和修养，为了深化社会主义核心价值观，构建了"党建统领+"系列活动，还通过"高井同心汇"活动、"1+14"党员讲堂、"道德讲堂"等积极进行党建统领"美丽乡村"建设。不仅如此，村中还开展了"五优""三同"的创先争优活动，将"组织活动优、学习实践优、党员素质优、作风行为优、服务业绩优"的"五优"党员与流动党员组织起来，"同学习、同建设、同服务"，在村内形成创先争优、责任高井的氛围。除此之外，"智慧高井"大数据平台的"高井党建"板块提供了网络沟通、线上党课、线上党员活动等功能，上传下达反应迅速，极大方便了高井村党务工作的开展。

3.文化方面

(1) "一堂四馆"的文化建设。

"一堂四馆"是高井村的建设特色之一，分别是高井道德讲堂、高井村史馆、高井党建馆、高井档案馆和高井妇女之家展馆。高井村史馆于2008年建成，内部主要分为"高井概况"、"话当年"、"看今朝"和"想未来"这4个板块，展现了高井村过去、现在和未来的情景。馆内保留了部分实物资料与影像资料供前来的居民或调研者参观了解，让人们能更直观地看到高井村的发展和变化。高井党建馆以多种形式展现党史、高井党建工作，以及对未来高井的展望，并将进一步完善基层党建及党员教育基地的统筹提升建设。高井档案馆则将档案进行数字化，形成大数据的数据库管理模式，逐步实现智能高井的建设。高井妇女之家展馆则主要突出巾帼传承、品牌建设、妇女教育、巾帼议事等内容。庄虔春书记十分重视村民的道德素质建设，积极组织村民的文化建设活动，利用高井道德讲堂为村民提供国学讲座、养生类讲座、青少年课外拓展辅导、励志榜样村民演讲、文娱演出等服务，教育和引导村民接受道德洗礼，感受道德力量，践行社会主义核心价值观，加强对社会公德、职业道德、家庭美德和个人品德等"四德"建设的认知。

(2) 注重村风家训精神文明建设。

高井村注重培育村风，既从优秀传统文化中汲取养料，继续弘扬爱国爱家、敬祖孝亲的良好风尚，又与中国特色社会主义新时代的发展实践相结合，与时俱进、奋斗创新，让源远流长的村风在新时代迸发出新的生机和活力。

习近平总书记曾说过："不论时代发生多大变化，不论生活格局发生多大变化，我们都要重视家庭建设，注重家庭、注重家教、注重家风。"[1] 为了响应习近平总书记的要求，庄虔春书记在建设美丽乡村的同时，不忘传承优良的家风家教品德。高井村的道德讲堂前有一面墙，上面记录的是村里每一户的家风家训，凝聚着每一家

---

[1] 孙云晓. 让家庭教育回归与创造美好生活［N］. 中国教育报，2022-10-30 (4).

的精神结晶，也成了村里一道独特的风景线，既弘扬了中国优秀传统文化，也有助于提醒村民牢记并遵守道德规范，从而巩固提升村民的精神素养，以及维护家庭和睦、社区和谐。村中会定期评选"五好家庭户"和"党员户"等荣誉称号，这极大提高了高井村家风建设的积极性，村庄的气氛也更加和谐。此外，高井村还通过丰富的文化体育活动进一步深入推进家风建设，开展"书画高井好家风""琴韵高井，古琴乐坊"等活动，邀请专业团队进行授课，传承文化精髓，增强村庄的凝聚力。

除此之外，村里十分重视人才的培养。每当有村民或其子女进入名牌高校或者取得突出贡献，村委会便会对其进行公开表扬并发放奖励补贴。

4. 社会方面

（1）完善基础设施建设。

高井村完善了天然气、自来水、闭路电视、网络、监控系统等配套设施，修建了沥青路、护坡和排水渠，实现全村道路硬化。并且在主要干道修建了路灯，极大改善了村民交通不便利、行走不安全等情况。除了"一堂四馆"的文化设施外，高井村的其他基础设施建设也渐渐完备。小区内设有摆渡车，村民可通过电话预约摆渡车，为离小区大门较远和行走不便的村民提供了便捷的交通工具；村里有菜市场、便利店，满足村民的基本生活需求；村内设有公园，供村民休闲娱乐；村中还有医疗站，村子不远处设有医院，为村民的生病就医和健康检查提供便利。不仅如此，户口在村里的村民看病还可享受二次报销，高井村也率先成为全北京市首个实现医药费二次报销的村庄，报销率高达90%以上。目前高井村也在积极推进家庭医生签约服务的建设工作；村里还建立了村图书馆，保障村民基本的文化需求；暑假道德讲堂也为村里的小朋友提供了写作业的场所，并邀请相关老师帮忙监督孩子学习。

(2) 构建和睦乡风。

高井村人口老龄化严重且多为退休人员，村中的退休人员每个月能够获得约3650元的退休金，以解决日常的生活开销，高井村的退休金远高于周边其他地区。此外，在医疗方面，村中每年都会组织村民进行免费体检，"智慧高井"大数据平台还专门设置了有关健康状况的板块，并将所有村民的历年体检数据录入系统，村民通过手机就能查看历年的体检报告。不仅如此，村委会还会请来医疗方面的专家，对历年体检数据进行大数据分析，例如对每年的血糖、血压、胆固醇情况进行横向和纵向分析，第一时间掌握村民的健康状况和变化，有针对性地开展体检、咨询、讲座等健康服务。高井村内老人孩童较多，为保障村内居民安全，已禁止机动车进入，所有车辆均停在村子北边的停车场内。在精神生活方面，高井村拆除围栏建设，打造开放式庭院，拉近邻里距离，营造更加和谐融洽的邻里氛围。村委会的工作人员和居民，特别是老人之间关系非常紧密，他们了解每家每户的具体情况，经常入户和老人们聊天，了解他们存在的问题并积极解决，也会安排专人为村子里每家拍摄全家福。

(3) 多举措促进就业。

高井村开展了多种就业服务工作，将"失业登记、求职登记、职业指导、职业介绍"四个就业工作重要环节整合起来，实行一条龙联动服务。2004年，高井村正式成立"高井就业指导站"，积极深入用工单位开展调查，完善岗位信息，再根据企业用工需求对失地农民和流动人口进行"订单式"培训和指导。为了激励农民群众学习技能的积极性，村里对取得就业培训资格证书的村民全额报销学习费用。这些举措不仅给村民带来了更多的就业岗位，还给整个辖区产业链的发展提供了更多的机会。高井村在就业服务中坚持"四送三贴两回访"的服务原则，"四送"即送政策、送指导、送岗位、送信息。"三贴"即责任贴近就业人群、热线贴近就业人群、行动贴近就业人群。"两回访"即回访企业，了解企业对被推荐人员的认可度；回访已就业人员，了解他们是否还需要帮助。

此外高井村还为外出就业的人员发放就业补贴，以此鼓励人们外出就业。

5. 生态方面

（1）社区化管理。

高井村的环境建设是一大发展特色，从2007年4月起，高井村启动了新农村建设原房改建工程，对白家楼新村进行统一规划、设计、监理、招标和施工，科学合理地整合和利用好现有土地，建立了400多栋独立的二层小楼，整个村的建筑统一，都是二层的别墅，不仅改善了村民的居住环境，还节省了住宅面积。在院子之外，是统一规划的绿化带，有序而美观。村委会鼓励村民积极打理各自的庭院，并向每户人家发放了樱桃树、石榴树各1棵，还有不少村民在自家的庭院中种植了各种农作物和庭院花卉，十分美观。

高井村坚持加强村庄绿化美化和生态建设，在基础设施建设规划中扩大绿色生态空间，利用村内腾退用地、居民房前屋后、渠边路边、零星闲置地等边角空地，拆违还绿、见空插树，建小微绿地、绿荫停车场等，着力扩大社区内绿化面积，有效提升村容村貌。高井村下辖的白家楼村在市、区、乡各级政府的大力支持下，建成占地面积15万平方米、建筑面积8.2万平方米的二层别墅式白家楼新村，绿化面积达29.4万平方米，并建设健身休闲场地两处，村庄面貌焕然一新，入选了"北京最美的乡村"名录。高井村还按照市、区、乡总体规划要求，改造水、电、路等基础设施，对原先的露天排污渠进行整改，有效治理村庄污染。

高井村还建立了管理统筹、百姓参与的大统筹、大协调、大联合、大民生的"多中心治理"机制，建立了4支环境监管队伍，包括物业队、保洁队、绿化队、志愿队，村内物业进行统一管理，为村民提供优质的服务，全面提升物业和村民的自治管理力度。此外，村内还直接引入大市政基础建设工程项目，使得天然气、自来水、闭路电视、网络、监控系统等配套设施都齐整完善。

（2）注重生态整治。

高井村重新划分各块土地的功能，增大了绿化地的面积，并取隐约型、功能型设计，由西到东，规划了"生态绿地""幸福新景""时代先锋""美丽乡愁""织梦白楼"等5大景观，既营造了地标形象，又提升了环境品质。

自2019年6月28日起，高井村启动"垃圾不落地"工作，进行全村总动员，给每家每户发放了新的垃圾桶，对村中垃圾进行分类处理，同时与第三方公司合作，每天三次上门收垃圾帮助村民进行二次分类，挑出有毒有害垃圾，然后由小型垃圾清运车将垃圾运走。村子里还会定期组织绿色出行和垃圾分类讲座，组织村民们一起学习垃圾分类等绿色卫生知识，大大增强了村民们的绿色节能生活意识和基础能力。在这里，每一个村民不仅是"垃圾不落地"的遵守者也是监督者，长期的绿色卫生素质教育让村民们早就已经达成了保护社区卫生的共识。

（二）高井村的发展路径

1.区位优势确定产业方向

高井村位于中央广播电视总台、北京电视台，以及中国传媒大学构成的金三角中部。由东向西，距中央广播电视总台不足5千米、距CBD华贸中心3千米；由西向东，距东五环远通桥1千米、距中国传媒大学2千米。高井村的地理位置不仅能够提供其他传媒机构所需的空间资源，还能提供潜在的传媒资源、人才资源。但为何不是具有同样区位优势的邻村，而恰恰是高井村大量引入传媒文化产业实现产业结构转型呢？这说明，区位优势只是高井村发展的因素之一，区位优势为高井村发展拳头产业提供了一项可行性选择。尽管邻村仍有可能在未来受益于传媒产业的扩大，但不可否认先行者往往会成为发展的中心，并获得更多的利益。

2. 乡村精英推动产业变革

俗话说"皇权不下乡"，自古以来乡村就是政府行政较为薄弱的环节，宏观层面的各项政策都要在基层实施中不断加以调整。乡村领袖、乡村精英往往在乡村建设中发挥着不可替代的作用。相较于传统的乡村社会，现代乡村社会的宗族体系、氏族观念渐渐消退，尤其是在流动人口较多的城乡接合部，长老统治在乡村生活中难以为继，但完备的法律体系在处理乡村生活中的种种问题时还差一些火候，村民相互监督制约在自顾自的社会氛围下、较高的素质要求下还需长时间的引导。因此乡村治理体系需要建立动态平衡的混合机制。

高井村原来的产业收入及生活条件并不理想，产业变革的初期，需要权威领袖的恰当决策，并逐步将决策付诸实践。权威领袖往往能够把握事物发展变化的方向，并在实践中证明其治理能力。高井村的乡村领袖是庄虔春书记，乡村精英则是"两委"班子的各名成员。庄虔春书记在产业改革与原房改建之初的勇气与魄力使高井村乘上了产业改革的首班车，并充分享有改革带来的好处；原房改建则大大提高了乡村的基础设施建设，完备的基础设施建设也为后面的招商引资带来了优势。

传媒产业确实是高井村所拥有的潜在资源，但要把这种潜在资源转化为经济收入，就需要对资源进行整合并投入市场。高井村通过招商引资的方式将资源投入市场中，并获得了不菲收入。那么资源的整合又是如何进行的呢？

产业改革初期，高井村原消毒水厂厂长便发现了高井村的区位优势，率先提出要投资传媒文化产业园，迅速与高井村"两委"班子达成共识。高井村"两委"班子在与高井村入驻企业日常打交道时，为企业切实解决了各种问题，在长期互动的过程中，建立了友好的关系。因此高井村在进行改革拆建的过程中，绝大部分企业表示支持并积极配合，这也大大加快了高井村建设进程。地缘相近，则人缘相亲。空间范围的限制大大促进了附近个体之间的交往，经过多次交往形成稳定的社会关系，便能够有效、充分地利用社会网络相互支持、交换资源、互利互惠、共同发展。高井村"两委"班子的社会网络与中国传媒大学师生紧密相连，通过稳定的交往，选择传媒文化产业也是应然之举。中国传媒大学可以向高井村提供知识资源、人才资源，高井村获得资源支持，实现发展后，又可以为中国传媒大学提供资金支持及教学支持，双方互利互惠实现合作共赢。

正是高井村的乡村精英通过科学决策，利用社会资源推动了高井村的产业改革，而现在高井村取得的成果也证明乡村精英所把握的大方向是正确的。不过乡村精英在建设高井村的过程中还是需要依据实际情况不断调整自己的功能与定位，尤其是要平衡好管理与服务的关系。既要服务村民，也要引导村民的思想行为，同时还要管理乡村生活；既要把握一定的决策权，也要让渡一些职能，以避免村民依赖服务，难以发挥主导作用，还要平衡、协调村民间的利益关系。

3. 产业兴旺带动经济发展

高井村之前是典型的城乡接合部，村民谋生手段以农业及轻工业为主，但在机械化大生产的背景下，小规模的农业与手工业并不占优势，不仅收入微薄还会导致村内生态环境严重恶化。高井村因地制宜通过引进传媒文化产业、服务业等第三产业，调整产业结构，经济收入逐年提高，生态环境日益改善。

高井村利用附近资源，将传媒文化产业打造为拳头产业，为自身带来了可观的经济收入，同时也打造了自己的文化名片。传媒文化产业突破原有产业结构的限制，拉动地区经济发展，带来了可观的经济效益，为高井村其他方面的建设发展提供了经济支撑；又为全村带来了更加长远的社会效益和民生效益，嵌合到整个地区的传媒产业链中，给村民就近就业提供了便利。

高井村实现经济富足之后，需要考虑的便是社会、文化、政治、生态等全方位的发展进步。在这一过程中，不可忽视的主体便是村民，因此需要构建服务村民、组织村民、教育村民的乡村精英团体。着力引导村民参与社会、文化、政治、生态建设。

4.经济发展奠基全面发展

高井村的经济富足为其全面建设提供了资金支持，高井村的经济总收入逐渐增长。高井村迅速实现经济富足，村民从平房搬入二层别墅，从原来的低收入变成每个月领取4000多元。有了坚实的经济基础，高井村建设上层建筑也少了很多后顾之忧。高井村将经济收入大量投在基础设施建设、生态环境建设、社会保障完善上。

高井村大力投入基础设施建设，先后建造了免费停车场、道德讲堂、党建馆、村史馆、档案馆、妇女之家展馆及家风墙等基础设施，为村民提供了便利，并助力乡村政治、文化建设。例如，家风墙上刻有每个家庭的齐家之道，每当家庭内部发生矛盾寻求村委会的介入时，村委会成员就会把家庭成员带到家风墙前，指着家风墙说："看看，这是你们自己想的家风标语。"高井村各户都参与了家风墙的建设，村民在这个过程中已经无形为自己制定了道德规范，家风墙上的标语明明白白地显示着家庭应该如何，为家庭成员施加了约束。村史馆完整地记录了高井村的发展历程，为高井村村民提供了追忆过去的场所，成为高井村共同体的符号象征。

高井村的生态建设十分完备，其中白家楼新村绿化面积达到

29.4万平方米。高井村内实行"垃圾不落地"的生态政策，与第三方公司合作，每天三次上门收垃圾帮助村民进行二次分类。在整洁的生态环境中，村民也逐渐养成了垃圾分类的习惯。高井村在社会保障方面可以算是高福利，村民看病就医、子女教育、赡养老人都有相应的补贴，生活压力较低。与此同时，村民的竞争欲与创造活力较低。

总而言之，高井村在经济富足的基础上全面推进乡村建设，建设的大方向无可置疑是科学的、正确的，但在建设过程中，一些细节仍需不断调整以适应不同发展阶段的要求。

5. 多元力量助力乡村建设

党的十八大报告提出，要建设职能科学、结构优化、廉洁高效、人民满意的服务型政府。[①]在村庄的产业发展上，高井村巧妙利用中国传媒大学等单位的相关专业资源来发展传媒文化产业园；在乡村治理上，通过与物业公司等其他专业力量的外包合作来进行村庄的专业化管理，这样不仅能提高建设效率，还有利于落实职能下放。

（三）高井村的治理特点

高井村的治理有机结合了线上线下两种管理模式，基层队伍与村民实现双向监督，有效推动了高井村的现代化进程。

1. 自上而下的服务式治理

高井村的治理具有自上而下服务式的特点，即依靠领袖权威推进产业变革，在建设初期通过服务式管理引导改善村民的行为。乡村发展多具有后发展特点，可以吸收借鉴城市的发展经验，但由于与城市存在较大差异，导致其想要达到与城市相同的发展水平需

---

① 胡建淼，戴建华. 人民满意的政府才是好政府［EB/OL］.（2014-02-01）. http://theory.people.com.cn/n/2014/0201/c40531-24273384.html.

要进行更为激烈彻底的变革，往往这种变革所需要的资源仅靠个体或民间组织力量难以集结，这就需要乡村基层组织进行集中控制协调，推动乡村建设与变革。乡村建设初期需要强大的基层队伍进行统筹管理，随着建设水平的推进则需调整基层队伍的功能与作用。

高井村自上而下的基层治理与村民习惯于充当治理客体的角色有关，村民依赖于自上而下的治理路径。同时由于村民文化水平、道德素质、思想观念难以适应当下的物质建设，缺乏系统的自治能力与自治理念，因此难以保证村民主导治理的质量。高井村在经济快速发展的过程中出现了物质建设与精神观念之间的断裂，要求基层治理者站在顶层设计的角度制定规范、传播文化、约束行动，强制村民改变生活习惯、价值观念，在村民享受到规范行为的益处后，便能推动村民配合基层队伍的指导建议。因此初次治理尝试十分重要，倘若能够给村民带来收益，便能获得村民的信任与配合，扩展乡村建设的深度与广度。

同时，高井村的服务式治理在建设初期能够辅助村民适应乡村生活的改变，但也要平衡好服务与管理之间的关系，以避免出现大包大揽、"剃头挑子一头热"的情况。村民作为乡村建设主体也应发挥积极作用，"两委"班子要在建设过程中不断调整自己的职能与作用，适应各个阶段对基层队伍的不同需求。

2.数字化管理

高井村充分运用大数据技术，打造"智慧高井"平台，下设"美丽高井""高井党建""廉政建设""家风建设""三公开""数字高井"等6个板块，内容涵盖财政公开、党政建设、生态环境、乡风民俗、医疗保障、人口结构等。以大数据平台为支撑，实时更新数据，不仅有利于记录高井村的发展历史，也为当地的信息透明与高效管理奠定了基础。

信息社会促进了个体生活方式、组织管理方式、社会整合方式的变革，高井村建立"智慧高井"平台是应时之举，改变了居民的生活方式，重构了村民与村民、村民与基层队伍间的关系，建立虚拟共同体促进了社会整合。村民借助"智慧高井"平台能够充分掌握身体健康数据，同时可以通过线上医生就诊，改变就医方式。高井村在充分保障个体基本权利与发展集体利益间进行了有效平衡，每个人都是行动者，每个人都是监督者，每个人都能够在合理范围内追求个人利益，有利于推动社会公正，使社会焕发活力。公开透明的财政信息、党建信息增进基层队伍与村民间的信任感。在"家风建设"板块中每家每户都将自己的家风标语进行统一记录，打造了虚拟共同体，结合线上与线下的互动，家风成为个体行为的准则依据，在家风的话语实践与行为实践中促进社会整合。高井村利用数字平台进行有效的基层管理与社会治理，不仅提高了管理效率，也保障了治理质量。

3.乡村精英整合资源推动发展

当前乡村精英更多表现为超级精英，即其在不同层面的社会资源都占据优势地位。此处主要是基于"差序格局"的视角来审视乡土与现代交织的社会环境中的乡村精英，乡村精英身处网络中心，其社会网络的范围随着乡村精英的地位提高而扩大，社会网络的效用随着乡村精英的地位提高而增大。[①]因此乡村精英所占据的资源优势地位，有利于其整合各种资源、优化配置并进行本村的发展。

庄书记通过整合自己所掌握的经济资源、知识资源、政治资源等，进行资源间的合理转化与配置应用，推动了高井村的"美丽乡村"建设与发展振兴。针对"美丽乡村"倡议，庄书记利用个人

---

① 冯仕政.沉默的大多数：差序格局与环境抗争[J].中国人民大学学报，2007（1）：122-132.

资源、依托周围高校师资力量建立"美丽乡村研究所",成为高井村发展规划的智囊团。在高井村的发展建设过程中,庄书记将自己的人际资源,进一步转化为高井村发展所需的知识资源、经济资源等。一方面,庄书记通过建立乡规民约,对村民的行为进行理论指导,提高村民精神文化水平,促进乡村整体的精神文明建设,而村民整体文化素质提高又能够反过来促进高井村的经济持续协调发展。另一方面,庄书记通过招商引资调整产业结构,通过产业变革实现经济转型,使高井村有更多的资金进行"美丽乡村"建设。高井村在全方位的建设过程中,提高了自身的文化优势、生态优势,在各种优势的相互作用下,有力地促进了高井村的"美丽乡村"建设。

三、对策建议

(一)建立动态平衡的多元治理机制

随着乡村建设进程的不断推进,需建立动态平衡的多元治理机制。一方面,需要多元主体共同参与乡村基层治理,各自发挥专业作用并协调治理;另一方面,各个建设主体需要不断调整职能以适应不同阶段的需求。下面重点以"两委"班子为例进行说明。

第一,需要多元主体共同参与乡村基层治理。传统研究中乡村建设主体通常聚焦于基层治理者与村民,研究二者的关系变化及相互作用通常基于政治管理视角。高井村当前的发展成果主要归功于村"两委"的领导,但随着发展阶段的转变,仅依靠村"两委"的力量远远不够。当前我国的乡村发展由于后发展通常需要在一开始就进行全面建设和剧烈深刻变革,因此面临的问题更为复杂。由于多种问题同一时间涌现,村民面临城乡巨大差异,给村领导班子带来了巨大的管理压力。专业力量、多元主体的参与有助于应对多种复杂的发展问题，同时缓解基层治理的巨大压力。

高井村借助区位优势，实行村校合作，借助专家学者支持，不断完善乡村建设与发展。科技发展促进当今社会的高流动性，主要体现为个人的空间流动。高流动性首先要求社会治理的高灵活性以应对多种社会问题，在社会治理基础上，更要营造相互负责的公共氛围来推动社会稳定发展。高井村内流动人口众多，短短10年间乡村建设取得瞩目成就，在建设初期需要基层治理者集结大量资源、集中协调大规模行动，但随着高井村建设中经济问题的解决，其建设也进入下一阶段。在经济发展的基础上，要逐步向小政府大社会转变，逐步调动多元主体的力量，尤其是社工、学者、企业家、教育家等专业力量。

第二，各建设主体需要不断调整自己的职能。高井村"两委"班子为推进乡村建设事无巨细地深入村民生活，对村民生活的各个方面进行协调、协助。建设初期，确实需要基层队伍服务、协助村民形成现代思想观念，构建文明行为规范。但要明确服务的目的并非为村民代理日常生活，而是要让村民养成主人翁意识，能够自行处理各种事务，适应现代化的要求，积极参与到乡村建设中去。目前，高井村的基本建设已经完成，村民也初步形成了文明的思想观念与生活习惯，当前需要基层队伍将服务职能转化为管理、协助职能。在服务村民养成现代化的思想观念与生活习惯后，需要充分发挥村民的主体作用，管理村民自觉行动，待保持住已形成的良好社会状态后再寻求进步。

（二）乡规民约兼顾流动群体

由于高井村本身的人口结构，在讨论设置乡规民约时需要考虑流动人口群体。截至调研之日，高井村常住人口1145人，其中租户有1741人。第一，流动人口数量远远超过村民常住人口，因此在讨论设置乡规民约时也需考虑租户的需求。可以通过选取租户代表的方式，使其参与到高井村的乡规民约制定过程中，参与过程会使租户产生归属感，有利于租主与租户、基层队伍与租户之间形成良好的社会关系。制定出来的乡规民约由于本身就有租户参与，相对而言对租户的约束力更胜一筹，同时也为租户提供了表达诉求的渠道，能够及时协商并对其合理诉求进行满足。第二，租住于高井村的流动人员大多都是高收入、高知的年轻群体，他们具有一定的知识水平，也具有丰富的创造力，能够成为多元主体中的一员，通过参与高井村的事务，集思广益，为乡村建设添枝加叶。

（三）文化治理营造社区共同体

在高井村快速发展进程中，出现了硬件设施与思想观念的脱钩，表现为自搭自建、不文明遛狗、随意停车等现象，背后的成因既有个体利益与集体利益的冲突，又有社会网络约束力的下降。个体利益与集体利益间的冲突就是公私之间的冲突，在我国的文化语境下，公私冲突是个经久不衰的议题，个体利益与集体利益看似是二元对立的，实则是辩证统一的。当前对于公私问题存在的共识是，既要保障个体的基本权益，又要追求公共利益的最大化。高井村为平衡个体利益与集体利益，实现公共利益最大化，通过村代表会讨论制定规范，并由基层治理人员进行监督管理，取得初步成效。个体会想办法规避制度，再完美的制度设计也不可能完全抑制投机取巧的行为，因此在制度的基础上需要对个体辅以价值理念的教育，通过文化治理形成公共精神，对自己负责，对陌生人负责，也即"己所不欲，勿施于人"，建构公私之间的平衡关系。

高井村之前是典型的城乡接合部，在城镇化建设过程中，熟人社会逐步转变为陌生社会，传统的宗族规范与长老治理难以发挥作用，非正式规范的作用被消解，这在无形中也要求正式制度承担更多职能。由于高井村在建设初期时，传统权威阻滞现代化进程，基层治理者需运用个人魅力型权威建立正式制度，规范村民行为，弥合熟人关系的断裂，营造共同体意识。法理型权威表现为正式制度，即制定底线约束个体行为、保障基本权利，但正式制度多在应然层面进行理性设计，难以兼顾现实生活的复杂性，为基层治理者带来了更多实践压力，同时也更容易激发基层治理者与村民之间的矛盾，因此仍需非正式规范发挥"润滑剂"作用。

高井村在已经初步建立正式制度的基础上，仍需要通过文化治理营造社区意识；通过具体的文化活动重塑社区网络、传播社区意识；通过社会网络的熟人压力，打造"人人都是行动者，人人都是监督者"的社区交往环境，减轻基层治理压力，同时能够在意识层面将正式制度转化为个体自觉行为。

（四）品牌特色化推进产业融合

高井村目前的主要产业是传媒文化产业，推进了乡村发展建设，成功实现了产业转型，但本村居民未能与传媒文化产业实现有机融合，村集体更多是依靠地租获取经济收益。村民生活与传媒文化产业之间存在一定程度的断裂，村民受文化程度限制，难以胜任文化产业相关工作。打造高井村特色文化品牌，一方面可以建立特色乡村，另一方面也可以在建立特色文化品牌的过程中对村民进行文化教育，吸引村民参与其中，促进优秀文化与村民行为的融合，打造高井特色文化景观。

（五）招才引流焕发乡村活力

社会的基本构成要素是人，人多了，自然而然会形成社会关系、社会网络、社会结构，促进人与人之间的合作、竞争、冲突、调适，迸发社会活力。社会活力既是社会发展进步的表现，也是其必要条件，同时有活力的社会也为个体提供了机会平等、自由公正的生活。

当今乡村社会发展面临的一大问题就是人才流失，乡村缺少人才支持也就缺少了内生发展的原动力。为破解乡村发展困境，需要引进人才为乡村发展注入活力，加强专业人才队伍建设。通过建立有效激励机制与合作发展机制，鼓励社会各类人才参与，吸引专家学者、企业家、技能人员下乡为高井村"美丽乡村"建设提供有力支持。高井村在经济发展基础上，要逐步提高村民的文化教育、职业教育，建立乡村内生精英循环机制。提高内生精英对本村发展建设的使命感、责任感，推动本村居民与产业发展的深度融合，使乡村焕发活力。

（六）按民所需打造文化活动

道德讲堂、家风墙、村史馆等文化设施保障了村民的文化活动。高井村文化活动的参与者以老年人为主，要依据老年人的群体特点设计相应的文化活动。例如，举办"悦读活动"，有许多老人并不识字，村里发下来的书籍也少有问津，阅读的形式并不适合老年人，不如换成影片、戏曲、广播等形式。除此之外，老年人的需求可能并不集中在获取知识方面，而是集中在养生保健等方面。老年人对体育活动和养生方面有更多的需求，有的老人希望村里能有一个室内活动中心让他们无论风吹雨打，都能安心打球；还有的老人希望村里能借助类似道德讲堂这样的平台，请一些中医专家来普及健康知识。这些来自老人的质朴需求，其实都给高井村进一步完善公共文化活动建设提供了可行方向。

参考文献

[1] 习近平谈绿色发展：留得住青山绿水记得住乡愁［EB/OL］.（2015-11-09）. https://news.12371.cn/2015/11/09/ARTI1447003693814696.shtml?ivk_sa=1024320u.

[2] 孙云晓. 让家庭教育回归与创造美好生活［N］.中国教育报，2022-10-30（4）.

[3] 胡建淼，戴建华.人民满意的政府才是好政府［EB/OL］.（2014-02-01）.http://theory.people.com.cn/n/2014/0201/c40531-24273384.html.

[4] 冯仕政.沉默的大多数：差序格局与环境抗争［J］.中国人民大学学报，2007（1）.

[5] 费孝通.乡土中国［M］.北京：人民出版社，2015.

农村经济合作社：激活乡村振兴的内生动力

——狮子营村调研报告

■ 李昱曌

一、狮子营村基本情况

（一）地理区位

北京市昌平区百善镇狮子营村，位于昌平区东南8.8千米、百善镇东北1千米处，隶属于直辖区县，边上有良各庄村、吕各庄村，土地面积2600多平方米。

（二）人口结构

截至调研实践团调研之日，狮子营村有户籍人口1217人，共330户，以汉族为主，基本都在村内居住。除此之外，还有外来人口1317人，常住人口与流动人口比例约为1∶1，这是狮子营村人口结构的重要特点，狮子营村也因此被定为区级人口倒挂村。其原因在于狮子营村位于北京郊区，房租大大低于市区，吸引了许多在市区工作的人前来租住。

二、狮子营村"美丽乡村"建设现状

（一）狮子营村发展潜力及"美丽乡村"建设的整体方向

根据中共中央、国务院印发的《乡村振兴战略规划（2018—2022年）》中对村庄类型的划分，以及百善镇狮子营村目前"美丽乡村"建设的基本情况，可将其界定为城镇集建类村庄来进行规划建设。

百善镇狮子营村作为北京的近郊区，既具备发展高端精品农产品的资源优势，也具有向城市转型的条件。一方面可以积极发展特色产业，充分利用闲置土地进行高质量、精细化的果蔬农产品开发，发展"小而美"的农业种植，再进一步发展成为吸引市民的观光农业、旅游农业。另一方面也应综合考虑城镇化进程和村庄自身资源与发展需要，对接北京市城区产业融合发展，不仅作为在市区工作的村民的居住地，还要更多地承接城区无法满足的功能需要，逐步成为北京城市发展、城乡融合发展的重要阵地。

除此之外，还应继续加强村内基础设施和公共文化服务建设。在2018年2月由中共北京市委办公厅、北京市人民政府办公厅印发的《实施乡村振兴战略扎实推进美丽乡村建设专项行动计划（2018—2020年）》中提到，计划到2020年，基本形成以中心村为核心的30分钟公共服务圈全覆盖。保证"美丽乡村"建设资金到位，提升公共服务，为村民提供干净、便捷的人居环境。

（二）狮子营村五位一体建设现状

1.经济建设

据狮子营村村支书介绍，狮子营村成立了村经济合作社，从2010年开始采取股份制。由于狮子营村受自然条件、文化资源禀赋等各方面要素制约，村集体经济的收入来源主要依赖于集体土地出租的出租利润。狮子营村属于土地"确权"村，即实行"确权确股不确地"，土地由村集体以集体的名义向外出租，每年出租土地所获得的利润按照7∶3的比例进行分配，即70%的利润分给村民，具体分配金额按照每个农户所持有的经济合作社股份按比例发放，平均下来每位村民每年可得3000多元的分红，而剩下的30%作为村集体收入纳入村集体财政中。

从第一、第二、第三产业划分来看，百善镇狮子营村的第一产业主要是种植业。北京农业多为高端化、精准化发展，主要生产反季节水果，所以狮子营村的村民基本不自己种植农作物，而是出租土地、大棚及农业设施来精准种植有机蔬菜获得收入，一亩土地的租金大约为2000元/年，主要农产品有紫色包心菜、苋菜、生菜、香菇、苦瓜、黄椒、葱、美国香瓜、卷心菜等。此外还有畜牧业，北京龙狮畜禽养殖繁育中心位于狮子营村（北京牲畜养殖统一规划，村民家中不养殖畜禽）。狮子营村的第二产业主要是食品加工业，主要有北京市昌平狮王速冻食品厂、北京大英狮王食品有限公司等。第三产业主要是房地产业、商业和电子信息业。狮子营村位于北京郊区，房租便宜，自然环境、空气质量比市区内好，吸引了大量外来人口，许多村民依靠出租房屋获取收入；村内的商业发展主要依靠个体户小卖部；北京金鼎电子中心位于狮子营村内。由于狮子营村属于平原村，缺乏旅游资源，旅游业、民俗产业等发展较慢。从人力方面来看，狮子营村主要是北京市内工作人口的居住承载地，狮子营村外来人口已超过村户籍人口，大多数居民白天在北京城区工作，晚上回到村里居住，存在一定的空心化现象，白天只有老年人在村内休憩、活动，产业发展并不活跃。

总的来说，目前百善镇狮子营村产业发展基础较为薄弱。狮子营村在第二、第三产业发展较为弱势，产业结构较为单一，缺乏支柱型产业，就业机会较少；仅依靠土地和农业设施出租获取收入，生产力有待提高，全村收入水平在昌平区位于中下游；受首都功能疏解进程的影响，可发展的产业也较为有限。

2. 社会建设

狮子营村积极申请公共服务用地，利用"美丽乡村"建设推进村内幼儿园、养老驿站及公厕建设，完善村内基础设施。目前，村内基础设施比较完善，街道旁除了有基本的日常生活配套设施，在村东和村西还有针对外来人口专门修建的两个公共卫生间。交通相对便利，狮子营村距离最近的地铁站仅有6千米，对于村民享受百善镇、昌平区及北京城区良好的教育和医疗资源较为有利。在地铁站附近有大的停车场，但公共交通覆盖不足，目前只有昌51路公交车，村民出行不便，主要依靠私家车、电动车等交通工具出行。如今几乎家家户户都有车，村民出行日渐方便，但是由于公交线路不能进社区的规定，中老年人和残疾人出行受到了一定的限制，公共服务的便利不能惠及每一位村民。村委会在每次人民代表大会上都提起交通问题，但是由于公益性服务也需要计算成本，公共交通建设牵扯部门也很多，需要多个部门协作，因此村里的公共交通还需要时间来完善。此外，村里车辆过多，还存在停车难的问题。由于北京市教育统一规划，村里儿童都在离村3千米的镇里上学，接受高质量的教育。村民日常看病比较方便，医保落实到位。

在村庄环境建设方面，受访村民大多认为狮子营村目前人居环境干净整洁，道路、饮水、供电、通信等生活和农业生产设施的建设可以满足村民生活的需要，但还有一定的提升空间。

在社会保障方面，除了国家对村民的专项补贴外，村民们每年平均从村集体公社分得3000多元的分红，依据村民所持有股份的高低进行分配，租赁土地的收入也会按照7:3的比例分到村民手中，虽然不多，但是一些贫困村民的生活得到了基本的保障。

3.文化建设

百善镇狮子营村拥有文化墙、图书室、文化广场、村民活动中心等文化基础设施，也建立了由村民自发组成的"老年艺术团"，虽然达不到专业级别，但是也会表演京剧、评戏、河北梆子等传统民间剧目，经常受邀到其他地方演出。这些文娱活动丰富了居民的生活，增加了村内的文化艺术氛围。村内定期举办电影下乡活动，每年有6次文艺演出，但前往观看的村民并不多。村里的文化宣传工作做得比较到位，随处可见文化墙，还有一条文化休闲长廊。

图1　狮子营村文化墙　　　　图2　狮子营村文化广场

特别值得注意的是，狮子营村曾经是一个体育强村，体育事业发展比较突出，曾在2003年获得了北京市农运会冠军，在2004年代表北京市参加了全国农运会并获得了冠军。在2018年，狮子营村还举办了科学健身与冰雪知识大讲堂，丰富了村民的文化精神生活。昌平区体育局也曾在狮子营村进行试点，村委会积极配合组织，外请教练指导，拔河、乒乓球都曾是村里的优势体育项目，因此狮子营村还有"乒乓球之乡"的称号，但随着那一代村民年龄的增长和政府对于狮子营村体育事业支持力度的减小，村里的体育事业逐渐没落。

在公共文化服务方面，百善镇狮子营村硬件设施虽较为完善，建设有图书室、文化广场、文化墙、文化长廊等基础设施，但投入使用率较低，村民参与度不高：文化广场的健身设施旁有杂物堆集，活动室大多数时间处于关闭状态，大多数村民很少使用图书室阅读。

4. 生态文明建设

狮子营村积极响应新农村建设号召，推进垃圾分类，在村民家门前摆放了分类垃圾桶，分装生活垃圾、可回收垃圾、厨余垃圾和有害垃圾，通过"户分类、村收集、镇运输、区消纳"的方式实现垃圾不落地，做到日产日清；注重环境卫生，改善人居环境，大力整治乱写乱画、乱堆乱放、私搭乱建等不文明行为；自2006年起集中处理污水，力争达到国家排放标准；自2017年起开展上下水工程的改造，力争彻底解决居民日常污水处理问题；提倡花园式工厂，增加人均绿化面积。同时，北京市环境教育基地兔淘淘城堡就坐落在村中，它主要是针对3—6岁儿童的拓展体验基地，从小给孩子提供环境保护教育的场所，让来这里参观的孩子们耳濡目染，帮助孩子们从小树立"保护环境从我做起"的意识，为未来"美丽乡村"建设朝着生态绿色的方向发展打下良好的基础。

然而客观来讲，狮子营村在地理位置上不挨山不靠水，属于典型的北方平原村落，自然环境良好但并不具备青山绿水的天然优势。村中也存在着缺乏绿化、房屋建筑普通化等不足。据了解，外来租客多是中低收入人群，而其来此租住的主要原因多半是房租便宜。因此，即使狮子营村在自然环境天然不足的情况下需要提升人工打造人居环境的水平，但村落改建经费不足却直接制约了"美丽乡村"的营造和建设。

三、"美丽乡村"发展特色

北京市昌平区百善镇狮子营村是昌平区收入水平处于中下游的平原村。虽然经济水平相对落后，但是全村在村干部的领导下，积极响应"美丽乡村"建设的号召，努力推进"美丽乡村"建设。狮子营村在"美丽乡村"建设过程中，根据村里实际情况，探索出了符合自身乡村建设的发展方式，具有明显的狮子营村特色。

（一）致力于公共基础设施、服务设施的建设

生活配套设施的配置情况对于村民的生活质量有着明显的影响。因此，本着"增加人民福祉"的理念，狮子营村十分注重公共基础设施和服务设施的建设。

狮子营村主要街道两旁分布着各式各样的店面，有超市、理发店、饭店等，这些店面分布得井井有条，既能提供人们日常所需的服务，同时对于街道美观影响不大。狮子营村位于北京郊区，离城区相对较远，对于生活在村里的人们来说，不需要去很远的城区就能满足日常生活需要，这是非常便利的事情。再加上白天村里主要生活的都是老年人且村庄的公共交通覆盖不到位，这些店铺的存在就显得尤为重要。在街道两旁，除了店面的分布外，村东和村西的

两个公共卫生间的存在也反映了狮子营村对于目前村里居住人口的全面考量，这是充分考虑外来人口多于本村人口的现状，专门修建的。这一举措既可以帮助外来人口更方便地生活在村里，也可以让村民享受公共设施的便利。

同时，狮子营村在保障村民文化生活方面的建设成果也十分显著，村内修建了文化广场、文化长廊、活动室、图书室等文化基础设施，充分保障村民的文化权利。村民有场所、有乐趣、有时间，村里的文化生活也就变得丰富多彩。另外，村里还有跳舞队、老年艺术团等，能够有组织性地带领村民们参加各种文化活动，也便于村委会进行管理。

狮子营村在"美丽乡村"建设过程中着力完善公共服务体系建设，深入推进集党员活动、就业社保、卫生计生、教育文体、综合管理于一体的农村社区服务中心建设，健全以公共服务设施为主体、以专项服务设施为配套、以服务站点为补充的服务设施网络；加快农村通信、宽带覆盖和信息综合服务平台建设，不断提高公共服务水平；积极推进农村生态环境改善和生活设施完善，努力提高村民生活满意度。

图 3　狮子营村的街道

（二）致力于人居环境的整治与提升

截至调研实践团调研之日，狮子营村有土地面积2600多平方米，户籍人口1217人，外来人口1317人，外来人口的数量超过了本村人口。村里积极响应北京市新农村建设的号召，进行垃圾分类处理和污水治理，做好人居环境的绿化和改善。

推进"美丽乡村"建设以来，狮子营村对改善人居环境的重要性和如何做好人居环境整治工作有了更深刻的认识，积极向临近村及示范村学习，并总结人居环境提升整治的好经验和好做法，致力于结合村内实际，把各项工作细致落实到位，确保人居环境整治能够取得实实在在的成效。

调研实践团在走访中发现，街道两旁的村民家门口摆放了分类垃圾桶，可回收垃圾、有害垃圾、生活垃圾和厨余垃圾实现了有效分装，这样便于镇里的环卫队集体回收处理。听村干部讲解，狮子营村通过"户分类、村收集、镇运输、区消纳"的方式实现了垃圾不落地。

沿着狮子营村东侧百钟路向东走有一条排水沟，它是狮子营村于2016年自建的一条排洪渠，东西长约1千米，村内沟渠长度约400米。据村民回忆，此前排水沟出口处常有污水流出，沟内淤泥堆积，不少生活垃圾倾倒在上面，空气中常飘散着臭味。村委会一名工作人员说："因为此前污水站没有建立专门的排污管道，只有这条排水沟与之相连，所以污水从污水站流出后，通过地下雨水排水管道直接排放到沟内，造成淤泥堆积。"在村民反馈和村干部实地走访之后，之前从污水站排放污水的出口已被封住，再也没有污水流入排水沟。村内联合沙河水务站对排水出口进行了调整，封住出口，将污水引入百钟路地下排污管道内。在村委会与相关部门的积极协调下，污水处理厂排污管道已基本修好，村内居民生活污水排放问题得到了切实解决。

狮子营村外来人口的数量超过了本村常住村民，村内结合这一实际情况，拆除了之前脏乱的旱厕，针对外来人口专门修建了公共卫生间，并且在村街道两旁喷绘了写有"美丽乡村美丽梦，文明交通文明村"等各式宣传标语的文化墙，还建了一条文化休闲长廊，服务于村民及外来人口。

图 4　狮子营村街道两旁写有宣传标语的文化墙

狮子营村在积极响应北京市新农村建设号召的同时，对标先进农村寻找自身差距，借鉴周边乡镇在人居环境整治中积累的成功经验和可取做法，立足实际，结合自身情况探索出了一条独特的人居环境整治发展道路。镇、村干部表示，狮子营村在进行整村人居环境改造时，坚持从源头着手，制定高标准，在大力宣传动员的同时，切实推进标准落地，从实处改善狮子营村人居环境，增强广大村民的幸福感、获得感。

（三）致力于农村经济合作社的建设与发展

合作社或农村经济合作社是指在农村双层经营体制下，集体所有、合作经营、民主管理、服务社员的社区性农村集体经济组织，与过去在计划统筹安排下的合作社有着本质的区别。如今，在21世纪市场竞争激烈的阶段，如何发展现代化农村是一个新命题，而建设与发展农村经济合作社是发展新农村、打造美丽乡村的必要手段之一。农村经济合作社可以集中有限资源，发挥资源优势，参与市场竞争，积累财富，走可持续发展之路。农村经济合作社在接受乡镇人民政府监督的前提下，还可以协助配合村民委员会工作，合理安排村公共事务和公益事业所需的资金。

建设与发展农村经济合作社是以习近平同志为核心的党中央从战略和全局高度作出的重大决策。习近平总书记多次作出重要指示，指出："农村合作社就是新时期推动现代农业发展、适应市场经济和规模经济的一种组织形式……农民专业合作社是带动农户增加收入、发展现代农业的有效组织形式……"[1]北京市昌平区百善镇狮子营村积极响应国家发展新农村、发展现代农业、建设美丽乡村的政策口号，大力发展农村经济合作社。据村干部介绍，村里成立了狮子营村经济合作社。作为村集体经济，经济合作社通过出租土地获得租金，并将所获租金收入的70%分给农民，平均每位村民每年可得3000多元的分红，给全体村民年末都带来了一笔颇丰的收入。在农村经济合作社相关法律法规和支持政策的保障激励下，农民群众的合作意愿持续增强，农村经济合作社逐渐成为组织服务农民的重要载体、激活农村资源要素的重要平台、维护农民权益的重要力量，在建设现代农业、带领农户增收致富、建设美丽乡村中发挥着积极作用。

狮子营村构建的集体经济合作社机制，激活了乡村振兴内生动力。2018年7月1日，修订后的《中华人民共和国农民专业合作社

---

[1] 罗连军.合作社成为乡村振兴的中坚力量［EB/OL］.（2019-12-18）. http://m.xinhuanet.com/qh/2019-12/18/c_1125359658.htm.

法》正式施行，这一法律的正式施行与新时代新型主体的农民合作社发展相辅相成。要落实"乡村振兴战略"，首先要推动产业振兴，而促进产业振兴的关键就在于农村集体经济的构建，而农村合作社则是农村集体经济的主要构建形式。狮子营村通过集体经济农村合作社的建立，将所有公共资产与资源相结合，将土地与资金、企业及市场相连接，依托于此，服务社区，激活乡村振兴的内生动力。将来狮子营村经济合作社还可以与企业合作，从扶贫的角度，组织村内特色产品生产，提供村内就业岗位，凭借内生动力，在各种外来资源的辅助下，进行自主精准扶贫，将精准扶贫工作作出地方特色。

如今，乡村振兴实践已经从"国家行动"辐射到"全党全社会行动"。从政治经济学的角度来看，经济基础决定上层建筑，解决乡村振兴问题，盘活地方发展的内生动力是首要，那么构建集体经济合作社机制，建设与发展农村经济合作社或许是一味良药。相信将来的百善镇狮子营村在农村经济合作社的带领下必将迎来自己的振兴之路。

四、狮子营村"美丽乡村"建设的问题

（一）产业发展举步维艰

1. 未能掌握蔬菜大棚产业的主动权

昌平区闻名的"一花三果"在狮子营村都未能得到发展，主要是本村的水土不适合"一花三果"的生长，如今本村唯一的农业经济来源是大棚产业，然而由于村民种植意愿不强，所以将土地租了出去，由承租人用来发展大棚产业，这样一来村民只能获取租金而大棚产业所产生的全部经济收入都属于承租人所有。所以大部分村

民收入只能依赖政府补贴和土地租金，村中经济得不到发展。究其原因，一方面是村中资源匮乏，不具备发展旅游产业及其他产业的天然优势，另一方面是年轻人多选择外出打工，村中所剩的老幼群体不具备创造、创新能力。因此，村中缺乏自主资金的支配是影响"美丽乡村"建设的重要原因。

2. 原始产业没落

手工大扫帚是狮子营村的原始产业，自清朝时便已兴盛，家家以此为生，是村中的主打产业。据说，大约10年前一个家庭还可以依赖原始的手工大扫帚产业维持生计，然而随着社会的进步和经济的发展，人们的生活方式发生了巨大变化，现如今已经很少有家庭还使用原始的扫帚，其已被塑料化纤扫帚及拖布代替。加之原材料价格成倍增长，经营手工大扫帚已经挣不到钱，无法养家糊口，慢慢地手工大扫帚产业便退出了历史的舞台。手工大扫帚的没落一方面是社会发展的必然结果，另一方面，狮子营村未能适应时代的变化积极创新发展也是一个重要原因。

（二）对上级政策依赖性较大

1. 乡村治理方面

百善镇狮子营村在乡村治理方面较突出的问题是在建设规划和财政支出方面对上级政策的依赖性较大，缺乏一定的自主能动性和自身造血能力。在对村子的建设方面，某些村干部存在阶段任务意识，有畏难情绪和"等靠要"思想，主动性、持久战精神不足，建设的积极主动性还有待加强。同时村经济合作社作为基层自治组织，因为缺乏支柱性产业导致集体经济无重要创收点，村集体综合收入在昌平区处于中下游，在基础设施维修方面也主要依赖上级财政的专项拨款。

2. 文化治理方面

村中的文化建设由于资金支持匮乏、人员管理欠缺，相对于其他乡村及城市处于中等落后水平。以老年艺术团和体育队的建设为例，虽然这些是村民的自发性行为，但是由于资金不到位、没有单位组织、人员无法管理，村民无法获得收入，很大程度上打击了村民的积极性，而体育队更是因为村中人口老龄化程度越来越高、没有合格的运动员，在2004年取得辉煌成绩之后便几乎解散。

3. 公共环境治理方面

狮子营村在公共环境维护方面作出了相应努力。例如垃圾分类，村委会安排了从村民门口到垃圾站的垃圾回收服务，为村民提供了不少便利，同时也优化了村内环境，避免了垃圾乱丢乱放的现状。但是由于政府资金不到位，村中的集体资金也无法支撑相应服务人员的收入，相关部门能用于人居环境建设的经费也十分有限，资金保障无法达到城市的五分之一，基本村容村貌的维持相对艰难。

（三）村民群众的创建氛围不浓

根据调研了解，百善镇狮子营村的群众在"美丽乡村"建设上的创建氛围并不是很浓厚。由于相关政策宣传力度不够，同时对村干部培训较少，导致多数农村群众对"美丽乡村"建设政策了解不多，思想认识不到位，主动参与意识不强，存在"干部干、群众看"的现象。

（四）村级治理主体"能力弱化"

在狮子营村现行的组织构架和功能中，村委会承担了大部分行政管理职能，但据调研实践团调研了解到，狮子营村村委会的成员构成存在年龄普遍偏大、学历普遍不高的现象。这主要也是狮子营村存在明显的人口老龄化、空心化的问题导致的。村里有思想、有文化、有能力的年轻人大多选择外出工作，只有晚上才会回来。

（五）公共基础设施、服务设施的建设有待提高

狮子营村是一个外来人口多于本村人口的村落，因此在"美丽乡村"建设过程中，如何让外来人口和本村人口和谐共存，让生活在村里的人找到归属感，是狮子营村着力解决的一个问题。

狮子营村外来人口众多，而这些人口大多是在城区打工、在村里居住的人群，加上狮子营村离最近的地铁站需要6千米的车程，导致狮子营村的汽车数量较多。因为乡村空间的局限，如何停车也就成了一个急需解决的问题。狮子营村针对村里的停车问题暂时没有形成一个很好的解决方案，现在村民主要将车停靠在村里较为宽阔的街道两旁，不影响其他人出行。同时，村里有文化广场，也被用来作为晚上暂时停车的场所。

五、"美丽乡村"建设的思考

（一）完善基础设施建设，打造便利化乡村

乡村振兴是一项持续且系统性的工程，而基础设施建设是乡村振兴中的重要基石。补齐短板，加强、完善乡村基础设施建设是乡村振兴的关键步骤。第一，加强狮子营村交通建设，营造便利化交通条件。交通基础设施建设是乡村经济社会全面振兴的基础和前提，要积极推进乡村交通与乡村全面发展相融合，建好、管好、护好、运营好乡村交通；改善道路交通环境，针对狮子营村道路两侧车辆杂乱拥挤的问题，统一规划狮子营村停车场，制定车辆停放管理制度，推进村内道路无障碍化建设；充分利用狮子营村地理位置优势，打通"最后一公里"，根据村民需求，连接地铁站与村内交通，进一步方便村内公共出行。第二，加强狮子营村垃圾处理、污

水排放的相关基本生活设施建设，营造宜居新乡村。推进垃圾站、排污管道、厕所等硬件设施改造，增加农村卫生环保投入，雇用保洁员清理街道卫生，做好垃圾清运工作。第三，积极申请专项资金，同时鼓励、引导、吸收社会资本，政府主导，市场参与，结合优势，以人民群众需求为本，带领群众走出困局，持续增强群众日常生活的便利性。

（二）推进公共文化建设，焕发乡风文明新气象

习近平总书记在党的十九大报告中明确指出："中国特色社会主义进入新时代，我国社会主要矛盾已经转化为人民日益增长的美好生活需要和不平衡不充分的发展之间的矛盾。"[1]当前，我国发展不平衡不充分的问题在乡村最为突出。而实施乡村振兴战略，加强公共文化建设，是解决农村居民日益增长的美好生活需要和不平衡不充分发展矛盾的必然要求。第一，加强乡村公共文化硬件设施建设。实施农村公共文化服务阵地建设行动，按照有标准、有网络、有内容、有人才的要求，健全乡村公共文化服务体系，以村民学堂、道德讲堂、文化礼堂等阵地建设为重点，全面推进村级综合性文化服务中心建设，完善服务功能，提升管理水平。第二，以人民群众需求为本，推进公共文化服务精准投放，提升人民群众消费意愿。建立农村基本公共文化服务清单和功能配置标准，完善发展保障机制。加大政府购买公共文化服务力度，推进公共文化巡展巡讲巡演、送书下基层等流动服务，探索公共文化设施社会化运营试点，鼓励农民群众自办文化活动。加强基层文化资源整合，推进公共数字文化建设，实现县级图书馆、乡镇文化站、农家书屋资源共享。加大农村公共文化人才培养培训力度，鼓励和支持乡土文化骨

---

[1] 李慎明. 正确认识中国特色社会主义新时代社会主要矛盾 [EB/OL]. (2018-03-08). http://www.qstheory.cn/dukan/hqwg/2018-03-08/c_1122505893.htm.

干、基层文化名人、优秀群众文化团队发展。

（三）链接多方人才，激发乡村内生活力

人才是乡村振兴的硬核动力，政以才治，业以才兴，实现乡村振兴，离不开人才的支撑，要因人制宜、因地制宜，加强人才队伍建设，发挥人才支撑作用，鼓励社会各界人才投身乡村建设，为实现乡村振兴凝聚人才。第一，利用地缘优势，凝聚外来人口力量。加强对外来人口的管理与服务，增进交流互动，提升外来人口归属感。在政策、资金等方面加强对外来人口的倾斜力度，切实做到关心、爱护、珍惜、扶持人才，激励广大人才为乡村振兴凝心聚力，激发其对乡村建设的主动性。第二，以乡情为引领，凝聚乡贤力量。积极出台优惠政策吸引乡贤投资兴业、创业、就业及参与乡村振兴，搭建便捷的平台，推动乡贤回归。成立乡村乡贤协会，助力乡村振兴。鼓励优秀乡贤利用学识、技术、人脉、经验与资源反哺乡村。通过成立乡村乡贤协会吸引人才参与乡村治理公共事务，通过定期推介乡村发展项目，成立发展基金会、合作社及乡村公益项目建设平台等。第三，与周边高校、科研机构合作，建立乡村振兴智库。强化问题意识，加强乡村发展问题研究，推动乡村发展调查、统计，形成动态性、权威性相融合的乡村振兴资源库，从而促进乡村振兴。

（四）凝力狮子营村特色，推动乡村产业化发展

在党的十九大报告中，产业兴旺位列战略方针首位。从发展逻辑来看，产业兴旺是乡村振兴要义的重点。而特色产业则是推动乡村产业做大做强，促进农民稳定增收、实现可持续发展的重中之重、长远之策。第一，充分挖掘狮子营村运动特色，建设重点运动乡村。发挥狮子营村体育传统与拔河、乒乓球等项目优势，以此为

核心，打造体育特色休闲项目；以体育健康为主题，丰富体育文化内涵，凝聚体育服务业，吸引相关体育爱好者；发挥村内体育人才引领作用，推动狮子营村体育事业振兴。第二，充分利用狮子营村地理优势，推动农业多元化发展。首先，继续发挥狮子营村经济合作社力量，积极引入社会资本，壮大农业发展基础；其次，巧借自身与北京主城区位置关系，深耕有机农业，推进有机蔬菜种植；同时，打造京郊农业品牌，提升农业竞争力，增加农业附加值；再者，推动产品多元化发展，在依靠农业产业本身来获取收益的同时，推动农业与旅游业结合，通过开办开心农场、星级农家乐等方式，促进农村旅游业发展，实现产业发展多元化。

共生模式下的"美丽乡村"建设新思路

——北京市延庆区刘斌堡乡下虎叫村调研报告

■ 姜 楠

一、下虎叫村基本情况

下虎叫村隶属于北京市延庆区刘斌堡乡,北侧有上虎叫村,因过去曾有虎出没而命名,下虎叫村因其乡村民宿项目(山楂小院)的成功而在2019年9月24日入选第九批全国"一村一品"示范村镇名单。山楂小院的入驻也帮助下虎叫村成为乡村民宿带动乡村文旅发展及乡村脱贫的示范和典型。

目前,下虎叫村种植合作社已建立起山楂小院民宿发展模式的基本架构,引入合作社、企业等新的主体力量改善了原本村民—村集体的二元结构,形成了"政府引导、企业运作、村民参与"的新格局。在很大程度上依据村落实际状况进行有效建设,包括生产优质农作物供给乡村、发展旅游业、盘活闲置农宅、实现剩余劳动力转移等,同时还有效带动了基础设施的建设和自然环境的改善。但由于各种主体力量在互动中的信息不对称、信任不充分、实力不均衡等因素,缺乏对乡村建设统一的理念引领和及时的矛盾处理,加之村落原生人员年龄结构老龄化、缺乏活力，在乡村本位建设和村民主体激活等方面仍存在发展空间。

（一）下虎叫村基本情况

1.人口结构及收入情况

调研期间，下虎叫村共有农业人口162户，村内实际居住人口仅32户，常住人口绝大多数为老年人及婴幼儿，村内主要劳动力为60—70岁的老年人，青壮劳力大多外出打工或搬进县城居住，村子空心化情况严重，近年来出生率也较低，人口老龄化问题也比较突出。

下虎叫村原是低收入村，村民收入来源单一，主要依靠务农收入，人均年收入仅9000多元。该村于2017年成功脱贫，人均年收入达到2万元，主要收入来源除农作物生产及销售外，合作社分红、山楂小院工资也成为其收入的主要来源。60岁以上的老年人每人每月可以获得600—800元的养老金补贴。

2.农业结构及经济组织

下虎叫村主要产出的农作物为小米和玉米，主要的销售渠道为国家收购、外来商贩收购、山楂小院收购等，其他小规模产出水果、蔬菜、鸡蛋等大多不做销售使用，多用于自家食用和送礼。

该村于2013年在村支书的带领下成立了农村种植合作社，每股1万元。2015年成立了村旅游合作社，每股500元，至2018年时，每股1000元。该旅游合作社于2017年底开始分红，至今已有50多户村民入股。下虎叫村的旅游合作社的主要投资对象就是山楂小院，山楂小院每年将其流水的30%分给合作社，按照村民的入股份额进行分红。但值得注意的是，整个村子参与合作社的村民户数仍不占多数，而且大多入股较少，在分红过程中并不能获得较多收益，只有一批稍有富余的村民倾向于率先入股，承担的风险相对较大，获益也相对较高。合作社模式能解决的是入股后的收益分配问题，假使难以带领经济收入较低的村民跨越"认知"和"入股"的门槛，长期下去可能会加剧贫富差距。

（二）基础设施和文化建设

1.环境卫生及交通建设

下虎叫村针对曾经村里存在的私搭乱建、无序家畜养殖等问题进行了治理，通过对违章建筑的强制拆除和整改，已经基本解决占用村内公共用地的问题，且对村内的主要道路进行修缮整改，方便村民的日常出行。

村内的卫生环境也得到了一定的改善。村内路边基本上都安装有分类垃圾桶，村民也自觉将垃圾打包扔进桶内。村内也为老旧房的旱厕改建拨款，每户4000元，但是政策实施存在"一刀切"的问题，对新装房没有相应的旱厕补贴。

村内没有小卖部或者超市，村民基本生活用品都需要去乡里或延庆城区购买。大部分村民家里都有交通工具，或私家车、或三轮摩托车，基本能够满足村民的日常生活需要。除此之外还有公交车，一天4班车，也满足了少部分依赖公共交通的村民的需求。

2.文化设施及活动开展

目前下虎叫村的公共文化基础设施主要包括电影放映厅和村民书屋。电影放映厅每周都会放映电影，电影题材以红色电影、法律科普类影片为主。在调研期间不难发现，村内的电影供给与村民实际的文化需求并不相符，电影放映厅也并没有发挥出其作为公共文化基础设施的基本职能，而只是被视作一个提供暖气的"冬天暖和的地方"。下虎叫村的村民书屋由专人负责图书的流转，图书种类齐全，包括科技、教育、美食、心理学、文学等方面，但书屋的使用率并不高，很多留守村民年事已高，平时务农务工繁忙，且很多老人受教育程度较低，无法识字。在书屋上同样存在文化供需不匹配的问题。

下虎叫村连同上虎叫村每年会开展对外的"虎文化节"。"虎文化节"品牌的塑造一方面帮助上虎叫村及下虎叫村吸引游客，与山楂小院联动挖掘当地文化旅游及民宿旅游资源；另一方面也为当地村民提供了丰富的文化活动，如"虎主题"手工艺宣传培训班、文艺演出等，对当地村民低收入增收及文化脱贫都起到了重要的带动作用。

在互联网使用方面，下虎叫村的互联网普及率不高。下虎叫村的现住村民以老年人为主，使用互联网的村民并不多，且开通手机移动互联网的村民也仅仅通过手机里的微信与家人联系，很少寻求线上文化娱乐活动，对一些常见的手机APP（应用程序）也较为陌生。

二、下虎叫村山楂小院的共生民宿模式

（一）建设现状

山楂小院是"隐居乡里"旗下的民俗品牌。"隐居乡里"成立于2015年，是远方网旗下的一个专注于高品质乡村度假服务的平台，旨在为城市中高端消费者、中小型公司提供短途度假、聚会、团建、年会等服务。

山楂小院自2015年与下虎叫村开展互利合作，进行山楂小院项目的落地与开发。同时，"隐居乡里"在下虎叫村建立了北方民俗学院，为北方农家院、乡村民宿品牌提供服务培训、建设事项、安全维护、生产模式、防火培训等一系列的培训内容，致力于为北

方民俗品牌发展提供成熟的运营模式。北方民俗学院同时也为山楂小院策划的一系列特色项目提供活动场所。

山楂小院的入驻仅用两年的时间便帮助下虎叫村摘掉了低收入村的帽子，人均年收入达到2万元左右。同时，逐渐搭建起一个以山楂小院民宿为核心的民宿产业链，并且随着经营不断进行完善。据统计，截至2020年7月，下虎叫村已与远方网合作开发了12个山楂小院，共带动当地20余户村民就业，其中低收入农户比例接近50%。从项目开业至今，每年都能实现40万元左右的旅游收入，已成为下虎叫村的重要经济增长点。

图1 下虎叫村山楂小院

（二）具体运营

1."村委—合作社—村民"共生

山楂小院入驻下虎叫村，与其他民宿仅仅是"借村中屋"的形式不同，其将运营的全过程与村民紧紧结合。山楂小院运营模式中最突出的亮点便是以"村委—合作社—村民"为基础的底层共生模式，即村民将闲置宅院租赁给合作社，合作社再与企业签订合作协议，院落改造所需资金来自远方网、村委会与上级政府，民宿的建设与运营由远方网负责。在收益分配上，远方网将由下虎叫村旅游合作社投资的民宿经营流水的30%反哺给合作社，合作社每年向村民支付8000—10000元的宅院租赁费，剩余部分为入股村民进行分红。在民宿运营过程中发挥作用的合作社为2015年成立的旅游产业合作社，以每股500元的方式动员村民入股。

2. 农产品优化销售

山楂小院的运营使农产品有了新的销售渠道和销售策略。山楂小院会根据质量情况选择一部分优质有机农产品进行收购、加工、包装，以山楂小院为平台进行售卖，优化村中特色农产品的销售手段。例如，村内久无人食的山楂，山楂小院就雇用村民收果子，制作山楂果汁并通过民宿、网络等渠道销售，获得了顾客的一致好评。此外还有其他民宿项目所在地的特色有机稻谷、特色窑罐、玉米糕、深山花椒等一系列特色产品。

3. 转移剩余劳动力

山楂小院在管理过程中实行管家包院制，即每一处院落配备一位管家，负责餐饮、清洁、维护等工作。除此以外，还会聘用一些符合条件的村民作为运输人员、看车人员等，从而实现剩余劳动力的转移。对于一些残疾村民，山楂小院会对可用于民宿内的手工艺制品进行收购，如筷子托等，鼓励残疾村民积极学习赖以谋生的技术，改善残疾村民生活质量，让村民直接或间接参与项目建设，以达到共享发展成果的目的。此外，村民们不用背井离乡就可以挣得不错的薪水，长此以往可以促进农村人口回流，为发展"美丽乡村"奠定人才基础。

（三）运营成效

1. 引入信任资本，构建利益共同体

下虎叫村的种植合作社是在2013年由党支部书记与支部委员协商共同成立的，最初是为了改善乡村靠天吃饭的局限，同时提高农业种植产量和质量。2015年合作社在市推广站的项目活动中与"隐居乡里"平台结识并达成合作。在底层共生模式中，合作社这一机制的推行，是将村委、企业和村民构建为利益共同体的关键所在。村委主导、村民入股的合作社首先保证了项目实施效果和收益可以作为村委政治话语的积累，满足了村委的政治需求；其次提升了企业与村民的沟通效率，顺畅了市场主体的介入机制。

合作社为了发挥协调多主体利益的功能，首先需要和村民形成互惠、信任的关系。这种信任主要有两个来源：一是由关系产生，二是由网络结构产生。在与"隐居乡里"的合作中，根据投资主体不同，合作社探索出了两种合作运营模式。一种是"村民+集体+企业"模式，将闲置房屋流转到村集体，村集体再与企业签订合作协议，租期为10年；另一种是"农户+企业"模式，由农户作为投资主体，按照统一标准对自家院落进行改造，然后交由远方网运营。在实际运营中，尽管运用第二种模式，村民收益更高，但普遍得到应用的却是第一种模式。在合作伊始，村民对出租闲置用房表现出了较为排斥的态度，合作社则主动承担起一定的风险赔付来鼓励村民入股。在部分村民入股得到分红后，合作社与村民之间基于工具型动机的交换行为得到强化，逐渐产生彼此信赖的心理。同时，由于村落的封闭性，容易产生较强的社会规范意识，发挥强制作用以促进合作和信任。由此，合作社从关系和网络结构两个方面搭建起了与村民互信互利的关系。

对村民来说，"隐居乡里"是一个相对陌生的组织，与合作社相比缺乏稳定的地缘关系，具有更大程度上的信息不对称。在这种情况下如何提高企业的可信度，就需要第三方中介即合作社的介入。由于信任的可传递性，当村民与合作社之间利益链条逐渐稳固时，合作社作为"介绍人"引入相关资源并为其做担保就能取得更为良好的成效。

2. 激发乡村活力，深化"美丽乡村"建设

（1）拉动地方经济发展。

在尚未发展民宿产业时，下虎叫村以农业作为支柱产业，村民收入普遍较低，导致大量青年劳动力外流，乡村"空心化"问题严重，村中闲置住房较多。如前文所述，村委通过与远方网合作，打造底层共生模式，盘活村内闲置住房，将其打造为山楂小院民宿，并选取符合标准的村民作为山楂小院的工作人员，以吸纳村内劳动力。通过运营宣传带动村内旅游产业的发展，提高了村内特色农作物附加值，使农产品销售环节与旅游活动紧密结合，让产业红利尽可能多地惠及村民，拉动地方经济发展。

（2）对乡村环境建设的带动。

民宿产业的发展从乡村环境的治理与优化开始。远方网为保留乡村古朴素净的特点，并未对下虎叫村的整体环境进行大面积的改造与修缮，而是采取了"针灸式"的修整方法，即保持了民居原本的院门与外观，仅对院内进行了现代化的改造，使民宿与村民的院落融为一体。为配合民宿产业的发展，村内适度改变了传统农作物的种类并减少了养殖家禽、家畜的数量，对村内整体环境进行了进一步的优化。

（3）对村民精神面貌的改善。

下虎叫村目前常住村民平均年龄在70岁，多数村民受教育程度低，只有小学学历。通过对下虎叫村村支书的访问得知，由于贫困及所接受的教育程度较低，村民之间时常发生矛盾摩擦，而民宿产业的繁荣使得这一现象有所好转。以"村委—合作社—村民"为基础的底层共生模式让民宿产业的发展与村民利益有了直接联系，而游客的逐步增多，以及媒体、学者的积极关注为下虎叫村带来了城市的要素流动，并增加了村民与游客互动的机会。逐渐提升的关注度以及与游客的交流互动使村民逐步意识到自身作为本村形象的映射在一定程度上会对民宿产业产生影响，由此村民的精神面貌较之前有了较大的提升。

三、下虎叫村的建设困境

（一）合作社与行政组织缺乏有效沟通模式

从2013年合作社成立至2018年，合作社与村委工作联系较为紧密，但这导致以村委为主导的合作社具有较浓的行政色彩，对内服务欠缺，惠及成员的能力较弱。对于大部分村民而言，所得利益仍十分有限。通过对村民的走访得知，乡村旅游专业合作社的多半股份为少数村民所有，大多数村民由于观念落后、经济拮据、对村委会不够信任，仅购买1—2股，每年所得分红仅为100—200元。同时，持股村民和非持股村民对民宿项目的包容程度也有所不同，给居民及社区生活增添了不稳定因素。由于城市居民与乡村居民的生活习惯不同，城市居民对乡村生活的不了解和好奇心会使城市游客进入乡村时，双方因为习惯不同而产生摩擦和冲突。调研实践团在走访调研过程中了解到，大部分村民对于山楂小院是表示接受的，而表示不接受的村民大多没有入股合作社。同时，几乎所有村民都认为民宿项目的引入带来了噪声和污染，特别是一些客人在村子中烧烤、唱KTV、大声喧哗等，给村民们带来了生活上的烦扰。

2018年村委与合作社工作相对割离以后，村委与合作社之间沟通和交流的共通空间缩减。目前山楂小院作为下虎叫村的主要收入来源，合作社被提到相对重要的位置，而合作社与乡领导对乡村建设规划常常存在分歧，这种分歧很少能够得到有效的解决。乡村建设缺乏统一的规划引导，带来的结果是发展理念的冲突和建设资金的分配不均，进而使得设施建设与第三产业发展步调不一致，具体体现在：

1. 乡村旅游形式单一

山楂小院作为一个精品名宿，隐形管家式服务和朴素回归自然的山间风光是其卖点，目前正在运营的乡村旅游项目除了民宿、菜园采摘、暑期夏令营之外，活动项目较少，游客没有其他可体验的乡村旅游项目，周围除了百里画廊外没有其他的景点和娱乐方式辅助支撑民宿的经营。同时，目前乡村旅游所开发的售卖产品主要是对村内相关农产品进行了表层开发，如农家有机小米、山楂汁、玉米糕等农家食物，没有形成深层的产业链。

2. 基本交通不能满足乡村旅游发展

从交通方面看，村内有车的村民不在少数，其余村民也可选择公共交通出行。因下虎叫村离北京市城区的路程较远，绝大部分游客会自驾前往下虎叫村，其余游客会通过包车或者乘坐公共交通的方式前往。村内公共交通只有Y22路公交车可以到达，每天4趟前往刘斌堡乡方向，其余时间就难以乘坐公共交通进出村子。游客来民宿旅游时除了参与村内的体验活动，若想走出村子欣赏周边风景，只能自驾或者联系管家让其提供代驾服务。上虎叫村和下虎叫村之间也没有日常交通往来，人们只能通过自家交通工具或者走路到达。

3. 村内基础商业设施不完善

从实际走访调研情况看，下虎叫村内没有一家小卖部或者商店，也没有24小时便利店等商业形态存在。村内虽然有一家小店经营售卖商品，但只有极少数的日常生活用品，而且营业时间极不固定。村民如需其他日常生活物品，就要前往刘斌堡乡购买并带回。民宿旅游虽然提供一日三餐和下午茶，但是若游客有特殊需要或需要购买日常用品时则非常不便。此外，村内虽然有为民宿旅游配套而设置的大炕酒吧，但实际并未真正起到"酒吧"的作用。城市游客来到乡村以后是否还需要"酒吧"这种娱乐形式值得深思，应当深挖城市游客在乡村旅游中真正需要的消遣方式，帮助游客领略不一样的乡村旅游体验。除了大炕酒吧之外，村内没有其他旅游配套基础娱乐设施。游客无法进行一些惯常的娱乐，娱乐功能不够多样化。

（二）资本主导下本土文化建设的缺失

以"村委—合作社—村民"为基础的底层共生模式，本质上是以企业和政府财政支持为主导。企业与村民之间的信任是以合作社为桥梁的，而合作社与村民之间的信任大多基于工具性的互利，以情感为基础的信任的辐射范围未能囊括整个社区。合作社的"信任纽带"角色职能没有得到最大化发挥，一方面使得连接村民一头的本土文化建设滞后，另一方面使得企业一头的工业化发展战略膨胀，具体体现在乡村旅游管理、发展的各个方面。

第一，下虎叫村的农业生产很多以家庭为单位，规模不大，较为封闭。村民素质良莠不齐且缺少对服务业的认知和意识，没有相关培训、经验与资质。考虑到民宿旅游作为服务业的特殊性，对于用人标准和雇佣关系都有明确的要求，其存在与发展虽然号称可以带动村内就业，但是从目前情况看，真正在项目内工作的只有两个是本村人，其他都是在外面应聘培训后进村的，对村内的劳动力带动效果并不是很好。虽然村内适龄青壮劳力多外出打工导致村内劳动力缺失是一个主要问题，但关键问题还是岗位设置和村民素质不匹配。

第二，在特色农作物的收购与种植方面，种植业专业合作社大都选择种植面积较大且产物质量较高的农户进行长期合作，大部分村民则由于所耕种的土地面积较小，或种植产物不符合山楂小院收购标准而无法获得相关收益，因此民宿产业发展所带来的红利仍难以满足大多数村民的需求。

第三，在解决本村剩余劳动力方面，由于常住村民平均年龄在70岁，年纪普遍偏大且受教育程度较低，因此民宿产业对本村劳动力的吸纳程度较低。而在外务工的本村年轻人，部分已定居延庆城区或其他城市，且随着村内年轻人受教育程度的逐步提高，以及城乡之间生活环境与精神文明发展方面的巨大鸿沟依然存在，并在短时间内难以弥合，已走出乡村并逐步适应城市生活的年轻一代在短时间内依旧难以被乡村吸引从而重返家乡。

（三）村民主体性的缺失

村民的老龄化和反馈渠道的不完善导致村民主体性缺失问题难以解决，村民自决的原则也无法得到保障。目前下虎叫村以民宿产业发展为核心的"美丽乡村"建设，于村民们更多的是接受而不是参与。由此可以看出，目前乡村产业的发展主要依赖城市和外部力量，村民主体内生力量难以被激活、促发，而村内的文化建设也没能有效激发这种内生力量，与村民的文化需求不相符致使部分资源浪费，难以带动村民之间的有效互动和认同感的建立。具体表现在：

1. 电影放映内容题材较为狭窄，内容较为陈旧

村内目前设有文化大院和电影放映厅，管理人员会定期为村民播放电影，但是多为战争题材或者科普法律类的电影，对村民的吸引力较弱，且因村内留守人群主要为老年人，或觉得战争内容过于血腥，或不想回顾那段历史，村民对此类电影内容并不感兴趣。从方便性和舒适性角度来看，村民更喜欢在家看电视。与预期相比，电影放映厅的使用率及村民参与度并不高。

2. 村民书屋使用率不高

下虎叫村内设置有村民书屋，书屋内共有书籍约1000册，种类齐全，包括科技、农业、教育、美食、心理学、文学名著等，且书屋每月都能实现图书流转，但是书屋的使用率并不高，村民对于阅读也没有太大的兴趣。一方面是因为平时务农工作较为繁忙，农闲时没有更多精力进行学习；另一方面是因为村内留守村民多为老年人，受教育程度不高，文化程度低，识字的人较少，学习兴趣不高，且因身体、视力问题认为阅读比较费劲伤神；也有部分村民不知道和不了解村内文化建设，不太关心村内文化建设情况。

3. 村民的基本文化需求得不到满足

在文化生活方面，根据下虎叫村文化专管员季女士介绍，该村每年自行组织的文化活动主要有元旦时举行的元旦联欢晚会和春节期间举行的扭秧歌大会，对于出节目的村民会有小礼品奖励，小礼品花费2000—3000元。其他时间则较少组织集体文化娱乐活动。村民对广场舞等文化活动存在需求，但苦于无人组织，且常住适龄人口过少，不太能形成规模，从而难以实现。

四、对策与发展

（一）立足乡村本位，推进共生发展

受产业局限性、区域不平衡性以及人口大量外流等问题的影响，农村在政治、经济、文化、社会的建设上同城市存在较大的差距，呈现出明显的"城乡二元结构"。但是，从相反的角度来看，近年来，发展的相对滞后却为乡村带来了新的机遇，生活节奏缓慢、物价水平较低、生态环境优美、乡村民风淳朴开始成为乡村的"新资本"和"新优势"。在此基础上，诸多乡村将自身优势与文旅

思维相结合，开发出了一系列具有乡村特色的文旅项目，并形成了共生发展的模式。

以下虎叫村为例，下虎叫村于2015年由村委会联合远方网共同开展了山楂小院项目，并形成了以"村委—合作社—村民"为基础的底层共生模式。下虎叫村形成的"共生模式"虽然仍存在不完善的部分，但该模式整体上坚持了乡村本位，促进了各架构的共生发展。以合作社为架构支点，打造全主体之间的信任共同体和合作共同体是旅游与乡村立足乡村本位、共生发展的关键。在此基础上，需要达成以下三组共生关系的平衡：

第一，文旅项目与乡村发展的共生。任何文旅项目的落地都应该因地制宜、避免盲从。因此，乡村文旅项目的开展也应基于不同村落的特色和特点，深入挖掘各个村落的优势资源，从顶层设计角度进行把控，思考本地是否需要文旅项目、应该做什么样的文旅项目、文旅项目如何同其他产业结合等问题，使乡村成为文旅项目落地的沃土、使文旅项目成为促进乡村发展的抓手。

第二，乡村居民与城市游客的共生。乡村文旅的落地会带动大量的城市居民走进乡村、回归乡村。以下虎叫村为例，山楂小院每年会吸引数千名城市游客，因乡村居民和城市游客在作息时间上存在较大差异，许多城市游客晚间在村中大声喧哗，影响了乡村居民的休息，在一段时间内双方产生了较严重的矛盾。因此，乡村文旅的发展应充分考虑城乡居民的差异，促进乡村居民与城市游客的共生。

第三，乡村文明与城市文明的共生。城市游客为乡村带来显著经济收益的同时，也为乡村带来了城市文明和城市风貌。以下虎叫村为例，山楂小院的落地改变了乡村的风貌，除了乡村整体环境的改善之外，村民闲置的农家村舍变为精品民宿，而精品民宿所传递出的城市生活理念和城市生活方式对村民产生了潜移默化的影响。

与此同时，城市游客在乡村生活的时间里，也会亲身体验与城市文明大不相同的乡村文明，进而了解乡村居民的精神世界和乡村发展的真实情况。因此，乡村文旅的发展也是乡村文明与城市文明的共生。

（二）挖掘乡村资源，发展乡村文旅

伴随着中国城市化水平的不断提高，农村劳动力逐步拥入城市并为城市的发展带来了巨大的动力，也为中国的经济发展带来人口红利。但是，伴随着农村劳动力的不断移出，农村的老龄化问题日益严重，在城市蓬勃发展的对比下，农村的发展日渐式微。以下虎叫村为例，在调研实践团调研期间，该村共有农业人口162户，但村内常住人口和留守人口仅有30多户。村内留守人口多为老年人和婴幼儿，青壮劳动力多外出打工或搬进城区居住，目前留守人口平均年龄在70岁，农业生产劳动力的平均年龄在70岁以上，乡村的发展活力明显不足、乡村的空心化问题非常严峻。根据2017年召开的第三届中国古村镇大会所公布的数据显示，近15年来，中国传统村落锐减近92万个，并正以每天1.6个的速度持续递减。如何留住乡愁、守住乡村，如何增加农村内生动力，如何促进乡村的可持续发展，成为乡村振兴进程中亟待思考和解决的命题。

在下虎叫村近几年的发展中，文旅思维的介入与文旅项目（山楂小院民宿）的落地发挥了重要的作用，使下虎叫村摸索出了一条独具特色的乡村发展路线。

从农业角度来看，一方面，山楂小院的运营团队定期从村民手中采购农产品，不仅为入住民宿的城市游客提供了安全绿色的饮食，也使下虎叫村从事农业生产的村民拥有了长期稳定的销售渠道，农村原始农业生产的基本形态得以保留；另一方面，山楂小院的运营团队将文旅思维融入农产品的生产和销售过程中，以文创思

维打造优质农产品，使普通的农产品走出了一条精细化、品牌化的发展路线。

从农民角度来看，山楂小院以高于市场的价格对农产品进行集中采购，增加了村民的收入，使下虎叫村完成了从贫困村到人均年收入2万元的蜕变，也为其他乡村的脱贫致富提供了宝贵经验。同时，文旅项目的落地及乡村民宿的运营，催生出了新的工作岗位，为农民带来了更多的发展机遇和发展可能。

从农村角度来看，文旅项目的落地促进了"美丽乡村"建设，原始的村舍、村屋被设计改造为精致的乡村民宿，乡村的整体风貌得到了显著提升。城市游客为乡村带来经济效益的同时，也为乡村带来了城市风貌，并间接带动了乡村和城市的交往，增强了乡村与城市之间的黏性。同时，文旅项目的落地为乡村提供了更多的就业岗位，提升了乡村的发展活力，有助于农村劳动力的回流。在立足于乡村发展实际情况的基础上，促进文旅思维的介入与文旅项目的落地，能够带动乡村找到适宜自身的可持续发展路线，能够为农业、农村、农民三个主体带来更多的发展机遇。同时，乡村文旅的发展对于农村脱贫致富、农村文化小康、"美丽乡村"建设、乡村振兴等问题的解决具有重大意义。

（三）立足村民需求，精准供给文化

在对下虎叫村进行基础调研，以及对村民进行入户访谈的过程中，我们重点了解了村中公共文化设施的建设情况和文化服务的供给情况。目前，下虎叫村主要的公共文化设施为电影放映厅、村民书屋和虎文化广场。其中，电影放映厅每周放映两场电影；村民书屋全年开放，每月更新，馆藏图书数量约1000本；虎文化广场的主要作用是供村民健身，广场设有较为齐全的健身器材及虎文化主题彩绘。根据入户调研所反映的村民民意可知，目前下虎叫村的文化供给单一，供给没有匹配需求，文化服务和文化产品没有真正进入村民生活，具体体现为以下三点：第一，电影放映内容过时，题材单一，以法治电影和抗战电影为主，与院线电影不同步，村民接触不到时下最新的电影资源，大部分村民仍旧将看电视作为首选的文化活动；第二，村民书屋图书馆藏数量较少，图书供给内容没有考虑到村民的受教育程度，农业类书籍较少，村民书屋的使用率不高；第三，公共文化设施的利用率不高，缺乏具有引导性和带动性的文化活动，公共文化设施在村民的生活中"可有可无"。综合来看，下虎叫村的文化服务和文化产品没有供给在"刀刃上"。

解决下虎叫村的文化供需问题，不仅有利于带动该村的文化发展，还能以小见大、举一反三，为其他乡村的文化供给提供理论和实践借鉴。同时，文化互动能够有效增进村民之间的信任，打造社区认同感。第一，乡村公共文化设施的建设应做好整体的规划布局，对农业生产区、农民居住区和农村文化区的空间布局进行统筹设计，确保公共文化设施成为乡村生产生活的有机体，打造伴生的乡村"文化生态圈"。第二，乡村经济发展的滞后并不代表村民不需要高质量的文化服务，因此各村镇的文化主管干部应转变在文化供给方面的落后思维，利用邻近城、镇的地理区位优势，同邻近城、镇建立文化资源共享机制，推动优质文化服务、优秀文化产品走进乡村。积极推动电影下乡、戏剧下乡、图书下乡、文博下乡，积极开展乡村老年大学、乡村广场舞比赛等，在提升乡村文化活力的同时，激发村民的文化需求。第三，下虎叫村应充分了解村民的文化需求，利用好电影放映厅、村民书屋、文化大院等已有文化设施，在有条件时推进乡村文化馆、乡村书画馆、乡村小剧场等现代文化设施的建设，逐步打造集多元性和现代感于一体的乡村文化环境。第四，村中应积极引进具有乡村文化工作经验的专业人才，成立专门的"文化工作小组"，立足本村实际情况和村民真实需求，制订村内文化建设规划，开展村民喜闻乐见的文化活动，将乡村文化建设纳入乡村振兴的整体规划中。

参考文献

[1]江绪容.关于精准推动乡村文化振兴的思考[J].重庆行政（公共论坛），2018，19（4）.

[2]邓坚.乡村振兴战略实施中加强乡村文化建设的研究[J].经济与社会发展，2018，16（3）.

[3]李静.乡村振兴视域下的乡村文化发展[J].农村经济与科技，2019，30（15）.

[4]罗家德，李智超.乡村社区自组织治理的信任机制初探：以一个村民经济合作组织为例[J].管理世界，2012（10）.

自发与合作：从传统古村落到文旅IP开发

——爨底下村的"美丽乡村"建设实践

■ 吴 楠

一、爨底下村基本情况

（一）区位特征与优势资源

1. 地理位置与村落布局

爨底下村位于北京市门头沟区斋堂镇西北部，距离北京城区90余千米，距门头沟中心城区65千米，村域面积5.33平方千米。调研期间，全村现有居民55户，116人，其中54户从事民俗旅游接待工作。

爨底下村地理位置优越，四周群山环抱，具有中国古村落的风水格局特色。该村坐北朝南，背靠龙头山，以锦屏山为屏，左右两山相庇护，形成了一个"负阴而抱阳，冲气以为和"的理想居住空间。基于地形高低依山变化布置的特征，爨底下村在以龙头山为中心的基准线下，将古香古韵、精巧玲珑的四合院民居依地形呈扇形灵活布置在有限的平地上。四合院分布严谨和谐，秩序井然。村子整体建筑布局形如"葫芦",又像"元宝",建村者意在取"福禄""金银"之意,为古村的环境赋以吉利的寓意。

此外,村民们还根据村子周围的地形特征进行联想,将虎山、蝙蝠山、金蟾山、龙头山等巧妙地构建出"威虎镇山""蝙蝠献福""金蟾望月""神龟啸天""神笔育人"等景观,形成了紫气东来的古村意境格局。天然、和谐的风水格局与村民人为塑造的景观和意境,为爨底下村吸引游客、发展旅游业奠定了良好的基础。

2. 山地四合院结构

爨底下村是我国北方地区保存完整、具有独特价值的山地四合院建筑群之一。该村现存四合院70余套,民居近700间,其建筑形式基本相同,分布有序。与北京传统四合院相比,爨底下村的山地四合院规模小,因地形限制其平面并不过分追求对称、规则严谨的布局,路直则正、崖偏则斜,更加自由灵活。

3. 宅院的装饰艺术

爨底下村在建筑装饰中非常重视运用各种砖雕、木雕及字画等艺术品,装饰的重点部位一般是门楼、影壁、屋脊、窗槛、墙壁等。从外形上看,这些雕刻字画或古雅质朴,或大气磅礴、飘逸灵动,美轮美奂,令人叹为观止、目不暇接。有意象高贵的莲、菊、梅等,也有象征吉祥的狮子、羊、鹿等,反映出设计者不俗的文化追求。这些装饰艺术不仅是珍贵的古村民居艺术,还是当时社会生活、民俗民风,以及村民审美水平与情趣的重要体现。

4. 丰富的文化遗产

爨底下村的文化遗产中蕴含着浓厚的乡土气息,这里的民间戏剧、节俗等均具有独特的乡土魅力。在这里,游客不仅可以品尝到有机的农家饭菜,还可以欣赏到诸多特色民俗节日,如正月十五转灯游庙、转娘娘驾、祭龙王、晒龙王等。这些地方民俗与爨底下村的自然美景、传统老宅一起营造出独特的古韵氛围。其中，爨底下村转灯场的习俗入选门头沟区级非物质文化遗产名录。每逢正月十五，斋堂镇都举办转灯场的活动，包括恭送仪式、开场、转灯祈福、民间花会表演等，在村民娱乐、祈福的过程中，游客们也能够体验到别样的传统风情与乡土文化。

（二）历史沿革

爨底下村始建于明朝永乐正德年间，距今已有500多年的历史。"明朝正德年间，这里设置防卫御敌的军事隘口——爨里安口，归沿河口守备管辖，村中韩姓家族的第一世祖先韩甫金、韩甫银、韩甫仓兄弟三人从今沿河城地区的'三岔口'调防到此地屯守戍边"[1]，随着子孙繁衍，人口增多，逐步形成了现在的爨底下村。

图 1 爨底下村鸟瞰图

---

[1] 李婉君.四百年爨底下为何"韩"姓独居[J].北京档案，2012（5）：50.

爨底下村韩氏家族一枝独秀，极少有旁姓入住，400多年来韩氏家族绵延不息，积淀了完整的家族文化与活态的人伦格局。全村现有280亩地，76个套院，689间房屋，3个碾坊，建筑风貌基本保存，大部分为清朝后期所建（少量建于民国时期）的四合院、三合院。整个村子坐落在龙头山上，房屋依山而建，依势而就，高低错落。村上、村下被一条长200米、最高处有20米的弧形大墙分开。村子全貌呈金元宝状，扇形结构向两侧延展。爨底下村自然风景宜人、古建民居完整、文化资源丰厚，拥有历史、传说、古建、风水、宗族文化等赋存，完全具备打造高端乡村游的实力与潜能。自1995年开始进行旅游开发以来，爨底下村在北京市乃至全国的知名度越来越高，拥有"北京地区珍贵的农村社会历史文明发展活化石"、"中国古典建筑瑰宝的明珠"和"北京的布达拉宫"等诸多美誉。至今已有60余部现代题材、抗战题材及历史题材的电影、电视剧在此拍摄。其中包括电视剧《三国演义》、电影《投名状》《手机》等多部口碑佳作。

图2　美丽乡村调研实践团于爨底下村合影

1995年爨底下村开始发展旅游业，从起先的3—5家简陋的农家乐发展到如今54家民俗旅游经营户，绝大部分村民以此为业。从调研数据来看，爨底下村的客栈数量连年增长，所占民居院落的比例从2000年的约15%到2005年的约50%，再到2011年的约90%，至2018年已近100%。旅游效益也逐年增长，1995年旅游产业起步发展时，全年游客不足千人，年收入仅3000元左右，2001年爨底下村旅游收入明显好转，年接待游客3万—5万人次，村里收入突破百万元。2018年接待游客20万人次，全年总收入达千万元左右。收入的增加给爨底下村的发展带来了更多的助益，也吸引了一些返乡创业的年轻人，旅游业成为爨底下村开展"美丽乡村"建设的关键抓手。1995—2018年爨底下村发展历程及所涉主体见表1。

表1 1995—2018年爨底下村发展历程及所涉主体

年份	大事件	涉及主体
1995年	开始进行旅游开发	爨底下村村委会
2001年	被评为"北京市文物保护单位"	北京市政府、文物局
2003年	被授予"中国历史文化名村"	国家建设部、国家文物局
2006年	被评为"全国重点文物保护单位"	国家文化部、国家文物局
2009年	旅游开发权发生转移，与双石头村、柏峪村、黄岭西村合并为爨柏景区，同时成立爨柏景区管理中心	斋堂镇政府
2010年	被列为古村落	门头沟区政府、文化委员会
2012年	第一批被列入"中国传统村落名录"	国家住房和城乡建设部、文化部、财政部，传统村落保护和发展专家委员会
2018年	被列入"北京首批市级传统村落名录"	北京市政府

二、"美丽乡村"建设现状

爨底下村作为一个独立且较为封闭的小村庄,过去因得益于商旅古道而兴盛。20世纪末,由于国家发展需要,丰沙铁路和109国道的畅通,爨底下村原来的交通要道不再是必经之路,区位优势迅速瓦解。同时,随着社会经济的发展,劳动力外流,人口逐渐减少,爨底下村一度被列为贫困村。然而,交通封闭、人口较少、信息闭塞等原因使得村落没有遭受过度的人为破坏,地处僻静之地的古民居反而得以基本完整地保存下来,也成为日后发展旅游业的基石。

(一)主要建设方向

1.文旅结合的经济建设

村民返乡创业,乘民宿东风。爨底下村的文旅建设发展契机与村民返乡创业密不可分。爨底下村在旅游开发之前,在客观因素的制约下,村民开始往外流出。但是,随着旅游业的升温,村内几乎家家户户都开始从事农家乐经营,村民回流人数逐渐增多,截至2013年,全村人口户数接近历史峰值,人口规模经历了由迁出到回流的"U"形变化。但限于居住条件,加之大多数村民已在门头沟区或北京其他城区安家,便出现了每年4月旅游旺季时村民迁回,10月旅游步入淡季时迁出的"周期性回流"态势。

随着爨底下村旅游业的发展,村民收入有所增加,开始吸引一部分村民返乡创业,"民宿经济"成为爨底下村的核心产业。以韩永聪等为代表的新一代返乡青年,在民宿转型升级方面作出了一些实践。韩永聪大学毕业后,在中国旅行社总社工作,已经从事旅游行业10余年。上大学和从事旅游行业之前,他就利用闲暇时间参与到父辈们的农家乐接待中。虽然有时候觉得服务业很累,但他也能自得其乐。谈及做民宿的初心,韩永聪表示:"源于对家乡的情怀和热爱。爨底下村是由明清时期的四合院、三合院建筑群组成的,本身的建筑风格、民俗文化比较适合民宿。另外,个人因为工作也去过一些国家和城市,觉得他们的建筑和民宿特别有感觉,所以就越发喜欢。在自己出生、长大的地方做自己喜欢的事情,确实很美。"

图3 爨舍精品民宿大门外景

中国为传统农耕社会，诗词曲赋中存有大量对田园生活的描述与向往，并内化为中国传统文化的内在气质，更影响了中国人惯有的审美取向，田园牧歌式的生活成为逃离现实、回归宁静平和的不二途径。在旅游行业逐渐成熟、城市生活节奏加快、传统审美文化再度兴起后，游客对山水乡村游的需求也逐年增长，而爨底下村正契合了人们的这种需求。问及"爨舍"的目标群体，韩永聪说道："爨舍的目标群体是那些喜欢回归田园，喜欢老房子、老建筑的自驾群体。爨舍能让入住者感受到'家'文化，推开门你就是院主。"调研实践团在与村里游客的交谈中获知，他们主要来自北京市的各行各业，包括画家、学者、摄影爱好者和以休闲观光为目的的旅游者，且以中青年居多。爨底下村在北京文旅发展的初期抓住了机遇，人们生活水平不断提高，需求也逐渐从物质转向精神文化。基于原生态的古村落文化、休闲的乡村生活方式以及良好的自然生态环境的共同文化追求，更多游人选取爨底下村作为休闲目的地。在这种趋势下，爨底下村的民宿经济与文化产业迎合了部分市场需求，村子的经济收入逐渐增加。

2. 古迹保护下的文化建设

古迹保护，承历史文脉。爨底下村先后被评为"北京市文物保护单位""全国重点文物保护单位"，对于村内众多保存状况良好的明清古建，如何做好文物古迹的保护是一项严峻的挑战。北京市规划和自然资源委员会与文物局共同成立了"爨底下古村保护与开发规划组"，委托相关单位编写了《北京市门头沟区爨底下村历史文化保护规划》。保护工作以保护古村生态环境和原始风貌为原则，在村委会和村民的积极配合下，村落四合院、街巷、古墙和独具的"风水"格局建筑与民居特色都被很好地保护并传承了下来。

2003年，爨底下村新任党支部书记王秀莲提出了"传承古村历史文脉，建设特色文化名村"的发展思路，并制订了景区的发展规划。王秀莲表示："自然形成的天然环境和先祖留下来的古民居建筑群，就像一片净土，村子里的一砖一石一草一木都是国家级文化遗产，绝不能遭到人为的破坏，是不可再生的资源，要像保护自己的眼睛一样保护它们。"调研实践团通过与当地村民交谈获悉，传统村落十分讲究地理、水文、气候等风水要素，整体布局以龙头山为中心，坐北朝南，呈严格的南北中轴线控制，具有中国传统风格。为了保护爨底下村的古建筑，王秀莲书记不辞辛劳找相关部门申请立项。先后争取到国家立项资金2000多万元，为乡村经济发展注入了活力，使得历史珍贵文物保护有了保障，群众的保护意识和价值观也大大提高。

爨底下村既注重古建筑保护和文化传承，又紧跟时代发展，积极探索文化发掘、利用、发展的有效途径，通过发展文化遗产旅游和乡村旅游，短短几年时间，山村面貌焕然一新。

（二）乡村建设模式与经验

1.文化旅游脱贫富民，民宿牵引乡村经济

爨底下村历史文化资源富足且得到较好的保护与传承，发展文化旅游具有先天优势。自改革创业之风到来，爨底下村村民充分利用现有资源优势，大力开发文化旅游产业，在保护的基础上对老旧民居进行改造升级，用经营民宿的方式扩大旅游服务范围，拉动乡村经济。

吃农家菜，赏山间房舍，特色民俗文旅助乡村脱贫致富。爨底下村自然生态环境优质且远离城区，其农业生产、乡村生活等业态满足了城市游客对养生休闲、躲避喧嚣的需求，丰富的历史文化遗产和代代相传的风土习俗更是增加了其旅游吸引力。越来越多的游客走进爨底下村，观景、写生、摄影、度假，民俗文化旅游展现了广阔的市场空间，逐渐成为爨底下村的重点发展产

业。为了接待游客，越来越多的爨底下村村民在家中搭起凉棚、架起炉灶、装修客房，摇身一变成为"民俗旅游接待户"，而来到爨底下村的游客都会走进村民家中品尝农家饭菜、体验爨文化习俗。爨底下村当前的民俗文化旅游发展模式在为游客带来便利的同时，也提高了村民的收入，帮助爨底下村由贫困山村变为旅游模范"小康村"。

图4 爨底下村的老房改造民宿

老房个体改造开启"农家乐"时代，民宿经营模式牵引乡村经济发展。经过20多年旅游开发的爨底下村已探索出"集体统一经营+农户分散经营"的自主经营模式，即旅游景区由爨底下村统一管理，精品民宿由业主个人经营。如今，爨底下村已形成"家家户户有产业"的景象。开启老房改造民宿热潮的第一人为驿清晨民宿老板，他通过与爨底下村四合院产权所有人合作，修缮和改造老旧四合院、提高内部居住舒适度，将现代文明合理嫁接在传统建筑中，为拥有四合院情结的游客提供第二居所的服务，在追忆老北京逝去的四合院文化的同时感悟田园生活。自此以后，以民宿为主体形态的、集吃住玩于一体的新型高端农家乐如雨后春笋般竞相出现。由于爨底下村的民宿允许在保留古民居原始外观和风貌的基础上进行个性化的修饰和经营，因此，不同的民宿蕴藏着店主的个人审美和家宅历史，拥有不同的住宿体验，他们之间彼此竞争且相互促进。独特的民宿生态促使旅游产业更新升级，牵引着乡村经济的发展。

2. 领军人物带动发展，产业经营不断完善

中国传统农耕文化下的爨底下村古老且面积狭小，村子的发展也曾受限于传统观念和小农经济思想，面临着个人经营分散、专业化水平低、集体经营产出率不高、组织化程度低、科学技术含量不足等问题，它们制约着爨底下村的可持续发展之路。但值得庆幸的是，由爨底下村走出的一代代青年才俊通过返乡创业唤起了沉睡的乡村经济，一位位心系百姓生活和乡村未来发展的领导的上任攻克了遗留下的历史难题，他们齐心协力不断完善爨底下村的产业经营。

创新创业领军人引领旅游发展蒸蒸日上。精品民宿是爨底下村旅游产业发展的核心，从首个尝试农家乐形态民宿的驿清晨民宿开始，民宿经营模式的提出为村子的文化旅游产业指引了一条最便捷、合理的发展之路。随后以韩永聪为代表的年轻人返回家乡，将外界民宿创新理念引入乡村旅游发展之中，不断完善和提升爨底下村民宿的质量与品位，建立吸引力远超驿清晨的爨舍精品民宿。爨舍的成功带动了更多爨底下村村民创新自家民宿经营模式，吸引了更多走出去的爨底下村年轻人返乡创业，在增强乡村产业活力的同时，帮助爨底下村民宿完成了由特色民宿向精品民宿的转型，实现了文化旅游产业的一次整体升级。

乡村发展"领导人"使乡村名声不断扩大。调研实践团在与爨底下村韩书记对话时，他曾多次提到一个名字——王秀莲。韩书记说，正是有了王书记的带领，才有了后来发展蒸蒸日上的爨底下村。王秀莲于2003年被派到爨底下村任党支部书记时，制定了《村民自治章程》、重组了领导班子，针对旅游现状出台了一系列管理制度，解决了爨底下村遗留的历史问题。她高瞻远瞩，将爨底下村的"爨"注册成商标，把"爨底下"真正变成了"爨"IP（知识产权），单单是农副产品的销售便为村民增加了近10万元的收益。她利用优秀人才，借力国家新农村建设优惠政策，邀请专家为村子制定远景规划和近期目标，完善村内基础设施，开展文物保护、生态修复、景区拓展开发等十余项建设工程，不仅解决了爨底下村村民的生活问题，也提升了其作为旅游景区的接待能力，为爨底下村的可持续发展提供保障。从此以后，爨底下村正式开启集体经济之路，旅游产业逐渐规范，村民凝聚力大大提升，爨底下村依靠旅游产业彻底实现了脱贫致富和全村就业。

（三）爨底下村建设特色与经验

1.历史文化传承悠久，重视村落整体保护

距离北京城区90余千米的爨底下村始建于明朝正德十年（公元1515年），距今已有500多年的历史，因建在明代"爨里安口"（当地人称"爨头"）下方而得名。爨底下村拥有丰富的历史文化遗存，在发展过程中，其物质文化遗产与非物质文化遗产均得到良好的保护与传承，村落原生态气息浓厚。

历史文化代代相传，单姓群居凝聚力强。爨底下村历史文化资源丰富，拥有明代老村遗址、清代民居、壁画、捷报、抗日战争时期被日军烧毁的房屋的废墟、抗日哨所遗址、古碾、古磨、古井、古庙，以及20世纪50年代至70年代的标语。它们并未随时间的变

迁而消失，而是被一代代爨底下村村民保留了下来。独特的单姓群居生活使得爨底下村村民具有极强的凝聚力和文化认同感，因此，即使在旅游开发的过程中，村民也并未停止对历史文化的保护与传承，最终为爨底下村烙下独特的历史文化印记。跌宕起伏的经历为爨底下村的历史长卷增添了几抹多样的文化色彩，由灰色文化（古村落群）、黄色文化（耕读之村）、绿色文化（自然生态）、红色文化（抗日遗址）组成的爨文化为后续旅游产业发展提供了多元方向，注入了无限生机。

原始建筑保存完整，原生态气息浓厚。爨底下村内部建筑密集，村里大部分建筑为清朝后期建造的四合院、三合院，门墩雕刻精美，砖雕影壁独具匠心，壁画楹联比比皆是，这些既是中国传统文化的代表、载体，也是独特地域文化的象征。针对此类极具价值的历史文化遗存，爨底下村的历代村民并未对其进行开发或破坏，任由它自然发展，因而爨底下村拥有我国保存较为完整的山村古建筑群。自被列入国家级重点文物保护单位以后，各级政府对爨底下村的保护等级不断提升，国家政策监督和旅游产业需求的双重因素促使爨底下村更加关注对历史遗留建筑的维护，现如今村里有完好保留的明清四合院建筑70余套、房屋近700间，村内房屋整体性较好，历史气息浓厚。

2. 文化生态环境保护良好，村落文化特色突出

"爨"拆分来看就是"兴字头，林字腰，大字下面加火烧"，大火烧林，越烧越兴，而爨底下村村民以韩（寒）为姓，一冷一热彼此互补，体现着五行智慧。爨底下村无论是自然资源还是人文资源，都凝聚着古人的智慧，爨文化融于村民的日常生活，在传承中进化，在保护中创新，逐渐形成了良好的文化生态环境。

图5 随处可见的"爨"字

爨底下村注重遗产的保护与传承。爨底下村依山而建、依势而就、高低错落,村落布局严整精巧、因地制宜,古村极具北方建筑特色,凝结着几代爨底下村人的生存智慧与生活审美。房屋拥有精巧、科学的风水结构,四合院建筑紧凑、门窗装饰精美,影壁精雕细琢、取万物美好之意,门楼沿中轴线横向延伸、寓发横财,村子布局精巧、层层升高,各家各户采光、通风、观景极佳,彰显人、建筑、自然三者的完美结合。古民居遗产的保护留住了爨底下村的文化精华,行走在古居山林间,便可深刻感知山村环境中所传递的精神底蕴。

突出爨文化的自然与人文特色。爨底下村为韩氏单姓聚居,谱系完整,拥有自己的宗法和宗教庙宇体系,形成了代代相传的淳朴民风与别具一格的乡土文化。爨底下村拥有独特的祭祀习俗、庙会和节庆,这些遗留下来的传统民俗提升了爨文化中的人文价值。从点灯棍、栽荆蒿子、熬杏核油等古老生活习俗，到荆编、席编、制作卤水豆腐等现代特色工艺，爨底下村的非物质文化构成了具有鲜明特色的农家生活民俗。爨文化不仅是一排排错落有致且代表着古人建筑智慧的明清古民居和代代村民对农村社会历史文明的延续，还有由韩氏族群强大凝聚力带来的文化传承创新力，他们为爨文化注入了鲜活的生命，让布满尘土的古建筑熠熠生辉。

三、爨底下村建设中的问题与成因

首先，随着爨底下村旅游产业的飞速发展，游人如织，尤其在节假日期间，游客数量激增，远远超过专家估算的日接待量。古村落空间有限，并且作为遗产旅游地，不可以随意增容。日益增多的游客数量对古村的承载力和整体景观保护是一个不小的挑战。

图 6 爨底下村的一户农家乐

其次，爨底下村民宿经营模式相对统一，旅游产品单一化，文化特色和地方特色不够突出。调研期间，爨底下村有54户经营民宿、农家乐，彼此之间差异性不强。现任爨底下村党支部书记表示，在旅游开发的过程中，从早期自发的零星家庭接待到形成完整的农家乐市场，直至现在全村整齐划一的54个民俗接待户，经历了逐步标准化的旅游开发过程。早期这种统一标准化管理发挥了相当有效的管理优势，成功助力打造"爨底下"旅游品牌，并逐步解决了村子中存在的卫生差、乱收费、服务质量低等问题。2003年村内开始统一菜单，2004年村内旅游公司统一制定饭菜价格，2006年村内又为各农家乐配备印有"爨"字的三件套（床单、被罩、枕套），以及室内的主要家具及餐具。在菜式相同、口味相似、陈设一致、住宿条件相似的情况下，爨底下的统一性被烘托，但"农家"的个性有所退减，新鲜活态的农家被粉刷上统一色彩，个性化的缺失让其人文吸引力大幅下降，这也直接导致农家乐旅游项目雷同、主题单一。游客对山水房屋进行观赏后，难以寻找到其他旅游兴奋点，故重游的意愿不高。

此外，当地村民为了最大限度地开发利用民居，将建筑内房间大多改为住宿房间，致使其他功能逐渐丧失。在传统合院基础上，村民利用门前空地使用仿古材料自行建造餐厅、商店以拓展经营空间，其中，沿斋柏路及村内巷道的合院表现较为明显。院落空间结构也发生了明显变化，传统院落顶棚呈敞开状态，利于晾晒粮食，而现在为了便于开展旅游接待服务则使用稻草、塑料等材质将顶棚进行封闭，原本用于晾晒农作物及家人乘凉的荆笆棚被拆除以扩展空间，放置用于接待客人的桌椅，只有春节才使用的春联和灯笼在现代空间中为了营造乡村性而成为固定设施。另外，韩书记也谈到村里的关帝庙、娘娘庙、五道庙、水井、碾盘周围等传统公共生活空间变成了可供游客参观、回忆和感受乡村文化的旅游景点，其祭祖拜宗、寄托情感的社会功能趋于退化或消失；停车场、土特产商店、表演戏台等现代场所取代了传统公共空间，传统意义上村民集聚、交流信息的空间不断被替代与挤压，村民原有生活空间不断被压缩，传统文化生态不断消失。

爨底下村的发展隐忧不可谓小，如果不及时调整，将不利于其品牌塑造。在民宿升级上，发掘民宿主人个性，并将这种个性融入民宿的经营当中，以精致、个性化的服务产品替换原有粗糙、大众化的服务产品，提升民宿的品质。在文物保护上，以活态保护为主，在逐步恢复生活生态的同时，平衡民居保护和旅游开发的关系。

四、"美丽乡村"建设思考与未来发展方向

（一）爨底下村建设思考

从爨底下村的历史沿革来看，血缘与地缘关系是爨底下村发展过程中重要的连接纽带，具有较强的以姓氏为划分标准的共同体意识。爨底下村现有的旅游经营者除了2—3户是外姓人之外，绝大多数是韩姓村民。血缘关系、地缘关系与社会关系的多重嵌套共同塑造了他们的共同体意识。

调研实践团在调研中发现，向上追溯几代，村民们都是亲属，并且都曾在村内共同生活过较长时间，因此目前这一代以中老年为主的经营者有着非常强的内部凝聚力。村民之间的感情，以及他们对村落的感情都十分深厚，并且对于继续留在爨底下村养老有着较强的意愿。尽管在经济建设过程中仍然存在着一定的利益争端，但是规模相对较小，冲突程度较弱，比较容易被平复，所以这一代的文旅经营与村落建设具有一定的稳定性保障。

调研实践团在与韩书记的交流中了解到，村子里的下一代基本

都在外读书或工作，许多中年群体也有向外流动的意向，只是奈何受到学历的限制，有些工作难以从事。所以对于下一代年轻村民而言，常年在外工作学习使他们对于村落本身的认同感相对弱化，与老一辈难以相比，是否继承现有的民宿继续经营还未可知。爨底下村未来的建设与运营是否会从原住居民向外来者转移难以预计，但游客的需求是游览传统的、属于原住居民的村落，并体验其中的历史与文化。爨底下村在文旅建设过程中，需要重视可持续发展原则，保持、保护原有的文化元素，政府管理者、企业经营者、社区参与者等主体需要对市场需求，以及建设的初心、目的进行更加清晰的分析并作出相应规划。

（二）未来发展方向

1.持续发挥村党支部的带头作用，走集体经济道路

村党支部作为党组织在乡村展开工作的基础单位，是党在社会基层组织中的战斗堡垒。发挥领头羊作用，带领广大农民群众走集体经济道路，建设美丽乡村，村党支部责无旁贷。

据爨底下村韩书记回忆，爨底下村的乡村旅游能顺利起步，靠的是集体的带头作用。早在1995年，爨底下村村集体便提出要发展乡村旅游，以摆脱爨底下村当时贫穷落后的局面，为了鼓励村民积极参与，村集体以身作则，把村内属于公家的空置房屋改造成民宿进行经营，其良好的发展态势逐步转变了村民传统的思想观念，引导全村走上发展乡村休闲旅游的道路。同时，韩书记提到的爨底下村飞速发展的时期是2004—2008年，而这正是王秀莲担任爨底下村党支部书记期间。作为外乡人，王秀莲在担任爨底下村党支部书记后并没有满足于爨底下村已有的成绩，而是通过加强基层党组织建设；为"爨底下"注册商标，维护知识产权；加强古村落文物保护等手段，进一步推动了爨底下村乡村旅游的发展，充分发挥了

村党支部的带头作用。

爨底下村的乡村建设实践经验恰恰说明了美丽乡村的可持续发展离不开党支部的带领和集体经济的加持。提高村党支部的凝聚力和战斗力，带领村民走集体经济道路除了有利于调动村民在乡村建设中的积极作用，实现村民共同富裕外，还有利于通过设立股份制、成立合作社等形式实现收益公平再分配，避免乡村发展过程中的恶性竞争，实现乡村和谐发展。

2. 明确各管理部门的职责，保护传统古村落

对于承载百年历史的传统古村落而言，只有在保护好历史遗留的文化财富的基础上才有可能实现乡村的良性发展。深谙此道理的爨底下村在发展经济的过程中也从未懈怠对传统古村落的保护。早在2003年，王秀莲书记就提出了"传承古村历史文脉，建设特色文化名村"的创新发展思路并着手保护村内古民居建筑群和其他文物古迹。2015年，镇政府第一次统一组织修缮村民们的住房，以"修旧如旧"的原则，对古村落的建筑进行修复。2017年，镇政府针对村民盲目追求经济利益，私自在古建筑上进行违建、破坏文物的行为进行整顿，命令村民们将违建拆除，还原当地建筑风貌。

尽管上至文物局、斋堂镇人民政府，下至村委会都明白爨底下村文物保护的重要性并采取一些措施进行保护，但爨底下村的古建筑、古文物还是不可避免地遭到破坏。正如韩书记所说："前些年，游客在村里拍的古建筑、古文物的照片被放在网上，现在新游客再来，就看不到啦！"调研实践团在实地调研过程中，也看到古墙上的历史标语因破损而变得面目全非，以及村民为了商业经营而进行违建等。

针对传统古村落的保护问题，当务之急应厘清、明确好各管理部门的职责。在我国现行体制下，古村落的所有权具有纵向上的重叠性，如村委会、乡镇、县市乃至省、国家等各级政府均有管理使用权，横向上则由文物局、文化和旅游局等各部门交叉管理。例如，爨底下村就同时受村委会、斋堂镇人民政府旅游科、门头沟区文化和旅游局、北京市文物局等多个部门管理，①但繁多的保护管理部门却大多"挂名"，传统古村落的整体保护仍缺乏持续有效的实施机制。所以要做好保护工作，尚需各管理部门在厘清、明确自身职责的基础上尽好责任，做好相关工作。

3. 系统整合乡村文化资源，扩展关联产品层

目前中国游客已渐渐不满足于走马观花而对深度体验的需求日益加深。自身承载着厚重历史文化底蕴的传统古村落如何有效、系统地整合利用自身资源，让游客在吃、住、行、购、娱等方方面面都感受到来自乡村的独特魅力是当下乡村发展旅游休闲业的关键。调研实践团在实地调研中发现，爨底下村虽然2018年的总收入已达千万元，但经济收入主要还是依靠为游客提供餐饮和住宿的民宿产业。既缺乏能够满足游客体验需求的民俗休闲项目，也缺少能让游客带回家的特色手工艺品、农家土特产和文化衍生产品。

发展到瓶颈阶段的乡村若要谋求突破，实现乡村旅游的升级发展，则需要对乡村特色文化资源有更清晰的了解并进行更加深入细致的开发。在了解环节，可以充分发挥相关专家学者的作用，对乡村的文化资源做全面系统的挖掘和整理，辨别筛选出具有开发潜力的核心资源。而在开发产品的环节则应打破以往单一、粗浅、雷同的开发模式，力争运用现代化的运营模式和创意化的设计生产包含实物、服务、内容在内的多元化的特色产品。比如爨底下村可凭借本村石雕、砖雕、木雕的传统手工艺，设计生产出有爨文化特色的

---

① 于欣宜. 北京市古村落保护现状初探：以门头沟区爨底下村为例［J］. 博物馆研究，2019（2）：89-96.

雕刻创意产品，同时也可以在村内开办传统雕刻手工坊，让游客既能近距离观看传统雕刻过程，也能体验雕刻的过程。只有围绕乡村特色文化资源进行深层次的开发，才能让游客在有趣的体验中真正了解乡村文化内涵，在提升乡村发展空间的同时提升游客的体验满意度。

4.培养吸引多元人力资源，强化乡村人才支撑

人才振兴是"美丽乡村"建设的关键一环，也是支撑乡村持续发展的内生动力。当下乡村的发展振兴急需涉及多个学科、多个产业的综合型人才及团队的加入和努力，但在中国城镇化进程的浪潮下大多数乡村都难以避免地遇到农村空心化、老龄化、人才素质不高等问题。正如爨底下村的韩书记在访谈中说道："村里的农家乐都是四五十岁到六七十岁的村民在做，有能力的人都出去了，留下的大多是没能力、没文化的人。"

要解决目前乡村人才供不应求的问题，应从提高当地村民素质能力和积极吸引乡贤回村建设两方面着手。

首先，村民是"美丽乡村"建设的主体，乡村的发展离不开村民的支持和努力，但是在村民脑中残留的"只顾家里三分田"的小农思想及有待提高的素质和能力都限制着村民对乡村建设的作用。因此应该充分结合课堂系统教育、优秀村民事迹宣传，以及外出学习优秀乡村先进经验等多样化的方式，转变村民的思想和观念，提高他们的素质和能力。

其次，积极鼓励乡贤等群体回乡，加入乡村建设中。在外漂泊的游子经过多年的打拼，不但获得了固守乡村所无法得到的新知识和能力，而且拥有了丰富的阅历、经验、人脉和资产。吸引这些各有所长的乡贤人才回乡建设，无疑能为乡村带来新的血液和发展机会。如上文提到的回乡创业开办民宿爨舍的韩永聪便通过把外界酒店的服务标准应用于特色传统民宿这样的方式，在保留爨底下村民俗特色的基础上大大提升了当地民宿的质量和品位。

5. 重塑乡村生活生产空间，提升乡村生活品质

乡村是城里人周末游玩的目的地，更是村民世代生活的栖息地。但目前乡村为了发展旅游业，不少本属于村民的私人和公共的生活空间都逐步转变为满足游客需求的经营性和观光性空间。例如，爨底下村中不少本呈敞开状的院落顶棚被封闭用于招待客人，本用于祭祖拜宗的关帝庙、娘娘庙、五道庙等传统公共生活空间变成了可供游客参观、回忆和感受乡村文化的旅游景点。村民的生活空间被一步步挤压，传统的生活方式及习俗逐步消失，传统古村落逐步沦为被过度消费的现代化游乐园。

但事实上，乡村旅游的本质应该是对乡村生活世界的真实完整体验，把生活与生产空间对立起来，并过分追逐利益而放弃老祖宗流传的生活智慧无疑是舍本逐末的行为，也必难以实现乡村的真正振兴。所以乡村在进行旅游发展规划时，应考虑到对传统古村落的活态保护，协调统一好乡村生活和生产空间，比如做好村民生活区域和游览经营区域的划分，明确保护好村民的生活空间；严格控制游客流量，避免过量的游客给当地带来难以承载的生活和环境压力；兴办传统民俗活动，在提高村民对传统文化的认同感的同时丰富旅游体验。

若想真正建设美丽乡村，除了做好对古村落传统生活方式及民俗的保护外，还需要结合村民真正的需求，软硬兼施地提升乡村的生活品质。在硬条件上，需要不断完善乡村硬件基础设施。爨底下村自2005年以来，在党和政府的富民惠农政策支持下，先后完成了管线入地一期工程（排水、消防、电路、通信线路全部入地），完善了道路、停车场、厕所等基础设施的升级改造，并解决了村民多年的饮水问题。在软条件的改善上，爨底下村还需努力。例如逐步完善村民在医疗、教育、养老等多方面的保障制度，举办更多村民喜闻乐见的文化活动，从而为村民提供舒适快意的生活环境等。目前，爨底下村正在努力向五位一体建设发展。

参考文献

［1］于欣宜.北京市古村落保护现状初探：以门头沟区爨底下村为例［J］.博物馆研究，2019（2）.

［2］曹菲璐.ERMP分析视角下的爨底下村发展困境与对策建议［J］.全国流通经济，2019（8）.

［3］张娟.乡村绅士化视阈下爨底下村生产空间重构特征研究［J］.中国集体经济，2017（25）.

［4］戴林琳.京郊传统村落的存续现状及其旅游可持续发展：以爨底下村为例［J］.旅游规划与设计，2015（3）.

［5］吴志菲.一个女人与一个复杂字的情结：记中共十七大代表、北京市门头沟区斋堂镇爨底下村党支部书记王秀莲［J］.村委主任，2011（14）.

［6］李默，李辉.传承古村历史文脉 建设特色文化名村：记北京市门头沟区斋堂镇爨底下村党支部书记王秀莲［J］.中国城市经济，2009（2）.

［7］李婉君."农家乐"发展瓶颈与"深度游"转向：以历史文化名村爨底下为例［J］.理论界，2013（5）.

将"自然瑰宝、文化富地"打造为乡村旅游胜地

——京西灵水的"美丽乡村"建设初探

■ 韦 妤

一、灵水村概况

灵水村,现为北京市门头沟区斋堂镇辖村,位于镇域西北部,距镇政府12千米。村子距109国道4千米。灵水村的常住居民只有60多户,120人左右,绝大部分为60岁以上的老年人。目前灵水村耕地类型主要以林区为主,村内有耕地约205亩。

灵水村的产业发展轨迹经历了解放时期主营农林副、20世纪80年代主营工业煤窑、2000年至今以旅游业为主三个主要时期。小煤窑的兴建在当年富裕了灵水村相当多的一部分人,为灵水村村民创造了大量就业机会,但是小煤窑的发展严重破坏了当地环境,与北京市"建设京西绿色生态屏障"政策相违背。从20世纪90年代开始,灵水村的煤窑已基本关停,寻找其他发展道路的需求变得尤为迫切。灵水村是京西古道上一座山环水绕的古老村庄,村内外灵泉清澈、古树名木众多;灵水村有着千年的历史、"天人合一"的

建筑布局和内涵丰富的历史文化。基于灵水村的自然环境和人文环境，开发、发展旅游业成为灵水村的一个必然选择。2005年，灵水村被建设部、国家文物局列为第二批公布的"中国历史文化名村"。2006年，灵水村正式作为旅游村落对外开放。旅游业发展至今，取得了不错的成效。2013年湖南卫视携手众明星在灵水村拍摄了《爸爸去哪儿》，灵水村的古朴和千百年沉淀的文化气息也吸引了众多影视剧组前往取景拍摄，如电影《最爱》，电视剧《亮剑》《五月槐花香》等；2018年，灵水村入选"北京首批市级传统村落名录"；2019年，入选第一批全国乡村旅游重点村。

二、"美丽乡村"建设现状

（一）五位一体建设现状

在经济建设方面，目前灵水村的"美丽乡村"建设以第三产业旅游业为主要拉动力，其中良好的生态环境和历史文化资源是其特色吸引力所在。旅游业的发展为本村创造了一定的经济收入。灵水村先后与中坤集团、山水旅游公司签订合同共同开发灵水村，发展旅游业，目前灵水村每年可以得到30万元分红。除了旅游收入分红，有劳动力的现居村民可以参加植树造林和管护项目，从中获得少至80元一天多至120元一天的工资收入，再加上每家每户的土地流转费，每年的收入保证一家人的生活基本没有问题。

在生态建设方面，近年来门头沟区灵水村内道路两侧完成了绿化建设，在对村内垃圾集中处理的同时也进一步实现了生活垃圾的分类处理。受惠于多方的资金支持，灵水村也进一步加大了对村内外基础建设方面的投入，使得村容村貌得到明显的提升和改善。

在政治建设方面，灵水村的村委班子紧跟北京市政府政策，实行村支书村主任一肩挑模式，坚持财务公开、村务公开和党务公开；积极响应政策号召，推进文明乡风建设。

在文化建设方面，灵水村在2015年修建并开放了北京首家中国历史文化名村村级民俗博物馆——举人文化展览馆，供本村村民和外来游客参观、学习；此外，灵水村还传承了独有的传统游艺项目"九曲黄河灯"；在每年立秋之日隆重举办"秋粥节"活动以缅怀先祖、教导后辈。

在社会建设方面，由于灵水村常住居民均为老年人，所以在社会保障和社会福利方面向老年人倾斜。灵水村的老年人除了每年可以领到1000元左右的养老金，每人每年还可以分到旅游分红500元。此外，每年中秋节，灵水村都会举行一场老年招待会，给老年人发补品等；春节也会举办类似的活动，向老年人提供物资和心理上的帮助和关怀。

总体而言，灵水村"美丽乡村"建设紧跟中央号召和时代步伐，在经济、生态、政治、文化和社会建设方面取得了一定成绩，改善了村民的生活。

（二）"美丽乡村"建设模式

在经历过小煤窑工业时期后，随着门头沟地区被列为生态涵养区，灵水村依托本村丰富的历史文化资源和自然资源，探索出了一条全新的发展道路——休闲旅游，并于2006年作为旅游村正式向外界开放。该模式最重要的特点之一是旅游资源丰富，灵水村在这点上体现出巨大的优势。

灵水村三面环山，依山泉而建，水绕村而流。灵水先人以"风水"理论择地建村，整个村落形近"玄武"（龟形），村中三条东西走向的主街道和两条与之交叉南北走向的胡同把村子分隔成了几块,如同龟壳上的图案,构成了"天人合一"的格局。

依山傍水的村落在关闭小煤窑之后,加强了对环境的整治,再加上生态涵养区内大力植树造林,灵水村很快恢复了天然的"灵气"。灵水村的气候、空气质量、大气负离子水平等均佳,是一座天然"氧吧"。"氧吧"直接赋能灵水村的生态旅游,推动着灵水村的生态旅游和康养旅游的发展。灵水村除了有舒适的气候和纯净的空气,自然和时间还赋予了它更具魅力的珍宝——古树名木。灵水村的古树名木,有的树龄极长,有的形态奇特,有的是难得一见的寄生树,有的则是植物界的奇观柏抱榆、柏抱桑、雌雄一体银杏树。集众多古树名木、树中化石于一村的大概只有灵水村,也只有在灵水村才能看到此般奇景。这是灵水村独有的自然资源,也是灵水村的无形资产。[①]

古树名木搭配石墙砖瓦,使这座古村落散发着沧桑魅力。灵水村是具有典型的明清时期古民居建筑群特点的历史村落。村中前后有三条石头街道,层层叠叠的房子簇拥在一起,一座座古民居错落有序。灵水村古民居是中国北方明清时期乡村民居建筑的典范。现有四合院162套,其中明代民居6套,清代民居120余套,总计1000余间。灵水村古民居具有北京四合院的基本形制和以传统院落空间为核心的一般特点,如内向开放、外向封闭,具有严谨的空间秩序、明显的中心轴线,正房、厢房等均有严格的界线,等等。此外,受自然地势的影响,灵水村的古民居还有庭院规模小、平面布局自由灵活、院落空间组织紧凑等特点。现保存完整的有刘懋恒、刘增广、谭瑞龙、刘明飞等举人的宅院,青砖灰瓦,布局合理,典雅精致。灵水村出名的还有古庙古寺,以魁星楼、文昌阁、天仙圣母庙等最为经典。虽然大部分寺庙在"文化大革命"时期已

---

① 尚芳.产业转型背景下灵水村村落空间形态与功能转变研究[D].北京:北京建筑工程学院,2012.

经被严重破坏，但在以"废墟美"为标准修缮后，人们还是可以通过它们残败的砖瓦想象当年香火繁盛的景象，感受时间和历史的沉重。

灵水村各色各样的古建筑也体现着灵水村的多元文化。在灵水村，有三大文化随着古建筑被传扬至今：科举文化、宗教文化和商旅文化。灵水村文人辈出，以"举人村"著称。虽然科举文化与当今时代主题不相契合，但是灵水村宣传的举人文化是"尊师重教"，所以能够作为其特有的文化资源在发展旅游业时加以运用。灵水村的宗教文化在中国古代乡村中也是十分独特的。灵水村的十几座寺庙中供奉着释迦牟尼、老子和孔子，文化底蕴深厚，具有"三教合一"的意味。在灵水村，现在仍然可以看到挂有"商号"牌匾的房子，这些"商号"是清代灵水村繁盛的证明。这些商号便利了城乡物资的流通，促进了灵水村经济的发展，灵水村的商旅文化在今天仍有它独特的价值。

有历史、有文化的村落往往也有着许多与之相关的民俗与节日。为纪念清代灵水村举人刘懋恒捐谷赈灾的善举，灵水村已经举办了300余年的一年一度的秋粥节。2017年8月，秋粥节被列入北京市门头沟区非物质文化遗产名录。

一年一度的秋粥节是灵水村最独特的民俗文化，有着深厚的历史意蕴，存在于灵水村村民的记忆当中，也融入村民的生活当中。立秋之日，全村人在街道上支起50口大锅，共同熬制杂粮粥，有和谐邻里之意，同时还会联合附近其他村子进行特色民俗表演。秋粥节活动不仅召唤着外出的青壮年村民暂时返乡，也吸引了国内外大量游客到灵水村参观。此外，灵水村也对举人文化和建筑进行了开发利用。灵水村现有多处举人故居宅院遗址，如刘懋恒故居、刘增广故居等，经过保护和修缮，吸引了众多摄制组到灵水村拍摄，也吸引了各个年龄段的游客到此参观游玩。2015年灵水村正式对外开放举人文化展览馆,这是北京首家中国历史文化名村村级民俗博物馆,主要收藏、展览、研究以举人文化为主的民俗文物,通过向社会征集,馆内现有各种匾额、石碑、举人画像等藏品百余件。游客通过参观展馆能更直接、更近距离地了解灵水村的历史,以及举人、京味、民俗、宗教等光辉灿烂的多样文化,也为灵水村的文化旅游增添了新亮点。

总的来说,通过与旅游公司合作开发,利用本村的特色自然资源和历史文化资源,灵水村的旅游业得到了发展。灵水村的旅游业不仅提高了本村村民的经济收入,也在一定程度上为村民创造了就业就会,同时也促进了本村的基础设施建设、古建筑修缮事项,在客观上有利于灵水村的文化传承。灵水村因为影视节目红极一时,但是在后续发展中却趋于衰落。如今,灵水村的旅游发展进入了瓶颈期,有许多问题需要反思、亟待解决。

三、灵水村休闲旅游业发展存在的问题

发展乡村旅游意味着对乡村基础设施建设的要求高于普通农村,而当前灵水村同我国大多数乡村一样,在硬件建设特别是现代化和网络化进程方面与城市仍存在一定差距,基础设施建设仍有待进一步完善。此外,乡村旅游的同质化现象突出,没有形成自己差别化的定位,乡村旅游运营模式落后,"旅游飞地"现象普遍影响村民发展乡村旅游的热情。这些问题对灵水村旅游产业的发展乃至升级造成了一定阻碍。

灵水村的书记提到过,曾有一位中国科学院的老科学家计划在灵水村休养一段时间,但后来这件事不了了之了。也许正是因为基础设施不够完善、当前村落的特色不够突出,运营管理"不专业",使得灵水村与许多发展机遇失之交臂。

（一）基础设施建设有待进一步完善

发展乡村旅游对乡村的基础设施建设提出了更高的要求。在乡村振兴和"美丽乡村"建设的惠利下，多数乡村村容村貌得到良好治理和改善。近年来门头沟区灵水村内道路两侧完成了绿化建设，村内垃圾集中处理的同时也进一步实现了生活垃圾的分类处理。受惠于多方的资金支持，灵水村也进一步加大了对村内外基础设施建设方面的投入，使得村容村貌得到明显的提升和改善，而硬件设施条件的改善成为满足村民和游客观光居住的基本条件。

虽然基础设施建设较以前有了较大改善，但是灵水村离成为"现代化、网络化、商业化、便捷、智慧、优美、宜人的乡村生活社区"还有一段距离。灵水村居民住房的修缮、网络通信、村内街坊路的维护等都还存在着一些问题。硬性条件的"不达标"严重限制乡村发展休闲旅游产业，造成很大的消极影响。

（二）古建筑的修缮问题

灵水村是具有典型的明清时期古民居建筑群特点的历史村落，灵水村迄今保持着较好的原始村貌，这也是其相较周边乡村的优势所在。然而，据当地原住村民反映，村内因改造而新设置的垃圾桶、标示牌、公共座椅及新修的石子路虽然有一定的功能作用，但是与原村落整体的古风氛围相差极大，以至于在某种程度上破坏了当地古村落的风貌，进而削弱了原本村庄旅游的主打核心竞争力，不得不说是缺乏战略眼光盲目开发后的一种损失。在灵水村旅游业发展最为繁盛的那一段时间，许多村民也自发地改建了自家院落，村内修建了新的公共厕所等公共设施，这些新建的现代建筑也在一定程度上破坏了古村落的原有风貌。

政府在对古建筑的修缮进行统一管控后，村民不再被允许私搭乱建，但这同时也带来了另外一些问题。许多村民的住房就是需要保护和修缮的古建筑，政府对古建筑统一规划管理进行修缮但是进度却很慢，部分村民面临着居住在危房里却不能自行修缮的困境。

（三）同质化现象突出，旅游宣传不到位，发展后劲不足

近年来各地乡村旅游如火如荼地开展，一些乡村旅游因资源有限、景区运营管理能力较弱、周边乡村旅游大势兴起等影响，深度发展成为一道难题，其中"同质化"问题尤为明显地制约了旅游产业的长远发展。灵水村是以清代古建筑为主要吸引物的旅游目的地，随着爆款综艺节目《爸爸去哪儿》带来大量游客流量，村民先后自发改造房屋，乡大队或旅游管理方也对民居风貌进行改造或升级，一时间纷纷开发农家院。由于缺乏专业的规划和指导，不但形成了千篇一律的乏味景象，而且还因部分新建设施干扰了古村落之"古"，造成了反向影响。灵水村的同质化倾向使其陷入旅游危机，客源数量直线下降，直接或间接对灵水村旅游产业及各方利益造成了负面影响。异质化的旅游体验永远是旅游的最高追求，发展乡村旅居，务必杜绝形式化的"造村"运动，其与旅游景观价值的排他性、垄断性、唯一性一脉相通。

《爸爸去哪儿》一时间带来了灵水村的火爆客源，然而在某种程度上也对村内原有的特色文化造成了一定冲击。因此，在综艺节目的热度逐渐消退之后，灵水村也马上面临了客源骤减的产业生态危机。灵水村在《爸爸去哪儿》热度消退之后的产业效益递减，从某种程度上说明乡村旅游的营销宣传仍然不到位，适用于移动互联网时代的媒体传播网络尚未搭建。之前该村旅游营销虽然有《爸爸去哪儿》综艺节目的品牌效应加持，但是总体来讲对现代传媒的利用仍然不足，这也普遍反映了当下乡村旅游的宣传营销手段不足。

总之，维持乡村原汁原味是一种建设，深入挖掘自身资源特色也是一种建设，发展乡村旅游需要找准自身定位以切实吸引游客，打造真正具有差异性、吸引力的旅游目的地。延长游客滞留时间，也需要依托现代技术进行网络宣传，扩大宣传面，再进一步依靠独特的资源、科学的运营以及淳朴的乡风乡情让周边乡村和城市里的人们走进来、居住下来。

（四）灵水村旅游飞地效应存在，运营模式亟待优化改进

灵水村的旅游开发走向同质化，究其原因是开发运营管理方存在问题。我国大多数乡村旅游仍处于文化旅游和休闲旅游的低层次模式，缺乏像生活体验型旅游等深层次的探索。乡村旅游的模式很大一部分受自身条件所限，由外来旅游公司承担经营任务，这就在某种程度上形成了飞地效应——乡村旅游产业取得的收益没有被本地获得反而流向资本密集处，大大降低了本地村民配合乡村旅游事业发展的积极性。

在灵水村，除了根本的运营模式急需改进，当前最为紧迫的问题是缺少保护、开发、建设古村落的专业人才。

要想获得专业的人才支撑和各类技术支持，目前来说只能向国家、政府寻求帮助。事实上，灵水村用于建设的资金大部分来自"美丽乡村"建设专款，而古建筑的修缮主要由北京市文化和旅游局负责，然而无论是资金支持还是古建筑的修缮都并非易事。修缮古建筑需要资金、人才、技术，整个过程需要设计、规划、鉴定，本身就是一件难上加难的事，其中任何一个环节缺位都会导致整个项目的中断和延期。所以灵水村从发展旅游业至今，只有部分古建筑得到了修缮，其间古建筑的修缮也是断断续续进行的。说到底，无论是古建筑的修缮还是古村落的保护与开发，都需要政府的合理

介入、统筹管理。

然而，古村落的旅游开发、后续带来的经济收益，以及一些潜在的利益使得灵水村成为一块"大蛋糕"，政府、公私企业、村民都希望从中分到更多的利益。问题就出在做蛋糕的人身上，村民无法选择与哪家公司合作，与灵水村合作的公司和企业由国资委下派，而这些企业往往只注重短期的利益，也没有专业的人才，因此灵水村旅游的热度只依靠影视剧的热度存续了一段时间。现在灵水村的旅游收益大不如前，因为收入惨淡，灵水村村民甚至只能放弃票款提成。

（五）空心化现象严重，人力资本缺失，文化传承面临困境

灵水村在具体的旅游产业运营中，还存在着人力资本缺失的问题。以灵水村为例，灵水村的常住居民有120人左右，绝大部分为60岁以上的老年人，受文化水平和基本素质的限制，能提供的旅游服务和活动十分有限，且村落内部年轻人的大量外流也使得村落空心化现象愈加明显。如果进一步发展乡村旅居，无论是生产上还是文化上都必然需要乡村具有一定数量的年轻群体。除了完备的硬件设施，特色的文化风俗、淳朴的乡风乡情才是吸引游客长期驻留的根本要素，乡村"空心化"不利于旅居整体环境的建设。

乡村空心化带来的另一个潜在隐忧就是"文化传承后继无人"。任何一种形式的传承，都需要在特定的生态环境中进行。随着北京城市化和现代化的步伐加快，灵水村的文化生态环境难免会受到影响。灵水村目前的文化传承状况良好，村民熟悉本村的乡风习俗、民俗节日和文化，小孩子也都了解本村的举人文化。然而，当今的困境是，绝大多数中青年人员外流，也带走了大部分青少年儿童。长期不在村内居住，即使通过网络及口耳相传的方式可以达

到文化传承的目的，但是缺少实际经历和耳濡目染，很难保证灵水村的文化不在代际更迭中逐渐流失。

四、发展方向与策略建议

建设美丽乡村，打造宜居灵水，未来发展方向的重点仍在休闲旅游上。现阶段灵水村应当在保护古村落的基础上合理开发灵水村的特色历史文化和自然资源，以乡村休闲旅游带动灵水村的经济发展和良性循环发展。

乡村休闲旅游是连接农业资源和旅游业资源的产业纽带，也是解决我国"三农"问题的一条有效途径。随着乡村休闲旅游成为我国城市居民放松身心、回归田园的欣然选择，乡村旅游同质化现象严重，飞地化、后续动力不足等一系列问题也随之频现，国内乡村休闲旅游逐步进入深化发展的瓶颈期。灵水村目前的困境同很多古村落一样，但又存在着许多不同点。笔者希望通过调研所获得的资料，结合其他一些学者的分析为灵水村未来的发展提供一些思路。

（一）促进灵水村乡村旅居型休闲旅游的转型

观光式休闲旅游和体验式旅游是乡村休闲旅游的两种较为主要的类型，后者由于持续时间更长、更贴近乡村生活而呈现出优势生命力，由此在体验式旅游的基础上也就产生了区别于短暂观光式休闲旅游的另一种乡村休闲旅游形式——"旅居"。当下乡村旅游开发如潮，各地都向着更久地留住游客、更多地拓展旅游产业链等方面持续发力，旅居能够实现传统乡村游从一日到多日，从休闲到体验，从观光到生活的巧妙转变，实际上它传达出一种乡村旅游的新理念，即乡村旅游的本质是体验另一种生活，而关于旅居的研究也可以针对当下乡村旅游中出现的一系列问题给出一定的解决方案。

1.旅居有利于延长游客旅行时间，延伸当地文旅产业链

旅游产业旨在贯通"吃住行游购娱"的全产业链，而游客停留时长是大前提，因此"住"成为解决问题的关键突破。"居住"不仅连接了白天和黑夜，长时期的居住也为游客其他消费提供了行为基础和必要需求。

灵水村客源大体上可以分为两类：一类是以取景拍摄为目的的剧组，这类客源数量大、停留时间相对较长，是该村旅游产业的重要客源类型；另一类是近年来继综艺节目《爸爸去哪儿》火爆之后带来的流量游客，他们以观光旅游为主要目的，停留时间相对较短。相比第一类游客，普通游客在累计总量上人数较多、消费相对更加多元，因而如果能够设法延长他们在乡村的停留时间，即由观光转为体验甚至旅居，将会给该村旅游产业乃至经济发展带来巨大效益。

实际上，在我国乡村休闲旅游的大潮之中，已有不少乡村结合自身资源禀赋优势开发旅居，甚至形成城市中的一批特定人群往返城乡的"候鸟现象"。在南京，不少书法家每逢周六便到浦口星甸街道美丽乡村——山贡里人家边创作边教孩子们练习书法；在江宁谷里街道双塘社区，一些农民的闲置房屋变成了艺术家体验田园生活的宝地。乡村休闲旅居带动乡村建设出各类艺术社区、培训写生基地，以及大中专院校的实习基地，客观上带动了旅游产业之外的若干产业的快速发展。

2.旅居可以引领乡村旅游和"美丽乡村"建设向高标准看齐

乡村旅居的突出特点是能够留下旅游者作为较长期的居住者，因此在乡村硬件设施、产业规范、乡风乡貌等方面提出了更高要求，客观上促进乡村旅游发展，引领"美丽乡村"建设向高标准看齐。

实际上，2016年我国农业部发布《农业部办公厅关于开展全国休闲农业和乡村旅游示范县（市、区）创建工作的通知》，文件在创建全国休闲农业和乡村旅游示范点的要求中便已经考虑到了乡村旅居特点，其中在"行业管理规范"中写道："围绕农家乐、休闲农庄、休闲农业园、民俗村等类型建立管理制度和行业标准。"在"基础条件完备"中也明确提出："县域范围内的休闲农业和乡村旅游点要做到通路、通水、通电，网络通讯畅通……住宿、餐饮、娱乐、卫生、路标、停车场等基础设施要达到相应的建设规范和公共安全卫生标准，生产生活垃圾实行无害化处理。"以上标准的提出和践行实际上为下一步乡村休闲旅游大力发展旅居奠定了基础。

乡村旅居带动乡村建设，一只手坚持规划引领，完善基础设施，抓好环境整治，一只手健全管理机制，提升农民素质，统一"硬件美"和"软件美"，结合"外在美"和"内在美"，在创建优质旅居乡村的对标找差中建设美丽乡村。

3. 打造"旅居乡村"利于缓解城市膨胀，消解城乡二元化

乡村具备城市所不具备的清新空气、纯净水源、自然优美的田园风光，以及淳朴的民风民俗、乡土文化等优质资源，有利于吸引城市居民短暂定居，成为繁忙城市工作生活的另一种场景转换。中山大学副教授钟稚鸥退休后租地48亩建造"归来山庄"，北京大学艺术学院向勇教授在四川省宣汉县白马镇打造"花田间"国际乡村创客营地，这些都是乡村吸引城市知识分子人群的写照；与此同时，城市文化精英阶级回归乡村，也对乡村进行了文化反哺，在乡村形成了一种乡贤的文化风尚——荒草地已经成了"桃花源"，也成了一处"精神家园"，乡村旅居使当地人、外来人都成了受益人。

正如刁宗广所言，发展乡村休闲旅游能够使我们重新认识农业，树立新的农业观，从而将农业资源与旅游资源结合起来，充分发挥和挖掘农业资源的旅游价值和作用；它是解决"三农"问题的有效途径，能够促使农业产业化经营，逐步缩小乡村与城市之间的差距，消除城乡二元对立与分化，提高乡村农民文化素养，培育一代高素质的新型农民[①]。乡村旅居作为乡村休闲旅游的深化类型能最大化放大乡村休闲旅游的显著优势，甚至可以成为城市居民养生养老的反向定居地，实现城市对乡村的文化反哺。从乡村旅游到乡村度假，再到乡村旅居，实际上要打造的是一个乡村生活化社区，这是一个新型的未来社区，是城乡人共同的家园，这也是乡村振兴的价值意义所在。

4. 乡村旅居的本质是田园生活和乡村文化的回归

乡村旅游源于后工业时代发达国家的工业革命，经济飞速发展、城市化进程加快，以及快节奏的生活使人们越发意识到工业的侵蚀、环境的恶化最终会使人类失去栖息地，而乡村才应该是人类精神文化的美好家园。乡村旅游由此进入旅游者的视野并逐渐受到青睐。通常来讲，乡村旅游主要是观光休闲，而乡村旅居更倾向于生活休闲，因此旅居客观上更能够延长游客在乡村的逗留时间，使游客更充分地体验乡村生活，甚至更换一种生活方式。相比浮于表面的观光游，深入住地的生活体验式旅居使游客更能贴近乡村旅游的本质目的。如果说，旅游的目的是体验，那么以旅居为形式的乡村旅游，就是对千百年来乡民居住、劳作、崇文、敬天、祭祀等宗法关系与情感的解码，是对中华文明的一种本质体验和回归。

随着工业时代乃至信息时代的深入，人类远离泥土却又向往泥土，旅居不仅是现代人向往的一种生活方式，更是一种乡村情怀和对乡愁的纾解。乡村旅游发展风头正劲，但随着全域旅游的推进，未来乡村旅游的景区化发展绝不是唯一路径，观光为主也必然不是最优选择，"中国未来的乡村旅游发展方向和定位应该是乡村

---

① 刁宗广.关于开发乡村休闲度假旅游的思考[J].中国农业资源与区划，2006（6）：39-42.

旅居"①。

灵水村不仅有着丰富的历史文化资源，也有着绝美的自然风光。古寺旧院、石板街巷、枝叶盘虬的苍苍古树、新鲜纯净的山村空气，无一例外都是城市人群前往的动力。历史和天然的禀赋使得灵水村在发展乡村旅居和田园康养方面具有较大的优势和潜力。看得见山，望得见水，留得住乡愁，乡村本身对于城市人来说就是一块陌生而迷人的磁石，灵水村也不例外。发展乡村旅居和田园康养，可以将离退休职工、工薪阶层青年和城市学生作为重点开发对象。他们中有的想回归田园宁静的生活，有的希望在休假时走进乡村暂时忘记城市的喧嚣和烦恼，有的需要在乡村体验生活、学习知识，抑或寻找灵感。将他们作为乡村旅居的开发对象和宣传对象是切实可行的。

将灵水村的乡村休闲旅游业转型升级为乡村旅居，道阻且长。不管是将现行的乡村旅游业发展好还是着手打造旅居适居地，前提都是要将现有问题解决好再积极谋生路。

（二）政府统筹，联合开发，统一标准，差异定位

乡村旅游的事业性属性和公共性属性，要求乡村旅居事业的开展也必然在宏观调控的前提下良性运转。党的十九大以来，中央高度重视乡村振兴发展战略，先后颁布了《中共中央 国务院关于实施乡村振兴战略的意见》《乡村振兴战略规划（2018—2022年）》，北京市委、市政府也印发了《关于实施乡村振兴战略的措施》及《北京市乡村振兴战略规划（2018—2022年）》等相关文件，特别提出要紧紧把握首都"大城市小农业""大京郊小城区"的市情和乡村发展规律，打造特色化、精品化乡村民俗旅游。

---

① 马牧青.乡村旅游的未来定位应该是乡村旅居[EB/OL].（2019-05-13）.https://www.sohu.com/a/313762985_120057712.

1. 加强政府统筹，制定行业规范，集合、联合开发力量

打造"特色化"，去除"同质化"，政府的统筹规划将发挥宏观引领作用。各地方政府要立足长远、统一做好规划设计，特别是拥有历史文化遗产的村落，要深入结合乡村历史发展及现状，以战略性眼光设计古村落保护与旅游开发规划重点，做好"新"与"旧"的规划平衡。所谓"新"的建设，是以满足乡村旅居美好生活条件为标准，建设必要的交通、公共文化设施等新型现代化硬件设施；所谓"旧"的规划，是要做好旧的保护和修旧如旧的工作。特别是"修旧如旧"是古建筑保护和修复的原则之一，只有保持古建筑、古村落的原始风貌，才能保留其区别于其他旅游目的地的差异竞争力。必要时可将原始村落维护和新村打造建设分区、分别开展，但应注意新村规划建设应和旧村氛围融合，符合历史文化街区设计审美标准。

发展乡村旅居要具有长远战略眼光，政府统筹开发是必要手段之一。乡村旅居产业发展还应注重联合各类乡村旅游资源，集结社会各方力量。一方面可以降低投资风险；另一方面可以突出地域特色，提高乡村旅游发展的质量和效益。安徽省合肥市三瓜公社在这方面提供了成功范例。在政府的统筹规划之下，合肥巢湖经济开发区管理委员会引进安徽淮商集团，联合成立安徽三瓜公社投资发展有限公司，作为三瓜公社的联合开发主体，并融入"互联网+三农"的理念，对原有土地进行修整保护，建设西瓜村、南瓜村、冬瓜村三村，构建集一、二、三产业与农旅相结合的"美丽乡村"发展系统。发展"南瓜村"为电商村，打造以电商为平台、主营特色农产品的互联网村落；打造"西瓜村"为以乡村美食、精品民俗为主营产业的村庄；将"冬瓜村"发展为体验乡村民俗文化、以半汤地区特色农耕文化为典型优势的村落。政府在统筹规划时一方面严格三村差异化定位，另一方面又将三村资源以"公社"形式整合，形成集乡村特色产品、民俗文化、电商营销于一体的"三瓜公社"。三瓜公社企业+政府的开发建设模式，吸引各方资本建立投资集团，产业化运营乡村资源，盘活区域经济，充分体现政府统筹和社会资金共同促进的良好典范。

2. 制定旅居行业标准，完善乡村建设硬件配套设施

由旅行向旅居的需求转变反向促进旅游配套设施标准化的提升，乡村旅游由农家院向民宿模式的乡村食宿产业升级已是大势所趋。乡村旅居的深化发展，要求进一步制定并推广相关的食宿标准，突出民俗特色，特别是针对旅居群体，进一步规范农家院及民宿的评比和管理标准，提升其质量档次。

美丽乡村要成为城市居民的诗意栖息地，硬件设施是第一条件，应该达到乡村生活像城市生活一般便捷舒适的标准：保证乡间道路硬化标准，确保道路两旁路灯照明设施配置完善；建设安全、清洁的饮水工程；整治乡村生态环境，保持乡村整洁；对乡村产生的垃圾要实行集中、分类处理，避免生活垃圾影响乡村环境；乡村既要设有医疗中心、邮政储蓄业务点和通信服务点，也要有满足居民日常生活购物的商场、便利超市，为旅居人群长时期居住在乡村提供一切必备条件。此外，建设乡村硬件设施还应符合以上统筹规划，具有长远战略性眼光，让硬件设施融入软性文化，保证其不破坏乡村聚落的原真性，避免出现乡村"城镇化"，否则会影响游客来乡村休闲度假的体验。

浙江省德清县莫干山民俗村是乡村旅居的典型案例，目前该区域聚集了550多家民宿，其中有56家精品民宿，仅裸心谷120间客房年收入就达2亿元。莫干山镇和安吉县都曾经是浙江省的经济发展落后地区，现在都靠着乡村旅游向乡村旅居转型升级而走到了发展前列。然而莫干山民宿发展到现在一定程度上也存在定位偏高端、后续动力不足等问题。因此对于旅居地来说，在充分对标行业标准的前提下，也应考虑建立不同档次、不同经营模式的民宿来满足不同的消费群体。

（三）挖掘乡村文化根脉，注重乡村文化遗产活态保护

1.挖掘乡村文化根脉

乡村文化遗产是乡村的文化根脉，乡村建筑、田园风光等人文与自然形态是乡村文化活的载体，也是旅居客乃至华夏民族的文明之根。特别是对于古村落来说，其保留的历史资源就是它们各具特色的文明密码，是最具价值的宝贵财富。《爸爸去哪儿》一时间带来了灵水村的火爆客源，然而在某种程度上也对村内原有的特色文化造成了一定的冲击，因此在综艺节目的热度逐渐消退之后，灵水村也马上面临了客源骤减的产业生态危机。

灵水村发展休闲旅游业的宝贵资源，是其特有的京味文化和最具特色的明清建筑文化。打造灵水村为乡村旅居目的地，必须将其独特的文化元素融入现有文旅项目中，建设极具当地特色的古村镇旅游品牌。以举人文化为传统文化遗产，不仅要对历史名人故居、博物馆等固化的物质文化遗产形式加以保护，还要通过朝拜、游学等形式活化举人文化，将灵水村打造为尊师重教、文脉悠远的历史文化名村。

灵水村旅游乃至旅居的良性发展，需要文旅融合才能建立文化和经济的连接。而文化遗产作为文旅融合中的关键因素，必须要在开发的基础上高度保护。此外，还应特别注重语言、民俗、技艺等乡村非物质文化遗产的保护与挖掘，关注在地活态文化遗产，观照原生乡土文化。从游客的角度来看，这不仅是追求旅游个性化、体验化的要求，更符合其对情感化的追求；对村民而言，则符合"文化、乡土、地方、生态、本地化"的当地文化保护与发展、社

会和谐的生活要求。

2.注重乡村文化遗产的活化保护

旅居相对于普通的休闲旅游的不同之处，在于旅游者对旅行体验提出了更高的要求，实际上是一种旅行"生活化"的要求。由此也对文化资源挖掘、文旅融合发展及文化遗产保护开发提出相应要求：要从重视单一的文化保护，向重视文化场景要素的综合保护发展。不仅要严格保存和维护空间维度上的历史子遗，也要积极主动地调整文化遗产和周围空间的关联性；不仅要保护文化遗产的文化要素，也要积极保护自然生态和生活生态，将文化遗产作为一整套社会文化生态工程来看待[1]。

场景理论为这种深度融合提供了理论基础。场景理论最初是研究场景、关乎城市发展的理论。场景不仅强调特定的文化活动或具有显著特征的地方，还包括蕴含其中的文化和价值观。在场景理论的研究范式下，场景构成了社会环境的一部分，并通过一定的方式影响公众行为，最终促进城市发展。它以消费为基础，以生活文化娱乐设施为载体，把空间看作汇集各种消费符号的文化价值混合体[2]。对于游客来说，恰恰是较长时期的体验旅居才能深度融入在地文化场景，将自身的观光体验、生活感悟置于特定的"文化空间"的语境中从而产生特殊意义。

一方面，在地的生活环境、文化活动，甚至日常生活的所见所闻，对于旅居客来说都是新鲜的，都是一种文化空间，这种场景化的空间具有更强的生动性，是文化遗产的活态展现。由此，旅游者需要通过完整的在地文化形成一个个真实场景来增强体验性。另一方面，场景体验的实现前提是保持原住居民的本真生活。有一点是

---

[1] 范周.留住国家神韵，文旅融合背景下文化遗产保护与创意开发[EB/OL].（2018-10-12）.https://www.sohu.com/a/259102237_182272.

[2] 吴军.城市社会学研究前沿：场景理论述评[J].社会学评论，2014，2（2）：90-95.

不可忽略也不容忽视的，那就是在休闲时代，乡村旅居的核心资源应该是原住居民。[①]因此，活化文化遗产的首要要求是尊重并保护在地原住居民的正常生活，这也是发展旅居的大前提。

在旅居客充分融入在地生活场景的同时，原住居民也可以通过文化确认来进一步确立自己的文化身份，这有利于原住居民增强他们面对外来旅游开发带来的经济、社会、文化等方面问题的抗压能力。旅居客对在地文化充满尊重并开展良性互动，由此也带来了城乡文化的政治平衡。

（四）突出品牌特色，加强整合营销

发展乡村旅居，应整合利用好文化、旅游各类平台资源、名人资源、媒体资源，强化营销整体包装、系统策划和集中推介，拓展城市营销渠道，加快现代文旅传播推广体系的建立。其中，务必用好网络营销手段。值得注意的是，据《2018中国旅游产业影响力调查指数报告》显示，旅游传播网络权重已占据65%，其中用户画像"年轻态"成为重要占比，网红、明星两大群体已成为营销重心。在营销方式上应秉承的原则为盘活资源存量，寻找流量源头，管理不可缺位，品质依然为王。

乡村旅居的本质是回归淳朴田园生活，但淳朴并不意味着落后与闭塞，中国乡村具有优美的田园风光，美好的乡间生活如果加以现代便捷的生活设施和科技手段，不仅能够大大改善旅居者的生活体验，也能够使旅居成为一种现代时尚文化，从而加以传播和接受。

乡村的田园生活是未来城乡人共同的归宿，传统与现代的结合有助于乡村旅居成为未来年轻人乡村休闲旅游的绝佳选择。

---

① 马牧青.乡村旅居的缘起、背景与实践［EB/OL］.（2019-08-06）. https://ishare.ifeng.com/c/s/7ousENcK8a2.

（五）产业支撑联动

2018年的中央一号文件继续锁定"实施乡村振兴战略"工作，必须要按照"产业兴旺、生态宜居、乡风文明、治理有效、生活富裕"20字要求，其中产业兴旺是第一要务。作为乡村主体产业的农业，可以通过旅居客的住地生活从而融合观光农业、休闲农业、体验农业、养生农业等多种产业，旅居的形式也必然带动康养及研学教育等产业相应发展。可以说，乡村旅居提出了一条通过生活融合进行产业融合的科学路径。

1.三产带二产和一产

发展乡村旅游，农业是基础。独特的农业生产结构、生活方式，以及农村的自然风光是乡村旅游资源的先决条件，旅居型旅游更是要将农业旅游产业作为首要产业加以激活。乡村旅居客通过旅游消费和基本的生活消费客观上持续带动当地生产。特色种植业、养殖业和农产品加工业深度开发出适合旅居客的休闲农业和乡村旅游产品，从而使农业与加工业、文化、科技、生态、旅游等产业进一步有机融合。

以灵水村发展乡村旅居的条件为例，分析该村落的农业产业基础：灵水村曾是重要的煤炭开采区，2001年国务院"关井压产"政策出台后煤矿全部关闭。目前灵水村耕地类型主要以林区为主，村内有耕地约205亩，其中果品100余亩，以核桃、杏、苹果等为主。目前灵水村的"美丽乡村"建设产业驱动，以第三产业旅游业为主要拉动力，其中良好的生态环境和历史文化资源是其特色及吸引力所在。旅游产业发达带动大批城乡居民流入，下一步若发展为良好旅居态势，旅居客的中长期定居激发生产生活用品、日常饮食等一产、二产的生产活力，从而进一步促使三产与一产和二产有机融合。

总体来说，发展乡村旅居产业，一产是基础，二产是助力，三产是催化剂。乡村旅居建设深入发展必然需要一、二、三产的密切联动配合，进一步完善一、二、三产业结构架构，通过公司制度或村委会统筹管理，对全村所有经营项目进行规划设计、经营管理，优化利益分配。在运营模式方面，其核心、首要原则是要将农民作为乡村旅游的最大利益受惠者，致力于产业发展的同时带动乡村社会和谐发展。

2. 发展乡村新型养生养老产业，打造乡村康养典范

与旅居型旅游对接紧密的是生态养老产业。乡村生态环境或山地或邻水湖泊，自然资源丰富良好，具有较好的养生休闲自然条件。在对灵水村进行调研的过程中，一些村民认为："村里人员流失太多，留下的都是老年人，灵水村更适合休闲养老，应该将灵水村打造成人群更集中的养老度假区。"这段话一方面反映了乡村发展现行无奈的空心化现象，另一方面也恰恰证明了将生态良好型乡村开发为旅居型乡村、养老目的地的合理性和商业机会的存在。

将老年人作为开发对象打造田园康养产业无疑具有较高的可行性。城市里一大部分老年人都有过乡村居住史，他们从农村迁移到城市，在暮年时可能会有从城市回归乡村，在乡村走完最后一段旅程的想法。发展田园康养，可以为离退休职工打造一个宜居且便利的村落，提供一个暂居的场所。城市老人乡村养老，既亲近乡土乡情，也能在饮食、护理等方面得到利于健康的照顾和管理。

目前对于灵水村而言，老年人过着休养生活，而年轻人更加向往城区便利且丰富的生活，这对灵水村未来的发展提出了非常严峻的挑战。若以养生养老产业拉动该村经济，一方面能够吸引周边城市人员旅居，另一方面也可以带动当地村民就业，促使大量当地年轻人留在本土、在乡村工作，促进乡村人文生态的良性循环，乡村也在一定程度上解决了空心化等社会问题，最终有望解决外来者仰慕乡土文化，而本地村民缺乏乡村文化认同的问题。

3. 发展教育培训产业，建设乡村研学旅游目的地

中国古代农村是耕读乡村，陶渊明的《归园田居·其一》中写道："方宅十余亩，草屋八九间。榆柳荫后檐，桃李罗堂前。暧暧远人村，依依墟里烟。狗吠深巷中，鸡鸣桑树颠。"诗歌描写了乡村耕读生活的恬静美好——劳作滋养身体，读书修身养性，"耕读"文化与"田园"生活自古便是中国乡村的物质生活与精神生活良好交融的体现。其中，注重教育与读书，也是中国乡土文化中重要的文化底色。

因此，在乡村开展研学教育有其特有的文化基因。从产业发展来说，研学教育能延长游客驻留时间，使短期旅游变为中长期的学习培训。以青少年为主要服务对象的研学教育也可以拓展为家庭游等多种旅游项目，延长乡村产业链。发展乡村教育培训产业的前提仍然是紧密围绕地方旅游文化资源，挖掘地方文化底蕴，开展适合地方文化土壤的教育、实习、委培等中长期教育培训项目。例如，在具有红色旅游历史资源的乡村可建设党校、青少年爱国主义教育基地、市级党员干部教育培训基地等，进一步开发研学旅游项目；在古建筑遗产所在村落可进一步建设学生实习写生基地、青少年夏令营基地等艺术类研学旅游项目基地。

对于大多数乡村来说，可普遍开展的是以农业科普为主的研学项目和产业，如建设大学生"三下乡"基地、青少年农业科普教育基地等，使广大青少年从农事活动体验中获得农业生产的相关知识，了解农业生产的重要意义；通过观光农业博览园获得农业发展的历史知识；从投入乡村生活的整体过程中感知生态环境保护的重要性。研学产业与乡村旅居的有机结合，让乡村不仅成为人们获取知识的田园，也成为人们补充能量的精神家园，从而实现了从游览乡村、开发乡村到耕读乡村、守护乡村的文明回归。

（六）关注村民需求，提升村民的获得感、幸福感

乡村旅游肩负着乡村振兴的使命，"美丽乡村"建设的根本目标是使广大村民拥有幸福生活。无论对于哪种类型的乡村旅游，首先需要厘清的一点是乡村旅游的"属性"定位，即明确它的公共性——"必须清醒地认识到，乡村旅游从产业到事业的回归，这也是乡村旅游区别于其他类型旅游项目的本质属性特征"[1]。由此，在"公共属性"的定位之上开展乡村旅居，就必须要把在地居民即村民的利益置于利益诉求的核心位置，在"大民生"的长远目标下开展乡村旅居事业。

乡村旅游发展中包含乡村旅游社区居民、旅游企业、政府部门、旅游者四大利益相关主体。以旅居为产业龙头带动乡村休闲旅游事业的发展，更能实现利益主体的生态平衡。从经济上，有利于延长当地产业链条，改善村容村貌，提高当地居民就业率，提高企业和当地居民的经济收入。理论上讲，发展乡村旅游和旅居事业对当地居民来说应是利大于弊的，但是在实际开发建设的过程中村民的利益往往被压榨，呼声往往被忽视，而归根结底，他们才是众多利益主体中最为重要的一方，所以尤其需要关注村民的利益诉求；在村落被开发的同时，村民需要让出很多公共空间，但他们对新生活方式的接纳程度和反馈需要被更多地关注。发展乡村旅游事业，应当不忘初心，关注村民需求，提升村民的获得感和幸福感。

---

[1] 刘笑明.民生导向下的乡村旅游转型升级研究：以西部地区为例[M].北京：中国社会科学出版社，2016：100.

参考文献

[1] 尚芳.产业转型背景下灵水村村落空间形态与功能转变研究[D].北京：北京建筑工程学院，2012.

[2] 刁宗广.关于开发乡村休闲度假旅游的思考[J].中国农业资源与区划，2006（6）.

[3] 马牧青.乡村旅游的未来定位应该是乡村旅居[EB/OL].（2019-05-13）.https://www.sohu.com/a/313762985_120057712.

[4] 范周.留住国家神韵，文旅融合背景下文化遗产保护与创意开发[EB/OL].（2018-10-12）.https://www.sohu.com/a/259102237_182272.

[5] 吴军.城市社会学研究前沿：场景理论述评[J].社会学评论，2014，2（2）.

[6] 马牧青.乡村旅居的缘起、背景与实践[EB/OL].（2019-08-06）.https://ishare.ifeng.com/c/s/7ousENcK8a2.

[7] 刘笑明.民生导向下的乡村旅游转型升级研究：以西部地区为例[M].北京：中国社会科学出版社，2016.

依托康陵优秀传统文化，谱写民俗旅游发展新篇

——康陵村"美丽乡村"建设调研报告

■ 崔少清

一、康陵村概况

（一）地理位置与村落形态

康陵村位于北京市昌平区十三陵镇西北部，地处十三陵保护区内，距北京市区45千米。康陵村村域面积2500余亩，其中山场面积约1600亩，耕地面积约324亩，村落面积39亩。康陵村布局呈正方形，整个村庄被包围在一个边长为163米的正方形石混墙内，清晰有条理，建筑整齐排列。

（二）人户状况

康陵村总人口为240人，其中农业人口153人。村内总户数76户，其中民俗接待户34户。赵、王、谢是该村的三大姓氏。

(三) 历史沿革

康陵是明武宗正德皇帝朱厚照的陵寝，而康陵村就是康陵的守陵人世代繁衍的后代的聚居地。数百年前清朝出于怀柔汉人的考虑，不但对陵区进行妥善保管，还拨给田地用于开荒守陵，由此，形成了以陵寝名称命名的自然村落。随着守陵户在该地年深日久，人丁渐盛，逐渐聚落成村。

图 1　康陵村简介

(四) 资源禀赋

康陵村资源丰富而多样，自然资源与历史文化资源禀赋都非常充足，主要包括：

1.自然资源

（1）地形。

康陵村位于十三陵山地内，四周群山环绕，山地面积广大，在

2500余亩的村域总面积中就有约1600亩的山场，这也为康陵村发展林果种植业奠定了坚实的基础。

(2) 气候。

康陵村位于温带季风气候区，四季分明，光热充足，降水适中，昼夜温差较大，有利于康陵村林果种植业的发展。

(3) 生物资源。

康陵村的野生植物资源也非常丰富，有山杏、山梨、山桃和酸枣等野生树种，为发展林果种植业和采摘观光业提供了充足的物质基础。

2. 历史文化资源

(1) 世界文化遗产——康陵。

康陵位于北京市昌平区天寿山陵区莲花山东麓、明十三陵的西北部，背靠莲花山，左邻泰陵、笔架山，右邻昭陵、定陵。康陵是明朝第十位皇帝武宗朱厚照和皇后夏氏的合葬陵墓，建陵用时1年，总体布局沿袭前制，呈前方后圆形状。康陵是目前发现的十三陵中砖碑铭文最多的一个陵。康陵景点环境优美，空气清新，陵区群山环抱，山清水秀，风景殊胜。春天桃花、杏花如云似烟，夏秋季节百果飘香，冬季松涛微响，雪花青松映衬红墙黄瓦，皇家气派犹存。来此处既可以参观建筑、欣赏风景，也能了解古代皇帝的葬丧规格。

康陵始建于正德十六年（公元1521年）四月，嘉靖元年（公元1522年）六月，陵园建成。陵寝建筑由神道、陵宫及陵宫外附属建筑三部分组成。神道上建五孔桥、三孔桥各一座，近陵处建神功圣德碑亭一座，亭内竖碑，无字。陵宫建筑总体布局呈前方后圆形状，占地面积2.7万平方米。前面有两进院落，第一进院落以祾恩门为陵门，单檐歇山顶，面阔三间。院内建祾恩殿及左、右配殿各五间。神帛炉两座。第二进院落，前设三座门，内建两柱牌楼门及石供案，案上摆放一石质香炉，烛台、花瓶各二。方院之后为圆形宝城，在宝城入口处建有方形城台，城台之上建重檐歇山式明楼。楼内竖圣号碑，上刻"大明""武宗毅皇帝之陵"。明楼后宝城内从排水沟里侧开始向中心部位起冢，冢形呈自然隆起状。冢前及稍前两侧分别砌有高不及胸的冢墙，墙前正对宝城瓮道处建琉璃照壁一座。陵宫外还有一些附属建筑，如宰牲亭、神厨、神库、祠祭署、神宫监、朝房、果园、榛厂、神马房等。明末，康陵曾遭到烧毁，在清朝乾隆年间，曾被整修。人们可以在康陵的明楼墙面上欣赏到款式多样、字迹清晰、构图精美的城砖铭文，千姿百态，意趣多变，可以找到多种字体、称谓、地名，最多的达61个字，古朴天成。康陵的地上建筑虽多有破坏，但它的地下宝藏——玄宫并没有被盗。康陵由于景色绝佳，再加上古砖铭文，使其更富有历史的沉淀。

图 2 康陵的"全国重点文物保护单位"石碑

图3 调研实践团实地走访康陵外围

2003年4月15日,明十三陵康陵抢修工程启动,总投资3800万元。康陵整体修缮工程于2004年底完工。当地流传着一句话,"先有康陵后有村",康陵村村民是世代守陵人繁衍的后代,他们自发地守护着康陵。相信守陵人的淳朴和康陵景区本身深厚的历史文化底蕴将融合成为康陵村发展旅游的一道亮丽风景线。

图4 调研实践团从后山看到的康陵景貌

（2）特色民俗旅游品牌——正德春饼宴。

有这样一句俗话："明史文化在昌平，正德春饼在康陵。"相传明朝正德皇帝朱厚照南巡时，带回了北京的民俗小吃——"春饼"，数百年来，康陵村世代相传，继承了正德春饼的制作方法，既保留了北方的风味，又传承了淮扬精神，堪称最正宗的正德春饼。由此吸引了大批游客纷至沓来。北京人吃春饼有两个讲究的日子，一个是立春之日，另一个是农历二月二，也就是人们俗称的龙抬头的日子。立春吃春饼，名曰"咬春"，是人们对"一年之计在于春"的美好祝愿；"二月二，龙抬头"这天，北京人也要吃春饼，名曰"吃龙鳞"，也是寄托了人们对于美好生活的满腔期许。

因正德春饼的历史典故以及其中的美好寓意，2007年起康陵村确定打造"正德春饼宴"乡村民俗旅游项目，如今正德春饼宴已经发展成为康陵村的特色旅游品牌，正德春饼宴也成为康陵村的主导产业。康陵村村民制作的春饼以"薄若蝉翼，纯白无瑕"为特点，佐以熏大肚、松仁小肚、清酱肉、熏肘子、酱肘子、熏鸡、熏鸭等，吃时需改刀切成细丝，另配几种家常炒菜，通常为肉丝炒韭黄、肉丝炒菠菜、醋烹绿豆芽、素炒粉丝、摊鸡蛋等，鲜香爽口、回味无穷。村内有民俗户35家，均以正德春饼为主业，村民在自己家的宅基地上开设正德春饼宴，以传统特色美食来吸引外来游客到访。在村子里，正德春饼宴民俗户的统一招牌矗立在村中的道路两旁，形成了一道独特的风景线。调研实践团在对当地民俗户的实地走访中，当地村民向我们表示春饼宴是康陵村发展旅游业的主要竞争优势，经常会有一些外地游客奔着春饼宴来到康陵村旅游。无论春夏秋冬，来此地度假的游客亲近世界非物质文化遗产、感受传统文化的同时，也能够品尝到当地的特色美食。康陵村民风质朴、和谐上进。尤其是在"正德春饼宴"的日常经营中，经过与康陵村共建的昌平职业学校的统一礼仪培训的经营户对待游客总能笑脸相迎、热情款待，不仅能给游客送上最美味的菜肴，还能给他们带来丰富的明朝故事、多样的春饼食法，更重要的是能让游客在轻松、友好、优美的环境中享受美食，留下对康陵最美好的记忆。

图 5　正德春饼宴

（3）传统村落标志物——古树。

除了康陵、正德春饼宴，康陵村最具特色的便是几棵古树了。村中央有一棵老银杏树，称作帝王树，古监墙北有两棵500多岁的夫妻槐，皆为国家一级保护树木，枝繁叶茂。古树上系满了祈福的红布条，向人们展示着这片风水宝地。

康陵村的古树在十三陵的古树里有三个"之最"：十三陵最粗的古油松、最粗的古槐和最老的古银杏。最粗的古油松在方城里，胸径102厘米。最粗的古槐是村口生长着的两棵500多岁的对称古槐树，一棵略粗，一棵略细，树冠相依，宛如一对耳鬓厮磨的恩爱夫妻，风雨同舟，不离不弃，百年好合，村民们亲切地称为"百年夫妻树"。

图 6　康陵村村口古槐

最老的古银杏，又叫帝王树，据专家考证已经生长了800多年，四五个人才能合抱得过来，是康陵村的独特风景。夏日，古银杏树枝繁叶茂，遮天蔽日，村民沿袭着聚集在古银杏树下乘凉聊家常的习惯，银杏参天，树下确实清凉；秋季则硕果累累，满树金黄。帝王树年复一年地守望着康陵的山山水水和康陵村的男女老幼，村民们都会去摘些银杏果以祈福纳祥。关于古银杏树还有"金鸡报晓"等一些古老的传说，传说帝王树上住着一只金鸡，经常会变成百姓下来吃食，每到早上又会早早地打鸣叫早。因为它存在的比康陵还要早，便有了"先有帝王树，后有康陵宫，再有康陵监"的说法，为朱家皇室选择陵寝披上了更加神秘的外衣。它见证了康陵村的沧桑历史、发展演变，传说摸一摸帝王树，喝一喝银杏茶，可以健康长寿、吉祥如意、心想事成。因此，许多村民和游客都会向帝王树祈愿，帝王树上挂满了祈福的绸带和祈福签，人们祈愿姻缘美满、事业有成、财源滚滚、阖家欢乐。

图 7 康陵帝王树

竖立于村口的影壁，位于夫妻槐旁，据村民介绍，影壁虽经多次修缮，但原址并未改变。

图 8 康陵村村口影壁

（4）忠诚坚韧的康陵守陵人文化。

康陵村坐落在深山中，曾主要依靠农副业、养殖业和旅游业发展，也因此形成了淳朴好客的民风，村民们世代守康陵，定期巡视、打扫。村民们说，正是因为大家自发地守护着康陵，才最终形成了这样一个康陵村。这么多年过去了，村民们依旧有着强烈的保护意识，绝不偷一砖一瓦，正是这些守陵人的坚守才有了如今的康陵村。可以说在漫长的历史发展进程中，经过康陵守陵人世世代代的坚守与艰苦奋斗，康陵村已经形成了忠诚坚韧的康陵守陵人文化。

如今，康陵的守陵员都是由第三方公司招募的，比较年轻，管理也越来越严格，60岁退休、签合同、有保险，每天三次巡逻的情况必须严格记录在册。目前，每个未开放陵寝都分别派驻了3名当地村民进行看守。守陵人每天在这有限的方圆之内活动，工作可谓简单甚至乏味：上48小时，休24小时，两人三班倒，一人巡内、一人看外，雷打不动。他们的工作很简单，就是负责打扫皇陵，看着不让外人进来，最重要的是防火。明朝皇帝十分重视绿化，仔细观察不难发现，十三陵的每一个陵园里，都草木繁茂，甚至一些砖石缝中都是几百岁的古树。遇上风干气燥的时节，需要格外注意，尤其过年过节，村里人喜欢放鞭炮，这时候，他们需要打起120分精神，小心有烟火落入院中引起火灾。守陵人白天要巡视，夜间也要在陵寝里巡视，入冬前需要除去陵墓周围的杂草，防止发生火灾烧毁古建筑。虽然承受着较大的压力、背负着重大的责任，但康陵守陵人的收入却并不高。在如此艰苦的工作环境、单调乏味的工作内容、繁重的工作压力，以及较低的工资水平之下仍然忠于职守、爱岗敬业、艰苦奋斗，可以说当今康陵的守陵员们仍然在继承和发扬着先辈们忠诚坚韧的守陵人文化。

(五) 荣誉称号

近年来，康陵村的"美丽乡村"建设卓有成效，获得了政府和公众的高度评价。康陵村于2010年获得了"北京最美的乡村"的称号，并成为北京美丽乡村联合会会员村。另外，康陵村也被评为"北京市级民俗旅游接待村"。2018年3月，康陵村入选北京首批市级传统村落名录。2018年11月，康陵村获得中国生态文化协会2018年"全国生态文化村"的荣誉称号。2019年12月25日，康陵村被评为"国家森林乡村"。

图9 康陵村村口牌坊

二、康陵村"美丽乡村"建设的成就

(一) 康陵村"美丽乡村"建设的总体目标与基本思路

康陵村充分挖掘自身优势，通过生态文化、环境美化、旅游富农建设生态文化村，带领村民走出了一条特色鲜明的乡村发展之路。康陵村以创建生态文明村为动力，以建立农民增收长效机制为核心，充分发挥本村资源优势，以文化创意产业为依托，大力发展民俗旅游业。康陵村整合各种资源，以生态种植综合开发为重点，以生态循环为主线，根据康陵村的地理位置及环境进行总体规划和设计，将乡村旅游、农业资源、产品、景观全面立体开发。把传统种植农业变为体验休闲产业，实现城乡互动的纽带，形成种植、养殖、绿色消费、休闲观光和新型生态村为一体的综合产业园区，成为循环经济、新型城乡统筹、科教的示范基地。

（二）双轮驱动，全面立体——康陵村的"美丽乡村"经济建设

依托独特的自然地理环境及悠久深厚的历史积淀，康陵村形成了两大支柱性产业——林果种植业及民俗旅游业，从事上述两大产业的村民占据该村人口的50%以上，而其他村民（尤其是年轻村民）则以外出打工作为其主要收入来源。下面分别介绍一下这两个支柱性产业的发展状况：

1. 林果种植业

康陵村四面环山的自然地理特征为其发展林果种植业提供了良好的基础。村内也多次进行科学规划，创办林果种植股份经济合作社，带动村民整体发展。康陵村村民发展林果种植业主要种植柿子、梨、苹果、桃、杏、枣等干鲜果品，年产量在600吨以上，其中柿子的年产量达到了400吨。

2. 民俗旅游业

近些年，政府大力提倡打造"一村一品"，助力乡村振兴，康陵村在各级政府政策资金的扶持下，深度挖掘村内历史文化资源，合理开发并布局以民俗旅游业为代表的特色文化产业。依托悠久的

历史文化与丰富多样的人文历史资源，康陵村大力发展民俗旅游业，目前其民俗旅游的年产规模已达120万元以上，而其民俗旅游业的核心与支柱产业，正是作为康陵村的特色文化名片与民俗品牌的"正德春饼宴"。康陵村将长期致力于打造吃、住、行完善的配套设施。目前，康陵村70多户村民中已有30多户投身打造"正德春饼宴"品牌。

图10 调研实践团走访"正德春饼宴"民俗户

除了"正德春饼宴"外，于2004年开始开展民俗旅游接待的康陵村，还修建了停车场、村史博物馆等，既为其民俗旅游业的发展提供了完善的基础设施，也促进了民俗旅游业的多样化发展，提升了旅游吸引力。街边各种古色古香的小店铺，让游客仿佛穿越到古代民间一样，在村子里品尝美食的同时远离城市的喧嚣，在此享受休闲娱乐的时光。

图 11　调研实践团参观村史博物馆"正德商号"

除了依托当地丰富的历史文化资源发展民俗旅游外，康陵村还利用当地丰厚的自然资源，巧妙地整合了林果种植业与民俗旅游业两大支柱产业，发展观光采摘业。康陵村村民在发展林果种植业的过程中，也投入采摘观光业的发展，各户以承包经营地种植玉米、辣椒、柿子、酸梨等农作物为主，同时为游客提供包括酸梨、柿子、李子等多种优质果品在内的旅游观光采摘。

康陵村两大主导产业相互补充、相互支持，大大提高了康陵村村民的收入与生活水平。调研实践团走访得知，光是发展林果种植业，村民每年就可获得数万元收入。据统计，2017年康陵村村民人均收入3万多元，其中两大主导产业自然功不可没。

（三）继承传统，服务村民——康陵村的"美丽乡村"文化建设

除了日渐提高的物质生活水平外，康陵村村民的文化生活也

得到了进一步丰富。地处世界文化遗产——明十三陵，拥有历史悠久的守陵人文化，康陵村村民已在长期的生产生活中培养了高度的文化自信与文化坚守。在此基础上，近年来，为了给村民提供更加丰富多样的精神文化生活，康陵村已建成了村文化广场，并在周边配套了完备的体育健身器材以供村民使用。村文化广场的建成为康陵村村民提供了进行文化娱乐活动的空间，村里还策划了类型多样的文化活动供村民参加，以提高其精神生活水平和文化艺术鉴赏能力。

图 12　康陵村人口文化园宣传牌

（四）保护自然，发展生态——康陵村的"美丽乡村"生态文明建设

为村民提供绿色环保的生活环境也是康陵村发展的重心之一。康陵村重视保护、保留最原始、最自然的村落样貌，村中央树龄800多岁的古银杏树及村口500多岁的对称古槐树，皆为国家一级

保护树木，目前在康陵村均被保护得相当完善。皇陵倚靠的莲花山及柿树满山的大西坡等自然环境不仅是村民们的骄傲，也是吸引游客的亮点，而康陵村始终重视对这些自然环境的保护，并且努力使它们最原始、最自然的一面呈现在游客面前。

在提升林木覆盖率、绿化率方面，村委会在村内街道、村外公路旁也增加了花草树木的种植。通过合适的草木栽培，村内街道有月季、黄杨簇拥，村外公路有国槐挺立。目前全村林木覆盖率已达95%，绿化率已达90%。

与此同时，对于村民生活环境的改善和整体环境的整治始终是康陵村建设美丽乡村以来的工作重点。康陵村多年来坚持实行合理的环境整治制度，村内卫生包片包干到人，无卫生死角，村内干净整洁的生活环境离不开村委会的合理制度与村民环保意识的不断提升。

（五）以人为本，多元协同——康陵村的"美丽乡村"基础设施与生活环境建设

为了给村民创造更加便捷舒适的生活，康陵村在生活设施方面也增加了各项投入。传统村落给人们的刻板印象总是贫困落后的，要将传统村落建设为新时代的美丽乡村，就必须先从基础设施建设做起。据康陵村村委会介绍，十三陵镇于2018年5月29日正式启动第一批"美丽乡村"村庄规划，包括康陵村在内的9个村庄入选第一批"美丽乡村"村庄规划，同时还有7家村庄规划设计公司参与其中。另外，康陵村按照"镇级统筹、村民参与、规划指导、部门联审"的原则，在摸清土地性质、农民实际需求等的基础上，结合村庄的实际特点，开展建设发展规划和"美丽乡村"建设实施方案的编制工作。通过深入村庄开展调研、充分征求村民意见，康陵村制订了符合村庄发展实际且能够真正落地的农村升级基础设施的

工作方案，并重点围绕农村基础设施的供水管网、污水管网、农村电网、互联网等"六网"查漏补缺和提档升级，加大对村庄中的公共服务设施的投入力度。目前，村内的街道已经过改造，危房也已被改建。同时康陵村也启动了村庄环境整治工作，整洁有序的村落环境已基本打造成功。

三、康陵村"美丽乡村"建设中的问题与困境

（一）保护文化遗产与村庄建设和发展之间的矛盾

康陵村具有某种意义上的"双重性"，既是一个担负着历史文化遗产保护与传承的历史责任的村落，也是一个需要不断建设与发展的农村社区。而这种"双重性"中就必然包含着强烈的内在矛盾，即康陵村的两种性质之间存在着相互制约、相互阻碍的一面。这种矛盾具体表现在两个方面：

1.新农村建设会破坏村中的历史文化遗产

《北京市明十三陵保护管理办法》中规定，任何单位和个人不得改变文物原状，不得损毁、改建、拆除文物建筑及其附属物；所建电力、通信、农田水利、种植、养殖等设施，不得危及文物安全，影响环境风貌。这些严格的规定自然也适用于处在十三陵保护区中的康陵村。然而，在调研实践团与村委赵书记的座谈过程中，赵书记提到，在新农村建设过程中，大部分工作都是外包给专业施工团队的，虽然他们在业务上显得更加专业，但是对村中情况不够熟悉，因而在施工过程中不小心损坏了一些村落中的物质文化遗产，例如明城墙、古树、古建筑等，而一些被不小心拆除下来的古石头因为占地过大等因素无法储存，已丢失。这些蕴含古人智慧的传统物质文化遗产就这样被破坏，没有受到更好的保护。第三代守

陵人家属赵建丽也表示:"现在村子的发展(新农村建设)已经对传统文化遗产造成了破坏,现在盖的房用的是钢筋混凝土,原来的老房子大多已经拆掉,这与传统村落保护理念有所冲突。"另外,在调研走访村民的过程中,调研实践团也得知目前康陵村在非物质文化遗产项目的传承方面所开展的活动较为有限。这些都体现了新农村建设会对村中的历史文化遗产,尤其是康陵的保护产生一定的阻碍作用。

2. 历史文化遗产的保护政策会阻碍村中的产业发展

为了尽可能保护十三陵的历史文化遗产,上文中提到的《北京市明十三陵保护管理办法》对于康陵村等处在十三陵保护区内的村落的建设与发展行为进行了可以说是严苛的限制。例如,该办法明文规定,明十三陵的保护管理应当坚持有效保护、合理利用的原则。在保护范围内不得进行其他建设工程,不得在建筑物内及其附近存放易燃、易爆及其他危及文物安全的物品。在建设控制地带内使用土地和进行建设,必须符合国家和本市有关文物保护和规划的要求,依法进行。对保护区内现有的不符合规划或者影响明十三陵文物和环境风貌的非文物建筑、构筑物,区政府应当依法制订整治搬迁方案,分期组织实施。任何单位和个人都应当严格履行环境保护义务。在保护区内不得建设或者批准建设污染环境的项目;污染物排放不得超过国家和本市规定的标准,未经处理达标的污水不得排放;开展旅游活动、进行垃圾处置和设置停车设施等,应当符合生态旅游管理规范的要求。在保护区内不得进行开矿采石、挖砂取土、掘坑填塘、捕猎野生动物、修建公墓等破坏地形地貌、生态环境的活动;所建电力、通信、农田水利、种植、养殖等设施,不得危及文物安全,影响环境风貌。在这些严格限制之下,康陵村很难吸引外来资本、技术和产业进入,也几乎堵死了把其两大支柱产业——民俗旅游业与林果种植业进行大规模市场化、产业化发展的道路,而这显然对于康陵村的经济发展和人民生活水平的提高十分不利。但对康陵村来讲，这种产业化发展却正是村民们迫切希望康陵村走的发展道路。

（二）林果种植业因土地流转而难以发展

发展林果种植业的前提条件是有广阔的可用于种植果树的土地。然而，十三陵镇人民政府为进一步促进农民增收，从2018年11月正式启动了土地经营权流转工作。为了进一步打造绿色十三陵的旅游环境，燕子口村、石头园村、康陵村将土地流转与农业发展项目和山坡抚育工程进行紧密衔接。目前，已完成银杏、国槐、侧柏、油松、白蜡、牡丹等花树种植近9万棵、山坡幼林抚育8110亩，为十三陵镇再添绿色景观，用绿树青山吸引更多游客前来游玩。也就是说，康陵村的经济林地已经流转为生态林地，无法继续发展林果种植业。

在调研中，第57号春饼宴店主高阿姨围绕村民的生产经营情况向我们进行阐述，她谈到，曾经村中的农民每人都有自己的专有土地，种植柿子、杏子、桃子等各种果树，这成为村中很多村民的基础收入来源，但是不久前果树被全部砍伐，种植了松树、柏树等，土地开始实行流转政策，农民的基础收入来源已被切断。村委赵书记介绍说，目前康陵村约有98%的山场都已经将土地流转到了镇里的第三方公司进行经济林改生态林的工作，而村民们可以在土地流转中获得每亩地每年2500元的土地流转租金，这样每位拥有相关土地的村民可以从其中获得的平均租金收入约为每年5000元。虽然这不是一笔数目很小的收入，但相对于原有的林果种植业来讲，村民们从中可以获得的收入还是相对较低的，尤其是对于原先的林果种植业大户来讲，其收入将大幅降低。由于土地流转几乎把康陵村原有的林果种植业全盘摧毁，也使得康陵村的产业经济发展愈加困难，一定程度上不利于康陵村人民收入与生活水平的提高。

图 13 调研实践团在康陵村中访问部分村民

（三）民俗旅游业发展遭遇瓶颈

在林果种植业因土地流转遭遇"灭顶之灾"的同时，已经成为康陵村唯一的支柱性产业的民俗旅游业的发展状况也不容乐观。第57号春饼宴店主高阿姨表示，目前，村民们的唯一收入来源是经营正德春饼宴，正德春饼宴是康陵村特有的民俗文化旅游产品，吸引了全国各地很多游客慕名而来，就为吃这一口正宗的、蕴含明文化的春饼，但是目前村中各家各户春饼宴的经营状况也十分不理想。曾经村中共有30多家春饼宴商户，今年年初时因为生意不兴隆、住房政策等一系列因素，已经关闭了很多，目前村中仅剩10多家商户还在经营，但是利润、收益等已大不如前，只有节假日的时候客流量会大一些。康陵村村委赵书记向我们介绍说，由于新冠肺炎疫情的影响，旅游业的发展遭受严重阻碍，加上土地流转的过程中大量拆除了属于违章建筑性质的正德春饼宴的经营场所，导致目前康陵村的民俗旅游业的发展状况极不景气，正德春饼宴的商户由原来的数十家锐减到目前的个位数，而且几乎都因为客流量不足而缺乏收益，而其他如村史博物馆等民俗旅游业的多样化的配套设施也都处于关闭状态。可以说，当前康陵村的民俗旅游业的发展遭遇了前所未有的困难局面。

图 14　调研实践团与民俗户高阿姨交流

（四）文化建设实际效果有限

尽管康陵村近年来的文化建设取得了以村文化广场、各种文化活动等为代表的一系列成果，但我们在调研中也发现这些文化建设成果能够真正落实到村民身上，使村民们受益的也比较有限。实际上，目前村中的文化服务设施不是很健全，基本的公共文化服务设施主要包括健身器材和村史博物馆，但基本处于闲置状态，村民不会自发地去好好利用这些文化设施。我们在与村民的交谈中还得知，村中偶尔会举办一些扭秧歌、电影放映等文化活动，但是参与人数不多。也就是说，目前康陵村村民参与和享受文化建设相关成果的自发性与积极性都比较欠缺，相应地，这些文化建设成果也无法对村民产生较为强烈的吸引力，这就使得康陵村的文化建设成果利用率低下，在一定程度上处于"金玉其外，败絮其中"的状态，无法真正惠及民生、满足人民精神文化生活需求、提高人民精神文化生活质量。

四、康陵村"美丽乡村"建设的未来可持续发展之路

（一）在遗产保护与经济发展之间找到一条协调平衡的道路

2020年3月30日，习近平总书记在浙江安吉县余村考察时指出，全面建设社会主义现代化国家，既包括城市现代化，也包括农业农村现代化。实现全面小康之后，要全面推进乡村振兴，建设更加美丽的乡村。习近平总书记表示，要在推动乡村全面振兴上下更大功夫，推动乡村经济、乡村法治、乡村文化、乡村治理、乡村生态、乡村党建全面强起来。这为我们在更高起点上推进"美丽乡村"建设指明了方向[①]。2018年中央一号文件《中共中央、国务院关于实施乡村振兴战略的意见》也明确指出，实施乡村振兴战略的基本原则之一就是要坚持乡村全面振兴。准确把握乡村振兴的科学内涵，挖掘乡村多种功能和价值，统筹谋划农村经济建设、政治建

---

① 黄小军.在更高起点上推进美丽乡村建设[EB/OL].（2020-04-06）.https://baijiahao.baidu.com/s?id=1663189921589947760&wfr=spider&for=pc.

设、文化建设、社会建设、生态文明建设和党的建设，注重协同性、关联性，整体部署，协调推进。

"美丽乡村"建设要全面发展，既要保护生态环境和文化遗产，也不能忽视经济的发展和人民生活水平的全面提升。而在康陵村的这两方面的发展要求之间存在着较大的相互制约关系的情况下，在生态环境和遗产保护与经济发展之间找到一条协调平衡的发展道路，尽量使二者能够相互促进而非相互制约，是十分必要的。

目前康陵村在这方面的一个突出问题就是执行相关的文化遗产保护政策过于谨慎、严格，这对于康陵村的产业经济发展起到了很大的阻碍作用。这就需要康陵村与上级政府的相关部门做好协调沟通，在对十三陵文化遗产进行高标准的保护的前提下，坚持因地制宜、"一村一品"，可以适当引进、发展一些具有一定规模的生态环境友好型的产业，例如生态林的适度采伐和加工业、生态旅游业、生态农业等，在遗产保护与经济发展之间实现协调平衡、全面发展。

（二）通过自组织、自治理充分调动村民的积极性与主体性

《农业部办公厅关于开展"美丽乡村"创建活动的意见》中指出，"美丽乡村"创建的基本原则之一就是"以人为本，强化主体。明确并不断强化乡村在创建工作中的主体地位，把农民群众利益放在首位，发挥农民群众的创造性和积极性，尊重他们的知情权、参与权、决策权和监督权，引导发展生态经济、自觉保护生态环境、加快建设生态家园"。

面对康陵村生态环境与文化遗产保护的责任以及促进经济发展的迫切需求，充分调动村民的积极性、主动性、创造性，发挥村民

的主体作用，无疑是一条解决问题的必由之路。而目前相对比较可行的措施就是将村民们组织起来，成立建筑队、绿化队等乡村建设和治理组织，这样既能发挥村民们熟悉村庄实际情况、爱护村庄资源环境的优势，防止新农村建设对康陵村的生态环境与文化遗产造成破坏，又能解决村民们的就业问题、提高村民们的收入与生活水平，还能在劳动与建设中进一步提升村民们的集体精神与主人翁意识，提高他们的认同感与归属感。可以说，这既有利于充分调动村民们的积极性与主体性，也有利于促进保护与发展的相互推动、融合发展。

（三）多措并举促进旅游业恢复和发展

在康陵村的林果种植业基本无法继续发展、民俗旅游业成为其唯一支柱型产业的情况下，面对旅游业发展的实际困难与瓶颈，多措并举促进旅游业的恢复和发展对于康陵村来讲就显得尤为关键。而经过调研后我们认为，康陵村要想促进旅游业的恢复与发展，可以从以下几个方面着手：

第一，要加大对外宣传力度。康陵村的历史文化资源比较丰富，但近年来对外宣传推广其旅游资源的力度不够大、途径也不够宽广，这也导致其客流量常年有限，近期更是出现大幅减少的情况。康陵村可以充分利用"互联网+"的红利，在互联网、自媒体上增加广告宣传的投放，以较低的成本获取较高的流量和关注度；也可以寻求上级政府的支持和帮助，利用行政手段和市场相结合的方式，提升其旅游业的知名度和影响力，从需求侧促进旅游业的恢复和发展。

第二，要促进旅游资源的多样化，提高旅游吸引力。虽然康陵村的旅游业有着"正德春饼宴"这一龙头产品，也修建了诸如村史博物馆等旅游配套设施以提高旅游资源的多样化，但相对而言其旅游资源的同质性、单一性仍然比较严重，这也导致其吸引力不足，阻碍了旅游业的进一步发展。康陵村可以与高校、研究院等文化单位合作，继续深挖康陵背后的各方面的历史文化资源，通过建设相关的文化博物馆、文化遗产与民俗的展示设施等提升旅游资源的多样化和丰富程度，提高旅游的文化内涵。此外，面对土地流转、经济林改生态林的契机，康陵村也完全可以借此发展生态旅游业，将当地丰富的自然资源与历史文化资源紧密结合，生态旅游与民俗旅游有机融合、共同发展。这些措施可以从供给侧提升康陵村旅游资源的吸引力，促进旅游业可持续发展。

第三，要加强对外交流合作，提升旅游业的整体实力。康陵村虽然旅游资源比较丰富，但人口较少、势单力孤，整体实力十分有限，大大限制了旅游业的发展，尤其是做大做强的可能性。康陵村可以与旅游开发公司、规划设计公司等联合，为旅游业的发展提供更多软件、智力上的支持；也可以与周围十三陵地区具有相似历史文化底蕴的村庄联合，促进本地区旅游业的整体规划、协调整合、求同存异、优势互补、共同发展、做大做强；还可以请求上级政府部门的相关资金和政策支持，为旅游业的做大做强奠定物质基础和规范基础。通过这些措施，康陵村旅游业的整体实力会得到进一步的提升，旅游业规模化、产业化发展的基础会更加牢固、前景会更加光明。

（四）促进"美丽乡村"文化建设成果更多、更有效地惠及全体村民

针对"美丽乡村"建设中的文化建设问题，习近平总书记强调，"因地制宜、精准施策，不搞'政绩工程'、'形象工程'，一件事情接着一件事情办，一年接着一年干，建设好生态宜居的美丽

乡村，让广大农民在乡村振兴中有更多获得感、幸福感"[1]。习近平总书记强调"实现城乡一体化，建设美丽乡村，是要给乡亲们造福，不要把钱花在不必要的事情上，不能大拆大建，特别是要保护好古村落。强调乡村文明是中华民族文明史的主体，村庄是这种文明的载体，耕读文明是我们的软实力。强调农村是我国传统文明的发源地，乡土文化的根不能断，农村不能成为荒芜的农村、留守的农村、记忆中的故园。强调搞新农村建设要注意生态环境保护，注意乡土味道，体现农村特点，保留乡村风貌，坚持传承文化，发展有历史记忆、地域特色、民族特点的美丽城镇"[2]。这都要求我们在进行"美丽乡村"文化建设时，不能搞形式主义、形象工程，必须以人为本、注重实效、把握并满足村民们的实际文化需求，使得"美丽乡村"文化建设成果更多、更有效地惠及全体村民。

针对调研实践团在此前调研过程中发现的康陵村的乡村公共文化建设存在文化设施利用率低、村民的文化活动参与度低，即其文化建设成果难以真正惠及全体村民的问题，我们认为康陵村需要通过集体协商或者问卷调查等方式，深入了解村民们的实际文化需求，并有针对性地建设和改造相应的公共文化服务基础设施，使得公共文化资源的供需关系能够真正匹配起来，提高公共文化设施的利用率。另外，要通过加大宣传力度、建立一定的激励机制、充分利用村中的社会网络与宗族共同体的作用等，提高村民参与集体性的公共文化活动的积极性。这些措施使得"美丽乡村"文化建设成果更多、更有效地惠及全体村民，不断丰富人民群众的精神文化生活，提高村民的思想道德素质和精神文化素质，继承和弘扬优秀传统文化，促进村民的集体精神和责任感的提高，提升村民对康陵村

---

[1] 武卫政，顾春，王浩．不断增强农民的获得感幸福感：浙江15年持续推进"千村示范、万村整治"工程纪实［N］．人民日报，2018-12-29（6）.

[2] 习近平：建设美丽乡村 撸起袖子加油干［EB/OL］．（2017-02-28）. http://news.cctv.com/2017/02/28/ARTI4YhHZTSsgi6OvCSkeZlP170228.shtml.

的认同感和归属感，促进乡村的社会整合与社会团结。

结　语

康陵村的"美丽乡村"建设成效显著、示范性意义明显，虽然最近一段时期内由于种种因素，遇到了比较大的困难和挑战，但我们有理由相信，在各级政府的大力支持下、在全体村民的共同努力下、在社会各界的积极参与下，康陵村的"美丽乡村"建设必将取得更为辉煌的成就，"美丽乡村"在未来会更加美好！

以德为魂：唤醒陵寝文化形塑下的内生动力

——德陵村"美丽乡村"建设发展报告

■ 周佩滢

一、德陵村基本概况

（一）自然地理概况

德陵村位于北京市昌平区北部，地处蟒山西侧山前台地，地势东高西低，海拔10—150米。地下水埋深平均为100米。该村东依山，北邻德陵，南为十三陵水库，因此村子以陵得名。村庄土壤多为轻壤质中层石灰岩质淋溶褐土，谷底和洪积扇、冲积扇为中壤质褐土；植被多为半旱生灌丛杂树，中部丘陵为风景林，多野生中草药；野生动物有山鸡、野兔、獾等。气候以温带气候为主，常年气温比昌平城区略低3℃。德陵村村域内遍植柏树及多种灌木，整体植被以松树、柏树、枫树及果树为主。目前宜耕地较少，村内土地多砾石，大小参差，难以开采。德陵村植被覆盖率较高，因此空气清新，生态环境良好。

（二）历史人文概况

整个村庄以德陵、东井和完整古朴的监墙为中心，萦绕着庄严、肃穆的皇家陵寝的气氛。德陵的神宫监是目前13个陵寝中保存最完好的一个，以监墙为中心保留了古树、五孔桥、明德陵等多处具有标志性意义的历史古迹。清顺治元年（公元1644年）设司香官和陵户，后逐渐成村，以陵为名。德陵为明熹宗朱由校和皇后张氏的陵墓，始建于天启七年（公元1627年），崇祯五年（公元1632年）竣工。崇祯九年（公元1636年），清兵入关将陵园烧毁，虽经修葺但施工质量较差，于清乾隆年间再度修葺，后年久失修损毁严重，如今成为国家文物保护单位。2018年3月，德陵村入选北京首批市级传统村落名录。

图1 调研实践团全体成员在德陵村村委会门前合影

（三）占地面积、常住人口与经济概况

调研期间，德陵村村域总用地面积为3.3349平方千米，建设用地面积0.1816平方千米。据统计，2018年村庄常住人口600人，

户籍总人口546人，户数180户，其中农户160户，非农户20户，另有外来人口30人。全村劳动力240人，其中男性劳动力110人，女性劳动力130人，约占户籍人口的43.95%。村内60岁以上老人共91人。2017年德陵村总收入为1200万元，村民人均收入1.7万元，比2016年提高200元。德陵村有集体经营的公益性地——德陵公墓；村内有3户成规模的农家乐（若隐山舍、永山农庄、德润庄园），常年稳定经营。

二、德陵村现代化建设现状

调研实践团通过与村干部的座谈、对村民们的走访入户调查，以及对德陵村文物古迹等代表性景点的实地考察，对德陵村的现状及围绕"美丽乡村"建设和传统村落保护项目的发展措施有了初步了解，在"美丽乡村"五位一体的现代化建设过程中，德陵村在基础建设方面作出了很大的改善，如通网通电、政策入户等工作的实施都颇具成效，但也存在乡村历史文化资源利用度低、人地关系紧张等一些棘手问题。

图2　调研实践团与村干部座谈

（一）经济建设

1.收入状况

德陵村村民的收入来源较为单一，村民的个人经济收入来源主要包括三个方面：一是务工，村里的年轻人大多外出谋生，主要在周边村镇或者昌平城区范围内打工，补贴家用。2018年以来，由昌平区文化和旅游局出资，招收村民到区里面学习烹饪、制作面点的技能，解决食宿，使部分村民掌握了一技之长，帮助村民经营发展农家乐、特色民宿等产业，增加收入。二是结合德陵村的文化旅游资源经营民宿和餐饮等服务业，目前几户村民在经营小卖部和农家乐，不过规模都较小。三是在乡村旅游业基础上发展经济作物的种植及附加产业。因为土地资源质量一般，不适宜耕地，部分村民以种植果树、体验式采摘的方式增加收入，如杏、苹果、柿子、核桃等都是十三陵地区的特产，但由于德陵村景区旅游项目尚不完善，客流量并不稳定，因此销售渠道较少，不能带来稳定的收入。

除此之外，德陵村每年都有一些集体的固定收入，一是经营性公墓的收益，二是土地流转的补偿经费。2017年前，德陵村有集体经营的公墓——德陵公墓。20世纪80年代，德陵村跟随党的政策，筹集建设资金时积极引进外资，拉动两家公司注资与德陵村合作开发墓地，其中四成的利润归属村集体。2017年后，因为德陵村村域主要涉及《北京明十三陵文物保护总体规划》中的文物保护范围，需要依照文物保护法律、法规、规章的有关规定进行管理，村里的产业发展受到一定限制。该墓地被规划为公益性墓地，进行封存管理，不再对外出售。现今政府每年会发放一定的管护资金用于墓地的管理。因为墓地的管理和维护需要一定的人力、物力，一部分中老年村民（以50—60岁为主）的就业问题得以解决。每逢清明节等扫墓繁忙的时期，也会雇用一些临时劳动力负责维持墓地的秩序、进行日常看护、防汛防火、日常整洁等事项。

目前德陵村的集体收入主要依靠土地流转的补偿经费。早在1986年，北京国际高尔夫俱乐部开始落地顺义区潮白河东岸，选址处在德陵村东南侧，占德陵村800余亩土地，目前每年需提供217万元的土地流转费，但该笔资金经常处于延迟到位的状态。

2. 分配状况

德陵村在墓地封存管理之前，一年的集体收入最高约为1400万元，分别以发放米面粮油等福利和经济补贴两种方式分给村民，作为固定收入的来源。经济补贴部分，村里并非按人头数平均分配，而是通过政治决议制定了一个"劳龄股"分配制度，一年计为一个劳龄股。由于村民年龄不一，因此每人占的股份不同，分到的数额也不同。具体操作是以2011年为时间节点向前推算，到16岁为止，基础劳龄上限为女性50岁，男性55岁，此外有独生子女奖励，父母可分别再加7个半劳龄股。这样分配下来，对于一个三代五口的家庭来说，最高能分到20万元左右。

目前村政府也在积极规划打造以"盛德在木·大明古堡"为主题，以历史悠久、文化鲜活、风光秀美、宜居宜游为特色的可持续发展传统村落，积极挖掘与"德"相关的文化资源，发展振兴乡村休闲旅游业，讲好德陵村的文化故事，希望能够以此带动德陵村的经济发展。

（二）生态环境建设

"美丽乡村"建设在德陵村最直接的体现是在生态环境方面。从昌平区的层面，区政府也在大力发展、落实"美丽乡村"建设，按照昌平区五届四次全会要求，决定于2017—2020年期间，在全区农村地区组织开展"疏解整治促提升、推进美丽乡村环境建设"

的专项行动。坚持农业农村优先发展，全面提升农村人居环境，促进农村绿色发展。根据"美丽乡村"建设要求，十三陵镇德陵村属于特色提升型村庄，被列为2019年度实施村。近几年，村子的生态环境已经得到了明显改善。村里的植被覆盖率达到了60%—70%。在村委会的政策宣传和有效监督下，垃圾乱堆乱放现象已经杜绝，各家各户的旱厕也已经清除，村里的公共厕所设施也进行了硬件的维护升级，重新进行了防水处理。

2020年6月，德陵村村民在十三陵镇人民政府的支持下，给每家分配了垃圾箱，每家每户已经基本实现了干湿垃圾分类。此前村民没有垃圾分类的概念，冬季煤渣乱堆乱放，有一定安全隐患。如今全面整治后，村庄沿路设有垃圾桶，部分路段有垃圾池。昌平区给村里配备了统一的垃圾车，在村里设立了垃圾站，由环卫部门定时统一回收。近年来加大宣传教育力度后，村里的生态环境有了明显的改善，村民在环境保护方面的意识也不断提高，特别是对垃圾分类的认识度和接受度也有了很大提高，认为垃圾分类有利于家庭生活环境的改善，方便了日常生活。

（三）社会服务建设

1.基础设施

德陵村对外交通较为便捷，村庄主路为沥青材质，路面情况较好，道路平坦。德陵村基础设施建设和民生建设较为完善。在基础设施建设方面，昌赤路是十三陵镇域内主要对外公路之一。南起昌平城区，北至延庆区永宁镇。昌赤路从村庄西部经过，再经德陵路可到达德陵村，这两条道路是村庄主要的对外联系道路，道路沿线植被茂盛，路面状况良好。村庄对外交通较为便捷，从市区乘314路公交车到长陵站下车，换乘昌55路公交车到德陵站下车即可。公交车昌55路，每日往返，十分便利。村民利用自家汽车和摩托车出行也较为方便。村内共有160盏路灯，其中50盏被损坏需要修复，从古监墙通向德陵的道路路灯未能全部覆盖，需要增加路灯。

近几年，德陵村在公共基础设施方面也有了很大提升。村庄通信良好，现已通电、电话、有线电视信号及网络。村庄有一座变电站，目前电力供给能够满足村内生活及生产的用电需求；村庄有一座中国移动的信号塔，移动通信比较良好；互联网也已通入村内，村民上网比较方便。2018年前，村民冬季采暖多烧煤、烧柴，村民多使用液化气和土暖气，至2018年，全村都实现了煤改电。村民家中安装了热力泵设备取暖，设备由国家统一免费配备，如今已经实现了线上购电。

村内有自备井并实行统一供水，全村共3个自备井，其中生活自备井2个，目前供水主要使用1个自备井，另有机井1个，每户都通自来水。2007年村内完成统一的污水排放管道和污水处理厂修建，污水处理厂位于入村德陵路南侧，同年完成统一的雨水排放系统修建，村庄内有雨水排放沟渠。村内还修建了太阳能公共浴室，目前也已经面向公众开放使用。

2. 公共服务

在村民的养老医疗方面，新型农村合作医疗制度在村内全面落实，村民们都能享受基本的医疗和社保等福利，但村医疗卫生机构建筑较为老旧，目前处于关闭状态，正在计划修缮维护。村里积极落实国家政策，对于60岁以上的老人给予每年2000元的补贴，村里的养老驿站也正在修建当中。医疗和养老保险方面村里统一按照北京市政策实行，每月有一定的生活补贴，80岁以上的老人还可享有每月100元的购物卡。

村里对离中心区较远的几户人家搬迁后留下的宅基地进行整修，建设了一个集健身场、篮球场、阳光浴池、公厕、大棚于一体的多功能公共服务设施，给村民日常的婚丧嫁娶提供了走习俗的场所，平时室内还可以进行乒乓球、羽毛球、台球等体育活动，室外有健身器材，也可供不同需求的村民进行锻炼。

（四）文化建设

目前村里的公共文化服务设施比较齐全，村委会主要设有图书室、电影放映室、多功能活动中心、会议室、流动人口管理服务站、邮站、社区警务室等，功能比较齐全。据采访了解，部分服务设施的利用率并不高，比如说图书室的图书资源较为有限、书本老旧，并没有很好地满足居民需求。村里也会统一组织村民进行文化娱乐活动，比如组织村民在村里古堡广场跳广场舞、扭秧歌，并提供音响设备。平时，一些老人习惯聚在一起聊天、打牌、下棋打发时间。德陵村目前没有学校等教育设施，村里的适龄儿童都到长陵村或镇里上幼儿园、小学及中学，距离不远，上学也相对方便。

图 3　德陵村综合文化活动室

在建设文明乡风方面，德陵村在适当保留传统习俗的基础上学习了新的观念，婚事新办、丧事简办，一直以来延续着淳朴的村风、和谐的邻里关系。在婚丧嫁娶方面，随份礼依然是尚未解决的一个人情难题，没有统一的标准，在很大程度上受到贫富差距和亲熟关系的影响。

（五）政治建设

调研实践团调研期间，德陵村共有41名党员，32名代表，5名联委。村内的重大事项采取一事一议，每项决议从提出到实施需要走"十步法"，村书记就提出的问题开始梳理，召集联委会联委人员商议问题的合理性和必要性，研究解决办法。如果有实行的必要，就报送镇党委审批，党委认为议案合理给予审批后，再经过村里的党员和代表等一系列民主程序决议，通过以后就去落实、公示、验收。如村里的"劳龄股"、垃圾分类等政策就是通过完整的民主程序来落实的。

村内的政策落实主要靠党员和党代表起到以身作则的带头作用，同时采取对口帮扶的办法，一个代表负责若干户的宣传教育工作。相关政策和宣传活动都是通过代表开会，再由代表组成小组分别上门讲解和科普。村内的各项政策落地、公共设施的建设大都使用党员活动经费，即群众服务经费。村民们理解了"美丽乡村"建设对乡村发展的重要性，使德陵村在整治乱堆乱放工作方面取得显著成效，但在拆除私搭乱建方面依然有着一些困惑和矛盾。

三、"一村一景"乡村特色资源挖掘

德陵村北邻德陵，明朝时为德陵的神宫监，随着王朝的更迭和社会的变迁，后来衍生为村落。2018年3月，德陵村入选北京市首批市级传统村落名录。近些年来，德陵村先后根据国家、市级政府、区级政府的政策文件及相关规定规划，制订了乡村发展的规划。结合规划，德陵村大力发展乡村民俗旅游，全面提升乡村居住环境，促进乡村绿色发展。

（一）村庄传统建筑、古迹保存状况

1. 发展现状

德陵村是历史要素综合保护最为良好的陵监村，德陵监的监墙是十三陵辖区内唯一一处比较完整的皇陵监墙历史建筑遗产，监墙内的大明古堡也因此得名，古堡建于明朝天启年间，历经三年，耗白银数万两，原为护陵驻军之用，宫门口有一棵古老的国槐。城堡地基用花岗岩长条石打底，四周用上百万块青色大砖砌成堡墙，长150米，宽150米，高4米。目前，两扇木门、门柱、门檐保存完整，神宫监大墙保存也很完整，但部分砖石剥落严重，目前一些砖墙也已经进行了临时加固，还需进一步修缮和保护。虽经300多年的风霜雪雨，但至今仍有近百户村民居住在古堡内。古堡内部道路呈"回"字形分布，街巷两侧保留原有的历史风貌，部分传统院落形态、风貌保存较好，有一定绿化，民宅内多数设有影壁，影壁形式各异，但一些院落也被改造成现代民居，缺少传统韵味，在一定程度上破坏了古建筑统一的美感。

在发展过程中，德陵村明确划分了保护范围，在保护范围内确定了核心保护范围和建设控制地带，在保护范围之外划定了环境协调区。村域的核心保护范围，包括德陵神宫监及其内部传统街巷、传统建筑等，以及以德陵和东井为核心，周边密切相关的居民点、山林等人工和自然环境资源。在此基础上，德陵村对现有的公共服务设施项目进行了修缮维护，以改善基础公共设施，提升农村人居环境。德陵村对村医疗卫生机构、古树广场、古堡广场、养老驿站、阳光浴室、多功能活动中心、文化活动中心等进行修缮、维护、开放，从而保障村民正常使用的需求，为村民和游客提供一定的活动空间。

图 4　德陵村保存最为完整的监墙

图 5　德陵村村委会前的道路，右侧是原始的墙壁

除此之外，德陵村的传统街巷呈"回"字形，也是村庄的一大特色。当地人总结，德陵村共有五古，分别是神宫监、古树、五孔桥、东井、明德陵。依托于德陵村的历史资源禀赋和传统村落的风貌，当地主张采用保护与整治相结合的方式对大明古堡内的街巷进行改造，将传统院落空间作为一个"整体"，结合场地规模、形状等自然条件，因地制宜调整古堡内院落空间的布局、朝向及房屋大小等，以期使整个古堡形成空间格局统一、大小形状不同、布局多样、丰富多彩的"大明古堡"。不仅保护了传统街巷风貌，保存了建筑肌理和历史特色，还实现了传统街巷院落的传承。在传承保护的基础上适度与村庄旅游业进行结合，采用木质素材，开发古堡内民宿、民宿+居住、商铺等多种功能。同时，通过增设小门或过道等方式来加强院落之间的联系，在方便游客参观游览的同时，增强院落空间的连续性和秩序性。将历史街巷打造为集居住、文化、娱乐、休闲、旅游于一体的多功能复合型历史街巷。

距离大明古堡不远，就是世界文化遗产明德陵，德陵为世界文化遗产，陵宫面前建筑总体布局呈前方后圆形状，两进院落连成一体。德陵的祾恩门外除建有圣号碑以外，还建有一座五孔古桥，陵宫目前尚未对外开放。

图 6　德陵村古城墙遗迹

图 7　德陵村五孔桥遗迹

2. 潜在问题

在当前情况下，传统村落发展过程中逐渐显现出一些不容忽视的问题。德陵村本身具有的传统村落历史资源由于诸多因素的制约未得到进一步有效开发，严重阻碍了该村庄文旅产业向纵深发展，如随着村庄的发展外扩，生态空间受到挤压，完整性受到影响。德陵村存在两处地质灾害隐患点——不稳定斜坡，均位于德陵公墓，不涉及威胁户数及威胁人数，但是要注意进行坡面防护。运用现代材料建造的建筑物及硬化铺装道路，使村庄传统风韵减弱。德陵村主要道路均完成硬化，改为沥青路面，缺少传统村落古朴、传统的风韵。上述不利因素的存在使得村庄空间格局被打乱，陵监墙部分保存下来，陵监墙外部的扩展空间则根据自然地势自由排布，与原始规整的空间形态相矛盾。

历史街巷神宫监通往陵寝的道路已翻修，采用新型路面材质，仅古堡内保存历史街巷，但路面凹凸不平，石板破损。历史院落保存较少，且典型院落比较老旧，大多仅保存空间格局，历史方面细节较少。住宅多为新建，风格较为多样，缺少传统韵味，村内古堡需要修缮维护。历史环境要素临墙及监内老建筑存在破坏现象，新建建筑破坏了监内整体环境，石磨等古物件逐渐消失。

图8　德陵入口处石碑

（二）传统文化内核的传承与发扬

在发展过程中，德陵村以"德"为魂，以"木"为形，通过保护传统风貌、挖掘特色文化资源、深化旅游需求，积极培育特色精品文化休闲旅游业，打造以"盛德在木·大明古堡"为主题、历史悠久、文化鲜活、风光秀美、宜居宜游的可持续发展传统村落，形成了高品质文化休闲度假游的产品项目及路线。

1. 以"德"为魂

依托世界文化遗产，发掘当地特色文化，打造以"德"为魂的文化旅游体验。德陵村北邻德陵，德陵是世界文化遗产，本身便具有珍贵的遗产价值、历史价值和科研价值。依托于德陵景区，开发文化遗产旅游路线，以"德"为魂，发掘当地特色文化富矿，加强文化建设，带动旅游产业发展。总的来说，德陵村共有四种文化资源：一是陵寝文化，包括德陵陵寝、五孔桥、神宫监在内的建筑，都是陵寝文化的组成部分。其中，监墙保存较为完整，是不可再生的、珍贵的历史建筑资源。近些年来，德陵村通过保护、改造古堡内的建筑与街巷，力主还原院落的风貌和景观，为游客提供真实的陵园及陵园村落文化体验。二是孝悌文化，当地流传着孝悌文化，继承了中华民族尊重长辈、敬老爱幼的传统。在新时期，孝悌文化在德陵村得到了新的诠释。三是农耕文化，由神宫监衍变成传统村落，农耕文化自然是村落最直观的表现形式。在德陵村，游客可以直接入住大明古堡，体验采摘、农作的野趣，参与放鞭炮、扭秧歌、推碾子等活动，并且可以睡农家土炕，学做和品味农家菜，体会农家乐。四是木作文化，木作文化堪称德陵村一大特色，下文将详细叙述。

图 9 德陵旁边的五孔桥

2.以"木"为形

将木匠皇帝故事灵活嫁接，发扬木文化和木匠文化，打造以"木"为形的木艺系列项目体验。德陵是明朝皇帝朱由校的陵墓，朱由校生前虽不务正事、重用东林党、宠信宦官，但他心灵手巧，对于木器的制作有着极为浓厚的兴趣，凡刀锯斧凿、丹青髹漆之类的木匠活，他都要亲自操作。而经由他手制作的漆器、床、梳匣等，均装饰五彩、精巧绝伦、出人意料。而他也将人生大半的精力与时间花费于此。他对于木匠活的热爱，已经到了乐此不疲、废寝忘食的地步。基于此，德陵村将历史故事灵活嫁接到现代，尝试挖掘德陵地区的木文化和木匠文化，并开发木艺体验项目和路线。例如，走进大自然、村落人家，当地村民亲自为游客科普木文化；建造木艺工坊，让游客亲自体验制作木器的过程及其带来的乐趣；举办木友沙龙，当地村民讲述木匠皇帝的生平故事，游客分享自己对于木匠的理解及与木匠有关的故事。除此之外，木匠文化、木文化的内涵融于德陵村村落的方方面面。在院落改造规划中，德陵村便提到要对木质结构进行加固、翻修，部分院门改造成防腐木院门，庭院内设置木质花架，营造传统村落古色古香的风格。

图 10　前往德陵路上的一棵古树

德陵村由司香官和陵户发展成村落，距今已有 400 余年，村庄内了解村庄发展历史的老人相继去世，很多新村民对村庄的历史及文化了解不多，且村民在传承本土文化方面意识较为淡薄，很多年轻的村民对村庄的历史和文化了解不多。

（三）餐饮民宿发展状况

2000年德陵村跟随"走出庭院搞旅游"的步伐，开始了第一批私人民宿的尝试与建设。随着旅游业逐渐遍地开花，游客对服务质量和体验感的要求越来越高，德陵村刚起步时的许多民宿、餐饮等旅游服务业由于经营理念落后，渐渐被市场淘汰，截至2018年，保留下来的有若隐山舍、德润庄园等成规模的民宿。

若隐山舍位于北京市昌平区蟒山国家森林公园脚下，是一个外来的年轻画家用自家房子改造的乡村温泉酒店。由远望去，两座白色的建筑在山林间若隐若现，似乡野中古时候大户人家的私邸。酒店的走廊和偌大的公共区以玻璃覆盖，避免了冬夏两季的寒冷和酷热，庭院草木茂盛，客房以简约、淡雅的白色为主，搭配中式简易家具和山舍主人收藏的油画，似有艺术画廊气息。若隐山舍共有21间客房，其中标准大床房10间、套房6间、温泉私汤房5间，同时山舍有4个独立聚会空间，可以满足家庭出游或者朋友聚会的需求。由山舍主人特地打造的这5间极具特色的温泉私汤房有独立的小院，直接引入山上的天然山泉水，经过过滤净化去除杂质，保留山泉水中的多种天然矿物质和元素，适宜秋冬季祛除寒气，健康养生。在现代体验式消费观的影响下，这样的私人化定制顺应了时代潮流，满足了游客的高品质需求。

四、德陵村发展问题与潜力

当前德陵村整体发展和建设水平已经进入新的阶段，进入发展的快车道，但在发展中仍然存在一些不容忽视的问题。

（一）产业发展与用地矛盾

早在1986年，北京国际高尔夫俱乐部开始落地顺义区潮白河东岸，选址处在德陵村东南侧，约占德陵村800余亩土地，据调研反映，所占德陵村土地均为适宜种植的农业用地，且在2018年以前，该工程项目所占土地没有进行土地流转，一直没有给德陵村相应补偿，官方所测量的占用面积也与实际相差一半，很大程度上影响了村民们的基础收入和村庄的建设发展。2018年后，经过村民们的不懈努力，该项目以每年每亩地2500元的金额提供总计217万元的土地流转费，但这笔资金也经常处于延迟到位状态。

德陵村大部分土地多砾石，可种植的农田被这项工程占用后，加剧了本来就尖锐的人地矛盾；再加上近年来拆违政策有"一刀切"之嫌，没有具体问题具体分析，一些现有的不适宜种植的土地被批为农业用地，实际上却难以种植，又不能发展成其他功能的建筑用地；此外又不能挤占有古监墙等标志性历史建筑的建设维护用地。这些因素很大程度上限制了产业发展的空间。

村庄里的阳光浴池、健身场、垃圾站及用于发展民宿的那些荒地，几乎都被批为非法用地和违规建筑，面临着被拆除的危险。而且对于宅基地的评测标准在早期并不完善，使得村里的人地矛盾更加突出。德陵村要发展特色旅游、民宿餐饮等服务业并形成规模，进行公共服务设施建设，这些计划都需要以合法用地为基础，解决好最根本的人地矛盾，才能打开当前困局。

（二）人才流失与文化建设矛盾

德陵村老龄化问题较为严重，30岁以下青年多外出打工，村里年轻一代考上大学后也大多选择在城市发展，青年劳动力和青年人才的流失使乡村缺乏创新发展的动力，在跟随现代产业发展脚步方面动力不足。同时，德陵村传统文化的建设与传承也将逐渐随着老一辈村民的身故而产生断层，非常不利于乡村特色文化与特色资源的挖掘与传承。

目前来看，这似乎并不是眼前所困，但长此以往会为乡村的发展埋下积弱的种子。应该重视村庄对青年一代的吸引力，为他们营造良好的就业创业环境，结合政策倾斜和帮扶，加强本土情怀教育，重新唤醒年轻一代回乡创业的激情，同时也可以加大力度吸引外来人才和资金落地。

（三）村民物质、精神生活诉求

在现代化建设过程中，村民的获得感与幸福感是不容忽视的一环，德陵村村民普遍对村庄建设现状较为满意，但依然有许多需要改善之处。

第一，村庄环境方面，村民们认为村庄环境较好，但缺少绿化休憩场地，希望增加村民休憩场地。第二，村庄道路方面，村民们认为村内主路良好，支路和街巷存在路面破损情况，希望修缮破损路面。第三，公共服务设施方面，村民们认为村医疗卫生机构房屋简陋、设施落后，文化活动中心关闭，室外健身场地较少。他们希望修缮村医疗卫生机构，开放文化活动中心，增加室外健身场地。第四，市政设施方面，村民们提出部分路灯破损，未实现垃圾分类和垃圾减量。他们希望维修破损路灯，建立垃圾分类站，实现垃圾分类。第五，无障碍环境方面，村民们认为村内缺乏无障碍设施，现有无障碍设施有些未达到标准，希望设置符合标准的无障碍设施。

对于德陵村如何发展经济，村民们也提出了自己的看法。大家普遍反映德陵村目前还未挖掘出与其他周边乡村形成差异化的特色旅游资源，乡村旅游产业发展仍在起步阶段，有几家成规模的农家乐，经营还不成熟。村里旅游产业面对的主要目标群体也是自驾游的零散市民，没有接待来十三陵旅游的大型旅游团的经验和能力。

德陵村是文物保护区，只能维稳，且受土地限制，山地无法规划成基本农田，发展不了第一产业。以前村民收入来源主要靠公墓，后来国家收回，作为文物保护区的德陵村没有了经济来源，只能依靠微薄的土地流转补偿经费过活。因此村民们认为应该发展产业，在形成产业规模后，寻求政府支持，而发展旅游是德陵村的必经之路和发展目标。首先开展村级品牌活动，如正德春饼宴、饸饹宴、驴打滚宴等，挖掘德陵村历史文化，讲好德陵故事。其次规划发展民宿，结合地理优势、文物古迹等优越的旅游资源，开展民俗休闲旅游等优势产业，促进村庄经济的发展。

五、德陵村未来发展路径选择与建议

（一）定位为高品质休闲文旅型美丽乡村

依托德陵传统村落文化，结合富有景观价值的山间丛林景致，发展集康体休闲、文化游览、木艺体验、运动拓展、田园观光于一体的旅游产业，打造以"盛德在木·大明古堡"为主题，以"德、木"为主旋律的高品质文化休闲度假山村。例如，康体休闲可以开发高端民宿、养生茶社和宫廷小吃；文化游览有陵寝文化、孝悌文化、农耕文化和木作文化；木艺体验可以从木文化科普，到木艺展销及木艺工坊，再到木友沙龙实现一条龙服务；运动拓展包括冰嬉娱乐、快乐滑雪、射箭体验和绿荫捶丸等；田园观光有瓜果采摘、蔬菜花园、果树认养和植物迷宫等项目。

产业发展不能盲目跃进，要有方法和策略。首先，保护传统，创新发展。要正确处理好保护与发展的关系，不过多人为干涉现存历史建筑，避免旅游开发对现有古遗迹的破坏；要创新旅游产品的表现形式，激发农村文化发展活力。

其次，市场导向，差异发展。要将文化古迹、休闲度假、农业观光等传统文化，以及亲近自然的旅游方式发展成吸引游客的热点；要定位需求人群、细分旅游产品、提供高品质服务，区别十三陵区域产业发展。

最后，资源整合，打造品牌。要深入挖掘旅游资源，积极开展区域旅游合作，努力争取政府、企业、村庄合作共建模式，加强对外宣传推介，打造十三陵乡村旅游名村名片。

（二）旅游线路设计与发展亮点

古堡体验游线：在严格保护陵监墙的前提和低扰动的原则下，合理改造民宅，发展高端民宿、木艺系列体验、宫廷小吃等慢商业体验，感受慢节奏下的生活质感；打造大明古堡旅游形象，发挥产业带动作用。

文化体验游线：深入挖掘文化内涵和人文特色，围绕实物、文化讲故事，配套相应的游、玩、购、学产品，在游玩过程中体验明文化的含蓄稳重及"德文化"的魅力。

田园观光游线：创新观光体验形式，提高观光体验趣味性，感受天人合一、自然生态的德木文化内涵，达到教育认知、文化传承、环境保护的目标，培养与自然和谐共生的生活态度。

运动拓展游线：基于明代宫廷及民间体育活动，创新拓展项目表现形式，将传统的冰嬉文化与现代冰雪旅游相结合，悠久的蹴鞠游戏与现代球类运动相结合，明确运动的核心文化价值，突出文化内涵的外在显现，寓教于乐，培养健康的生活方式、乐观的生活态度。

"清明"节气游线：以清明节为游览噱头，主要游线分为祭扫线和踏青线。开展清明吃食展览，如清明节蛋（画蛋、雕蛋）、驴打滚、面茶、子推馍（寓意"子福"）、青团等。清明节活动有荡秋千、蹴鞠、踏青、植树、放风筝和清明知识竞赛等。

"重阳"节气游线：主要游线为赏秋游，从柿林游览到瓜果采摘到玻璃栈道及果树认领再到山林营地。重阳节的主要吃食有重阳糕和菊花茶，主要活动有敬老孝老活动、重阳诗歌竞赛和健康徒步活动等。

（三）政策先行下的路径选择

2016年德陵村被认定为北京第一批市级传统村落，德陵监的监墙是十三陵辖区内唯一一处比较完整的皇陵监墙历史建筑遗产。因此德陵村传统村落保护至关重要。从统计数据来看，中国的村落数量呈直线下降的趋势，从2000年的360万个，减少到2010年的270万个，10年内消失了90万个，传统村落的保护已经势在必行。

党的十八大提出"五位一体"，将生态文明建设融入经济建设、政治建设、文化建设、社会建设各方面和全过程。在建设美丽中国的背景下，"美丽乡村"建设是新农村建设的升级版，但又不仅仅是"生产发展、生活宽裕、乡风文明、村容整洁、管理民主"理念的简单复制，在"生产、生活、生态"三生和谐发展的思路中，"美丽乡村"包含的是对整个"三农"发展新起点、新高度、新平台的新期待，即以多功能产业为支撑的农村更具有可持续发展的活力，以优良的生态环境为依托的农村重新凝聚起新时代农民守护宜居乡村生活的愿望，以耕读文化传家的农村实现文明的更新，融入现代化的进程，成为一个承载城市人亿万"乡愁"的现实家园。城市让生活更美好，而农村让城市更向往。

2018年，中央一号文件提出"实施乡村振兴战略"，标志着"乡村振兴"被提升到国家战略的高度。9月，中央农村工作领导小组办公室发布《国家乡村振兴战略规划（2018—2022年）》，用于指导全国各界及相关部门有序推进乡村振兴工作。该文件提出应分类推进乡村发展，将我国村落分为集聚提升类村庄、城郊融合类村庄、特色保护类村庄、搬迁撤并类村庄等四类。

特色保护类村庄，也就是广义的传统村落，有着丰富的自然历史文化特色资源，作为中国农耕文化及乡土文化的代表，秉承传承中华优秀传统文化的责任，很早就得到关注。主要的研究成果可归纳在三个体系中：遗产体系、传统村落体系、三农理论体系，它们共同驱动着当下传统村落的保护与发展。

现有的传统村落，不仅数量不断递减，村落的问题也在逐渐显现。伴随着古村落旅游热潮的兴盛，对古村落的破坏尤为严重，各地一拥而上的仿古建筑、小吃一条街就是证明。一些传统村落的乡愁韵味被改造得不伦不类，这显然与我们对古村落的开发保护目的背道而驰。即使在村落保护越来越受到关注，"历史文化名村""中国传统村落""美丽乡村"等建设项目相继启动的良好形势下，传统村落的损毁情况依然严重。由此，鼓励传统村落向"美丽乡村"发展要做到以下几点。

1. 多样化发展模式

在中国的传统村落保护工作中，主要有以下四种模式可供借鉴：

第一，与典型古建筑和传统民居相结合的模式。这是当前传统村落保护中应用较多的一种模式。例如，安徽宏村的徽派建筑、福建洪坑村的土楼等。第二，与当地特色农业发展相结合的模式。比如，新疆坎儿井就是将村落的保护与农业基础设施相结合的实例。第三，与传统民风民俗相结合的模式。特色传统民俗的传承，既可以推动乡村旅游发展，又能拉动农村经济建设。第四，多种形式相互融合的模式。例如，江西婺源整合各类遗产资源和自然、文化资源，建设成为世界知名的旅游胜地，既创造了可观的经济收益，也使当地传统村落得到重视与妥善保护。

2.整体保护，规划先行

传统村落作为一种不可再生的历史文化遗存，是一个有机的整体，与它周边的自然景观和文化氛围紧密相关，因而需要对传统村落进行整体保护。近年来，各省市相继出台传统村落保护发展规划，为古村的建设保驾护航。整体保护、统一规划的方式打破了传统村落与周边各村之间各自为政的现状，实现了村落功能的联动，使得传统村落与地区的发展相结合，促进了传统村落的可持续发展。

3.健全法律法规，让传统村落保护有法可依

首先在现有的政策、法规基础上，加强组织领导，有关部门通力配合，严格执行。其次建立传统村落保护动态监管信息系统，对历史文化资源的保存状况和保护规划实施进行跟踪监测，使中国传统村落保护工作进入依法管理的轨道。还要做好传统村落的申报工作，并加快历史建筑的调查、公布、建档及退出等机制，进一步规范对传统村落保护与发展的管理。

4.以活态保护为主，兼容创新开发

第一，整体性保护与精准性保护相结合。对于传统村落不仅要从大局出发，整体入手进行保护，还要针对传统村落的特殊性及其发展的不同阶段和具体方面，因地制宜、实事求是地采取措施，有效地削弱开发过程对当地环境的不良影响。

第二，原生活态与特色文化产业相兼顾。原生活态要求的是对原文化、原住居民、原建筑、原风格、原习俗、原生活等一系列"原生要素"的活态保护，同时要形成产业化，这两者相辅相成，

密不可分。

第三，传统乡愁与现代生活相连通。任何对于传统的继承都不是简单粗暴的全盘吸收，而是有取舍地进行选择，因此必须实现现代生活方式的引入与普及，让传统乡愁与现代生活可以得到较好的互动，与时俱进，不断发展。

5. 坚持以人为本，加强公共设施建设

实现区域发展与以人为本的统一。在新型城镇化的发展背景之下，进行传统村落的保护与开发，必须将"人"这一核心要素放大，认识到不论是保护与开发、现在与未来，人都是最核心的着力点与关注点。以村民为重要参与主体，将村民自身生活与收入水平的提升与整个区域的发展相协调，形成良性互动。

结 语

针对德陵村发展优势和存在的问题，应该在保证德陵村生态环境的前提下，重点进行环境整治和市政、公共服务等配套设施建设，集约利用土地，整合现有资源，调整优化布局，结合地理优势、文物古迹及自身特点等，开展民俗休闲旅游等优势产业，促进村庄经济的发展。按照"因村施策、分类指导"原则，以"严格保护、永续利用"为原则，加强历史文化、传统风貌的保护与延续，将村庄整体风貌引导与文化旅游等相关产业有机结合；重点结合村庄的特色要素集约、节约发展，控制村庄建设用地无序扩张，有序引导村庄特色化发展。德陵村山光明媚，文化底蕴深厚，区位优势明显。

总之，作为守陵人繁衍、传承记忆的陵村代表，德陵村位于世界文化遗产明十三陵建设控制地带，历史文化资源丰富，被认定为北京第一批市级传统村落，属于特色保护类村庄。通过保护传统风貌、挖掘特色文化资源、深化旅游需求，积极培育特色精品文化休闲旅游业，打造以"盛德在木·大明古堡"为主题，历史悠久、文化鲜活、风光秀美、宜居宜游、亦静亦动的可持续发展传统村落。

参考文献

［1］李金磊.国研中心主任：中国十年间每天消失300个自然村落［EB/OL］.（2014-01-11）.https://www.chinanews.com.cn/gn/2014/01-11/5724905.shtml.

［2］中共中央 国务院印发《乡村振兴战略规划（2018—2022年）》［EB/OL］.（2018-09-26）.http://www.moa.gov.cn/ztzl/xczx/xczxzlgh/201811/t20181129_6163953.htm.

［3］中共中央 国务院关于实施乡村振兴战略的意见［EB/OL］.（2018-02-04）.http://news.cnr.cn/native/gd/20180204/t20180204_524124025.shtml.

［4］农业部科技教育司.农业部发布中国"美丽乡村"十大创建模式［EB/OL］.（2014-02-24）.http://www.moa.gov.cn/xw/tpxw/201402/t20140224_3794984.htm.

［5］关于进一步推进移风易俗 建设文明乡风的指导意见［EB/OL］.（2019-11-27）.https://www.fpsjzx.gov.cn/sjzxn/wjzc/sjwj/JRvEnu.htm.

［6］费孝通.乡土中国［M］.北京：生活·读书·新知三联书店，1985.

驴打滚宴民俗村

——上口村的"美丽乡村"发展之路

■ 史玉琳

一、上口村基本情况

(一)地理位置与土地情况

上口村位于北京市昌平区十三陵镇西北部,地处世界文化遗产明十三陵保护区内,距离昌平城区约18千米。

截至2019年3月,上口村集体土地总面积为15049.9亩。其中,农业用地26.9亩,约占集体土地总面积的0.18%;林地8267.4亩,约占集体土地总面积的54.93%;集体建设用地300亩,约占集体土地总面积的1.99%;未利用土地6455.6亩,约占集体土地总面积的42.89%。在农业用地中,耕地占26.9亩;在集体建设用地中,农村宅基地占220亩。从整体上看,上口村林地面积占村集体土地总面积一半以上,土地未利用率较高。

(二) 人户状况

截至调研期间，上口村总人口为700人，共415户，规模上属于中型村，女性人口偏多。其中，60岁及以上村民有300余人，约占上口村总人口的50%，30岁以下村民比重小，整体老龄化现象严重。民族由汉族、满族构成，姓氏以段姓为主，约有党员60名。

(三) 资源禀赋

1. 自然生态资源

上口村所在的十三陵镇位于北京市昌平区北部，北靠燕山、西临太行山，镇域内历史文化资源丰富、生态环境良好，林木覆盖率80.2%，是北京市环境优美乡镇及著名旅游热点地区。上口村的自然资源基础条件好，植被繁茂、古柏丛生，多为生态林，林木覆盖面积达90%以上，属于北温带，气温常年比昌平城区低3℃左右，有着鸡鸣山、大岭沟猕猴桃谷的登山栈道、铁帽山、大墩山和老龙背等自然风景。

2. 历史文化资源

上口村因关城古堡而得名，自明清时起至民国十七年（公元1928年）一直被称作灰岭口，始建于明嘉靖十六年（公元1537年），在明代是拱卫十三陵的重要隘口之一。城垣建于交通要冲，或择险要，或靠山而筑城镇之；村落兴于水，或比邻渡口，或傍水而居。

另据史料记载，北京自昌平西去雁门口十八里，自居庸关东至黄花城镇凡九十一口，而灰岭口为冲要。居庸关、黄花镇、慕田峪、灰岭口，具系边城冲地，虽宣、蓟为之屏障，然外而扼控要害，内而拥护京陵，干系至重。足见当年的灰岭口和居庸关、慕田峪等著名长城关隘的地位是等同的。借用明朝诗人倪谦的这句"山连北极三千刃,身在中坚十二重"来形容灰岭口的军事地位也不为过。

从历史文化资源方面来看,上口村有马武寨遗址一处,在大墩山上;有古城墙4段,在村北口、二道城、三道城、东边墙,其中村北口为灰岭口,明嘉靖年间重新修建,现存刻有"灰岭口"三个大字的门楣石一块和城门口两侧的残墙;有古庙3座,村北有相传清代所修建的老爷庙(关帝庙),庙中有松树两棵(一棵已枯死),高约15米。村中有明代所建的九圣(神)庙一座,村南西坡上有南庵庙一座,三座古庙周围都有古柏林。其中,南庵庙的古柏被定为一级和二级的就有19棵。三座古庙旁还有古塔。依据近现代时期的历史来看,上口村属于革命老区,是华北野战军的革命根据地。抗日战争时期,上口村曾经是昌延联合县政府驻地,大众医药社(现昌平区医院的前身)也设在这里,旧址在村中北院。

(四)产业结构

上口村的林业较为发达,林地面积占村集体土地总面积的一半以上;存在一定比例的种植业,但大多通过土地流转方式承包给第三方经营,村民实际从事种植业的人数少。另外,上口村还存在较小比例的服务业,主要从事民俗旅游接待业,经营者多为上口村个体户,目前正常营业的有6户,占总户数的1.45%。从整体上看,上口村第一产业较为发达,第二产业和第三产业发展较为滞后,且无集体产业。

(五)荣誉称号

上口村生态环境优美,2012年,北京市农村工作委员会等部门推荐上口村为"北京最美的乡村"候选村,获得了2015—2016年度"北京最美的乡村"的称号。

图1 上口村村口牌坊

二、上口村的特色发展路线——驴打滚宴

与城市相比，农村具有独特的建筑类型、居住形式，有深厚的农村文化、地域文化、庭院文化，有优美的自然环境和生态环境。美丽乡村是农村鲜明特色的具体化、形象化的体现，建设美丽乡村是深入挖掘农村特色、亮点，充分发挥农村地域特色、文化特色、生态优势、产业特色等优势，并通过环境整治、农业拓展、文化休闲、生态旅游、产业提升等途径，形成特色鲜明的农村发展模式。上口村发展以驴打滚宴为中心的民俗旅游，契合了"一村一品"的"美丽乡村"建设路线，因此从众多美丽乡村候选村中脱颖而出。

（一）上口村建设美丽乡村的区位条件

旅游业作为资源消耗低、带动系数大、就业机会多、综合效益好的战略性产业，对我国经济结构优化和转型起到举足轻重的作用。改革开放后，旅游业很快实现了产业化发展。然而，随着我国经济的快速发展，旅游产业已经进入大发展的临界点。"美丽乡村"建设过程中面临着同样的问题，如何通过合理规划响应"美丽乡村"发展新形势成为当前亟待解决的难题。区位条件作为乡村规划的基础，对于红色旅游、乡村旅游、自驾游等重大发展规划具有重要的理论参考价值。因此，科学呈现乡村区位条件优势及其局限性，对于更好地推动"美丽乡村"建设具有重要意义。

1. 自然资源与生态环境建设

2011年，经过区域大调整，世界文化遗产——明十三陵全部纳入十三陵镇辖区，上口村所在的十三陵镇成为名副其实的"十三陵"，镇域面积159平方千米，共辖有40个村（局），户籍人口2万余人。区域大融合促进生态文明进一步提升，2013年上半年获得"国家级生态乡镇"称号的十三陵镇从一开始就注重对镇域环境的建设和整治。

用心并决心打好"环境牌"，已然成为十三陵人的共识，上口村自是不例外。据了解，2013年以来，上口村紧紧围绕着生态保护发展进行村域规划。

一是提高认识，加强宣传，将党员和群众调动起来。过去农村没有什么垃圾，近年来，垃圾则越来越多。上口村直面日渐突出的环境问题，强调良好的村镇环境人人共享、人人参与。上口村始终把环境看作是精神文明建设的一个具体体现。在环境整治过程中，以精神文明促进环境建设，通过开展文明宣传引导、生态文明户创建等一系列活动，逐步引导居民积极参与到家乡环境建设中。看着镇域生态环境越来越好，村民也自觉地从家内、村内卫生做起，保护和改善环境。

二是确立制度，落实到人、户、村，建立环境卫生治理长效机制。首先，通过"户分类、村收集、镇运输、区处理"模式，鼓励老百姓先进行垃圾分类，再由村收集，运输到镇之后再分类，通过滚筒式筛选处理，将灰土、塑料袋吹出来，这样一来，垃圾量可以在过去的基础上减掉40%。其次，按照环卫办要求确定了村级保洁员和卫生专干，专门负责本村环境工作，由村支书、村主任、卫生专干成立工作小组，镇环卫办根据每月、每季度通过对治理乱堆乱放、治理暴露垃圾、清除乱贴乱画、加强街道清扫保洁、加强农村公厕管理等项目的考核评比分数落实奖惩；将考核情况在村公示栏进行公示，以促使村民做到物品码放整齐，柴草料堆放有序；道路两侧、村庄周边无垃圾乱倾倒行为；主要街道和公共区域整洁、美观，无涂写、刻画或张贴、张挂的残留物；街面无垃圾污物、无废弃农作物秸秆堆放；公厕整洁，专人负责，及时清洁；明确保洁员职责，确保扫得净、管得好，形成环境卫生治理长效机制。

三是严格落实"一查处三治理"，拆违控违，做好矿产看护。2012年至今，十三陵镇完成近千亩平原造林，对2000亩京津风沙源进行了治理，村民生产生活环境进一步优化，形成了节约资源和保护环境的空间格局；成立了"一查处三治理"专项工作领导小组，制订方案、建立专项工作队伍并完善动态巡查等各项机制，将专项行动与水污染治理、垃圾治理等城乡环境建设，以及道路改造、平原绿化等重点工程相结合推进，多措并举，乡村生态建设空间不断拓宽。

到2019年，上口村按照预定的发展规划，完成多项建设指标。村内主街道路面铺沥青3877平方米，次要街道和胡同铺设方砖10430.05平方米，使村内路面硬化率达到100%。新建60平方米公共厕所1座，村内改厕共计120户。在环境治理方面，进一步加大对环境整治工作的力度，给村民创造了良好的生活环境，对一些旧的挡墙、部分村民家房后的50厘米的散水进行了拆除和整治。同时，在公路两侧增加了花池，栽植木槿、月季、白玉簪、金娃娃萱草、三七、丽棠、金叶女贞、红叶小檗、丁香、榆叶梅、海棠花等花卉，在特定区域内建设花坛，种植观赏树种紫薇、石榴树等，做到三季优化、四季常青，绿化美化面积1550平方米。

2.历史文化资源——上口村与驴打滚相关的历史文化传说

上口原名灰岭口，为十三陵十口之一。明朝英宗土木之变后，为抵御蒙古人入侵所修建。灰岭口修好后明朝统治者又从山西洪洞县大槐树下拨民，后经繁衍成村，直至1928年改名为上口村。东汉时期，汉光武帝刘秀御前大将马武曾在这一带驻军。

马武将军（公元前15年—公元61年），字子张，南阳郡湖阳县人，东汉初年光武帝驾前大将，列东汉云台二十八将第十五位，任捕虏将军，封杨虚侯。马武将军也是民间传说和戏曲中人们最为青睐的东汉大将，传说中的马武将军疾恶如仇、重情重义、勇猛刚强、质朴可爱，几乎是个完人。相传，东汉初年，为抵御关外之敌，马武曾经驻扎在上口村附近的深山中。其间，将士的主要食物就是黄米面蒸馍，久而久之就出现了厌食的情况。有一天，马武突然看到驮运粮草的毛驴在间歇时就地打滚，浑身沾满了黄土，于是受到启发，让伙夫照着毛驴的样子，将黄米面卷入红豆馅儿，然后把黄豆炒熟碾成粉末，像毛驴打滚一样把蒸熟的黄米馍馍滚上黄豆粉。将士食之，十分喜爱，"驴打滚"的名字也就这样流传开来。

据村中老人讲，当年马武练兵习武之处就在上口村北部大约2.5千米处、一个叫大墩山的山顶上。大墩山周围原是个海拔400米、200多亩大的平台，一面是峭壁，两面被河水包围，只有一面为缓坡可通山下，是个易守难攻的险要之地。而今，已成一片废墟的马武寨与残留着的汉城墙，共同诉说着那段过往岁月。

3.北京市政策扶持——"引智帮扶"工程

上口村是首都经济贸易大学在北京市"引智帮扶"工程中负责帮扶的村。调研期间，据上口村第一书记和村党支部书记介绍，在上级领导和帮扶单位的支持带动下，原有33户低收入户均实现增收目标，环境整治、民俗旅游规范化管理等工作也在稳步推进中。首都经济贸易大学教授从专业角度为上口村的发展出谋划策，充分利用专业知识，帮助两个村有效整合资源、打造品牌、做好规划和营销宣传。

2011年，上口村党支部和村委会领导与昌平农村职业学校专家团队一起入户走访调研，请村民们出谋划策，参考周边农家院的经营思路，先后多次外出参观学习，总结多方经验并依托流传下来的东汉马武占山屯兵的故事和陵域十口文化，不断挖潜创新，研读拓展文化内涵，倾听历史脚步的声音，追溯马武寨渊源，经过大半年的精心准备与反复推敲，确认驴打滚农家宴发展路线。

昌平农村职业学校协助开展的厨艺提升培训活动也是上口村特色文化示范村的建设内容之一。根据上口村民俗旅游发展需要，将文化示范村建设与上口村特色民俗饮食文化品牌的建设紧密结合，加强上口村民俗接待户从业人员的专业技能，进一步发展精品民俗餐饮。

（二）驴打滚宴的兴起

1. 发展历程

2008年前后，上口村第一家"老城根农家院"开始营业接待游客，村里深厚的陵域十口文化、道地的农家美食和纯朴的民风，逐渐吸引了不少游客前来踏青、购买山货、避暑和过大年。

随后，在国家倡导"绿水青山就是金山银山"的重要指引下，村民们开始退耕还林，大量栽植经济果树，陆续生产了杏、桃、李子、核桃、柿子、板栗及尜枣等干鲜果品。由于栽培过程中使用低残留农药和农家肥，这些真正的绿色果品也被更多市民喜爱。

虽说村民们勤劳耕作、护林看山、种植果木，在一定程度上吃喝不愁，但为了改变贫穷落后的面貌，加快进入小康的步伐，从

2011年起，上口村开发出了以"马武寨驴打滚宴"为招牌的汉文化农家乐，推出了马武驴打滚、马武扣肉、马武丸子等特色精品美食与农家饭菜，昔日默默无闻的小村吸引了大量的游客。

驴打滚宴共有十几道菜，除了这几样主菜家家必备，其余配菜村中17家民俗户各有千秋。这里的驴打滚宴与其他乡宴一样，好吃不贵，统一标价，小孩子免费。连凉菜带热菜近20个，如果10人一桌还给上条鱼。山里人实在，素菜吃完了可以随时添加，直到吃饱、吃好为止。

2016年，凭借特色驴打滚宴，上口村获得北京市农村工作委员会评选的"北京最美的乡村"称号。

2. 驴打滚农家乐现状

当地的农家乐发展相比其他村子较为发达，多为个体农户经营。村内农家乐均以"马武寨驴打滚宴"为招牌，抱团发展，在村委会的统筹安排下进行，具备相关经营与食品安全卫生资质，合法有序经营。

周末游客人数较多，村民们周末也基本依靠旅游业发展。农家乐旅游旺季多集中在法定节假日，像五一、十一等小长假会吸引较多的游客前来；从清明至十一，是当地农家乐的主要营业季；在暑期，大学生成为到上口村避暑游玩的重要群体。

三、"美丽乡村"建设总体现状及主要问题

作为环境美、生活美、人文美的北京美丽乡村之一，上口村在"美丽乡村"建设中具有一定的发展潜力和发展优势。通过对上口村深入的调查和研究，发现上口村经济建设、产业培育、民生建设、生态文化、乡土文化、乡村治理等方面的建设取得了一定成绩，但也存在一定的问题，具体建设现状如下：

（一）经济建设

2019年第一季度，上口村总收入13.98万元，总支出37.34万元，赤字23.37万元。以前年度亏损且未弥补金额118.08万元，历年累计亏损141.45万元。从整体上看，上口村基层财政赤字较严重，集体经济式微。

在产业培育方面，上口村缺少自身的集体产业，整体生产力水平较低，集体经济式微。在产业结构上，上口村的主要产业为林业，同时存在一定数量第三方经营的种植业，以及少量个体户的民俗接待服务。从总体上看，上口村的第一产业中的林业较为发达，第二产业和第三产业发展较为滞后。在特色产业方面，上口村存在具有知名度的招牌"驴打滚"，因此建议上口村未来可将"驴打滚"等招牌作为特色产业培育的抓手，通过对其历史故事、做法等方面的梳理，对"驴打滚"做一个全面的开发与宣传，从而带动整个上口村在餐饮、住宿、零售等行业的全面发展，增加上口村的经济收入。

图2　上口村民俗接待户门口的招牌

（二）公共文化设施建设

上口村建设有人口文化园、文化活动室、图书阅览室等公共文化设施，其中，人口文化园和文化活动室的使用率较高，村民会在其中进行体育锻炼和文娱活动，但图书阅览室的利用率则较低。另外，上口村每两个月左右的时间会通过电子屏播放一次电影，播放的电影类型多为谍战片，观看人数少；村里偶尔会有"薪火工程"的戏曲下乡活动；在春节、妇女节等节日期间，上口村会组织扭秧歌等文娱活动。从整体上看，上口村存在一定的公共文化设施，但建设水平相对较低，质量不高。

图 3　上口村人口文化园

（三）民生建设

截至调研之日，上口村已经实现脱贫，但仍存在部分低保、低收入人口，公示的低保人口有23人，依据昌平区最低生活保障政策，2019年第一季度每月每人补贴710.39元至5033.5元不等；低收入人口2人，依据低收入精准帮扶政策，2019年第一季度每月每人帮扶2000元。同时，上口村还存在较多的残疾人员，共55名，约占上口村总人口的7.86%，依据残疾人两项补贴政策，每月每人补贴100元至1400元不等。另外，上口村收到北京市2019年公益事业专项补助资金31万元，目前已支出部分主要用于公益事业设施维护和支付村务人员工资，暂无公益事业设施建设和社会事业等方面的支出。从整体上看，上口村在社会保障、扶贫扶低等方面的民生建设投入较多，公共服务方面的民生建设投入则相对较少。

另外，由于上口村在人口组成方面存在两个特点：一是老龄化现象严重，即村里有一半以上的常住人口为老年人；二是残疾人口较多，约占上口村总人口的十分之一。这导致上口村在医疗保险方面的民生问题较为突出。通过调研发现，目前上口村每年每人医疗保险报销上限为3000元，许多老年村民、残疾村民对这个报销金额持有较大的意见，认为报销额度过低，自身承担的医疗费用过高，生活难以为继。因此，上口村在民生改善方面的确存在较大的压力。目前，上口村在民生建设方面投入的资金力度相对较大，在扶贫扶低等领域都有一定的作为。民生问题的改善和解决是上口村未来发展的重中之重，也是"美丽乡村"建设的基本要求。因此，除了请求上级的财政拨款与支持，上口村还应该通过发展产业，促进经济的发展，为村民创收，只有这样才能从根源解决民生问题。

（四）生态建设

在"美丽乡村"建设过程中，上口村在生态方面进行了一定的整治。上口村属于半山区村落，周边山地地形环绕，林业较为发达。为了保护生态环境，上口村开展了护植、护山等工作，并实行了退耕还林政策；同时，由于地处文化遗产明十三陵的保护区内，上口村取消了养殖业。目前，上口村整体的生态环境优美，森林覆盖率高，空气清新。

但同时，上口村在生态方面面临着缺水的重大问题，村里河道干涸，对整个上口村发展旅游经济造成重大的困扰。另外，村里的基础设施建设水平较为落后，村里的道路狭窄、崎岖，路灯较少，房屋残破，人居环境较为一般。因此，建议上口村在未来"美丽乡村"建设的过程中，重点考虑、解决河道干涸问题，改善水资源稀缺的问题，保障上口村好山好水的生态特色，同时也要进一步提高村里的基础设施水平，改善村民的人居环境。

图 4　上口村干涸的河道

（五）文化建设

在文化方面，上口村具有一定的历史文化开发资源，主要有马武寨遗址、明长城遗址，以及关帝庙、九圣（神）庙、南庵庙三座古庙；另外，上口村还是革命老区、华北野战军根据地，具有红色文化积淀。

但从调研情况来看，上口村在历史文化、红色文化等方面的开发力度较小，对于马武寨遗址、明长城遗址、古庙等历史文化资源，甚至没有进行专门的保护，文物和遗产保护意识较弱。另外，上口村作为"上口民俗村"，在民俗方面的工作并未落实到位。通过对村民进行访谈调研发现，受访村民均未参加过上口村组织的特色民俗活动。因此，在未来"美丽乡村"建设的过程中，建议上口村可以对拥有的历史文化资源进行适当的保护与开发，同时组织一定的民俗活动，强化上口村的文化特色。

（六）乡村治理

在"美丽乡村"建设过程中，上口村在乡村治理方面也展现了一定的特色。在乡村用地方面，通过土地流转政策，上口村村民的耕地多承包给第三方经营。在目前的乡村规划设计上，针对老龄化现象严重这一问题，上口村计划发展康养产业，申请建立老年驿站，主要解决村里老年人的吃饭和看护问题。未来希望上口村在乡村组织、规划设计、产权制度、社会参与等方面能有进一步的完善和发展，从而提高上口村的乡村治理水平，进一步完善"美丽乡村"建设。

总体而言，目前上口村的"美丽乡村"建设水平相对较低、发展基础较弱，但仍存在把生态环境优势转为经济优势的发展潜力。作为特色保护类的村落，上口村在未来"美丽乡村"建设的过程中，应该进一步完善基础设施建设，发展集体经济，同时坚持生态保护型的发展模式，发挥生态环境优美、森林资源丰富的优势，突出田园风光和乡村特色，同时加快产业结构调整，借助优美的自然生态景观和历史文化底蕴，发展户外登山、民俗接待等，推进"马武寨驴打滚宴"民俗旅游发展。

四、关于"美丽乡村"建设的思考

（一）保持乡村乡土性，合理利用乡村的文化基因

在对乡村进行建设的过程中，要始终把保护好当地特色文化放在第一位。一个乡村在历史沉淀下所形成的文化遗产和遗存、独特的风土人情等，都是其拥有独特文化魅力的根基。因此，保持乡村的乡土性，保护好并合理利用该乡村独特的文化基因，对于"美丽乡村"建设来说至关重要。建设美丽乡村，关键不在于短视的经济层面建设，而在于文化建设，在于是否能继承好并长久地将当地的独特文化魅力利用、发扬下去。建设美丽乡村不同于建设美丽城市，要坚持"村要像村"。在乡村建设中，需要在保护传统村落文化、保存原始风貌和生态肌理、保留乡村社会价值体系和集体情感记忆的基础上，深入发掘乡村背后的故事和文化基因，并运用现代手段，打造乡土的、健康的、休闲的、历史的乡村，使乡村成为守望乡愁的重要场所。

首先，要对该乡村所拥有的文化资源进行收集整理和综合评估，考虑文化资源的可利用性。如今，很多乡村都利用自己当地的文化特色将乡村建设成为旅游目的地。以上口村为例，可以结合驴打滚文化，发展以驴打滚为主的民俗旅游。在对该文化资源加以利用时，要选择适当的市场化手段，积极寻求农业与文创、农业与旅

游共创共享等发展模式。

对于旅游资源丰富、旅游基础较好、在乡村旅游发展等方面具有较大潜力的乡村，村干部要高度重视，突出地域特色，开发好生态资源，在现有的建设基础上不断完善乡村旅游基础设施，总结经验，提升服务管理水平，使旅游服务规范程度和游客的满意度得到大幅提升。

其次，要把"美丽乡村"建设与特色富民产业培育、生态文明建设、文化旅游建设、环境卫生综合整治等相结合，凸显地方特色，借鉴先进经验，真正打造出有品位、上档次的"美丽乡村"。同时，要引导、鼓励村民积极参与到乡村振兴各项工作中，发展农家乐、民俗客栈、电子商务，大力推进旅游多样化、立体化发展格局，以乡村旅游开发促进农村经济发展、促进农民致富增收，为坚决打赢脱贫攻坚战、同期实现全面小康奠定坚实的基础。

除去上口村发展的农家乐路线，还可发展采摘园、观光园等多种路线。例如，位于福建省福清市的一都村，瞄准市场需求，发挥资源优势，突出产业特色，创新发展模式，以乡村旅游和果林经济双引擎带动经济发展，在建设美丽乡村上卓有成效。浙江省湖州市的泗安镇二界岭村，积极推进产业振兴带动乡村振兴的发展模式，推广杜鹃花、樱桃、薰衣草等特色种植，在主要道路两侧及观光园内种植了1000多亩100多个品种的杜鹃花，吸引各地游客前来观赏，打造一年四季都可观赏游览和采摘的美丽乡村"花果园"，通过农旅结合的方式助力农民增收。

对于以农业发展为基础的乡村，在重视农业发展的基础上，发展新产业、新业态，促进农村第一、第二、第三产业融合发展。党的十九大报告指出，构建现代农业产业体系、生产体系、经营体系，促进农村第一、第二、第三产业融合发展。要以绿色发展理念为引领，转变农业发展方式，实现农业提质增效，大力推进农业现代化。产业是乡村发展的根本，要找准产业，重点要基于更高效、更生态、更智慧的农业；还应注重高附加值的农产品的生产和加工，延伸农业产业链；同时，针对有工矿、商贸、旅游基础的乡村，要充分发挥其资源优势，推进农业与新工业、互联网、旅游、养老等深度融合，建设现代农业公园等新业态，但应注意不要村村搞旅游，村村搞工业。

最后，在开发利用当地文化资源的同时，要注重对该文化资源的保护。当前，不少乡村建设了村史馆、乡村记忆馆等，馆内收藏陈列各类具有当地文化魅力的展品或者书籍。这些都是保护当地文化资源、传承当地文化基因的有效手段。

（二）培养专业的乡村建设队伍，激活乡村力量

上口村面临着当前大部分乡村面临的一个现状：村里大学生数量少且返乡比重小。乡村缺少年轻专业的建设力量，老龄化严重甚至出现空心村的问题，乡村建设面临困境。

"美丽乡村"建设不能一味伸手向国家要经费，而是要在乡村内部形成一支专业的乡村建设队伍，改变当下乡村建设单纯靠政策福利"输血"的现状，大力培养乡村自身的"造血"能力。党的十九大报告指出，要加强农村基层基础工作，培养造就一支懂农业、爱农村、爱农民的"三农"工作队伍。顺应"美丽乡村"建设的新定位、新要求和新机遇，加大农村基层干部培养力度，充分发挥基层党建的引领作用和村集体、农民的主体作用，积极搭建新乡贤与乡村社会结构有机融合的平台，构建兼具乡土性与现代性的现代乡村治理模式。乡村振兴不是简单的给予式的帮助，要把乡村人的利益考虑好，多培养乡村能人，多给予政策支持，调动他们的积极性和热情；要把"老乡"的思维方式摸透、弄清楚，遵循他们的思路去引导，自下而上、上下联动，从而激活乡村自身的造血能力。

例如，陕西袁家村在两代村书记的带领下，经历了"从农到工，又从工到游"的转型，实现了从"烂杆村"到"标杆村"的蜕变。袁家村在郭占武书记的引领下，实施旅游兴村战略，十年磨一剑，走出了一条独有的"吃—住—产"的乡村振兴之路。同时，在村党支部、村委会领导下，袁家村组织搭建了农民创业平台、成立了农民学校、建立了农副产品合作社，为每一个村民提供了平等参与乡村经营的机会，充分激活村民积极性。村委还制定了乡规民约，要求每家商户诚信经营，保持淳朴的乡风民情，进一步保障了乡村的可持续发展。

（三）吸引社会力量参与"美丽乡村"建设

建设美丽乡村，既要发挥政府的主导作用、依靠农民自己勤奋劳动，更需要全社会的关心和支持。各种社会力量的参与和支持，是"美丽乡村"建设的重要力量和重要资源。鼓励和引导社会资金和技术力量参与新农村建设，注重做好"三个相结合"，一是与农村综合改革和扶贫相结合，二是与提升新农村建设水平和加强农业农村环境整治相结合，三是与乡村经营管理相结合，吸引和集聚土地、资本、科技、人才、信息等现代要素，全面激活市场、激活要素、激活主体，形成农业农村经济发展新动力。

上口村依靠北京高校的帮扶，有效结合当地发展资源及区位条件，确定发展路线，契合"美丽乡村"建设中"一村一品"路线，获得了较好的建设成果，也体现了社会力量对"美丽乡村"建设的重要性。

结　语

改革开放以来，中国在大跨步地发展，城市的建设和发展迅速，人民生活水平不断提高，但不可否认的是，乡村地区的发展则相对滞缓。

从整体上看，上口村目前已经完成了脱贫工作，尽管"美丽乡村"建设水平仍相对较低，发展基础较弱，但是已经摸索出了一条适合当地的驴打滚农家乐的发展路线，正在争取把生态环境、历史文化资源等优势转为经济优势。上口村正在进一步完善基础设施建设，发展集体经济，加快产业结构调整，借助优美的自然生态景观和深厚的历史文化底蕴，发展户外登山、民俗接待等产业，推进"马武寨驴打滚宴"民俗旅游发展，从而满足村民对美好生活的需求。希望更多的乡村能够借鉴上口村的经验，找到有特色的、适合当地的发展方向，从而提高"美丽乡村"的建设水平。

下篇

乡村振兴京外寻芳

重建村社共同体与三生共赢，让农村建设得更像农村

——郝堂村"美丽乡村"建设调研报告

■ 方钰洁

一、郝堂村基本情况

（一）地理人口

郝堂村位于河南省信阳市平桥区五里店办事处东南部，全村面积约20.7平方千米，是平桥区面积最大的一个村，下辖东郝堂村、西郝堂村、贺坡三个自然村，共18个村民组，总计620户，2385人。

地理交通方面，郝堂村地处信阳境内，距主城区约20千米，西边紧邻浉河区，南边与罗山县接壤，是豫南地区的一个典型山村，呈两山夹一沟地形，外围有多条国家主干线经过，如石武高铁、宁西线铁路西合段等，乘高铁直达主城区后转大巴约30分钟车程即可到达。村庄距南阳姜营机场仅1小时路程，通航便利，区位整体交通条件良好。

（二）自然环境与农业概况

自然环境方面，郝堂村位于大别山余脉的浅山区，属于亚热带向暖温带过渡区，海拔在95—120米之间，地势起伏较大，年平均气温15℃，年平均降雨量900—1400毫米，空气湿润，相对湿度年均77%，四季分明，雨热同期且降水量充足。全村山林2.2万亩，林地资源丰富，森林覆盖率达到33%，人均山林面积大，百年树龄的榆树、臭椿、枫杨、板栗树较多。村民主要从事种植业和畜牧业，农业种植基本以小麦和水稻为主，农田共1900亩，其中拥有水田面积1.27平方千米，茶树、板栗等经济作物约13.33平方千米。主要经济作物有茶叶、板栗等，且农产品丰富，盛产葛根、莲藕和蜂蜜等。此外，郝堂村还拥有国家级野生猕猴桃保护区。

（三）历史遗存与文化资源

郝堂村原名"候堂"，建村历史悠久，最早可追溯到明洪武至永乐年间，以洪洞县候姓兄弟为代表的村民因家境贫寒而逃荒至高皇庙村寨墙西河安家落户，形成候堂自然村。1958年，国家加大煤炭资源开采力度，在候堂村北建煤矿——候堂矿，后因煤炭开采导致村庄土地塌陷，原址向南迁移至现在位置，并在2000年正式更名为"郝堂村"。

郝堂村不仅有陈善同故居、叶楠白桦文学馆，还有大鼓书、皮影戏等省级非遗项目，被河南省设立为非遗主题游线路起点之一，其中"郝堂民俗文化村"活动项目已被录入"十三五"国家文化和自然遗产保护利用设施建设项目储备库。

（四）"美丽乡村"建设成果

通过十多年的乡村建设项目的开展与实施，郝堂村的面貌发生了翻天覆地的变化，具备了"乡村振兴"要求的基本条件，不断向美丽乡村靠近。郝堂村于2013年被住建部列入全国第一批12个"美丽宜居村庄示范"名单，于2014年入选"中国最美休闲乡村"，2015年荣获住房和城乡建设部"2015年中国人居环境范例奖"。2017年2月9日《新闻联播》播出《郝堂村：建造宜居的村庄》，展示了郝堂村在"美丽乡村"建设之路中的显著成绩。

二、郝堂村的"美丽乡村"建设现状

（一）经济建设

郝堂村大致经历了从农业主导模式到田园综合体模式的产业转型升级过程。在进行整体规划建设前，农业为郝堂村主导产业，是除外出务工村民外其他村民的主要收入来源。后来随着郝堂村村庄环境、村容村貌、基础设施的改善，游客数量增多，区乡两级政府因势利导，以此为基础着力发展郝堂村第二、第三产业。此外，郝堂村还创建了村庄内置金融体系，实现了村庄内部信用变现，缓解了农民融资难的问题，为"美丽乡村"建设、后续维持和经营提供了良好的资金保障。

如今，郝堂村在产业上已发展为田园综合体模式——以村民利益为核心，以产业升级为驱动，以实现三产融合、产农融合为目标的乡村综合发展新模式。[①]郝堂村将特色农业产业与旅游服务业联动发展，通过以第一产业为基础，将其三产化，即"农业服务业化"的方式，促进了村庄经济和村民收入的提高，使村集体资产在

---

① 王丽娜，吴国玺.田园综合体模式对乡村规划的启示：以信阳市郝堂村规划建设为例［J］.许昌学院学报，2018，37（2）：16-20.

不到两年的时间内增加到2000万元。[①]2015年，郝堂村总人口为2154人，村民人均年收入达1万余元，外出务工经商人口100余人，500多人已经返乡在本村就业、创业。郝堂村乡村旅游人数已达55万人，旅游收入超1500万元且近年来此数值一直呈稳定增长态势。

（二）政治建设

郝堂村的"美丽乡村"建设工作集合了村"两委"、镇政府、市政府，以及中国乡村建设研究院（简称乡建院）、北京绿十字、专家团队等多方力量，是一个具有公益性质的，政府、村民、社会团体共同参与的复杂工程。在这一过程中，郝堂村成功构建了多元化的有效治理主体，促使政府、村"两委"、社会组织之间形成了以实现村庄最大利益为共同目标，具有共同价值观，互相支持、互相制约的稳态治理格局，提高和完善了自身的治理体系和治理能力，进而推动形成了一个多向自给、可持续发展的美丽乡村。同时，郝堂村充分贯彻了以民为本的理念和民主的决策机制。凡是乡村建设中的重大决策，村"两委"都积极号召村民参与，提出意见和建议，采用民主集中制的方式共同协商制订实施方案，让民众享有充分的自主权，同时还构建了顺畅的沟通机制，村民有好的想法或者对改造有不满意的地方可以直接找村"两委"进行协商。

（三）文化建设

公共文化与教育设施方面，学校师资按城区学校标准配置，儿童就近入学并享受优质教育；在村内建设村图书馆、文学馆、农家书屋、古柳广场、银杏广场、村民礼堂、茶社、大戏台等公共场地与设施，为村民搭建休闲娱乐、联络感情、融洽邻里关系的良好

[①] 瞿萍，张贤裕．乡村振兴的探索与实践：以信阳市郝堂村乡村建设为例 [J]．中共郑州市委党校学报，2019（1）：65-69．

平台，提供丰富的精神食粮；开展"健康服务进家庭"工作，区、乡、村三级项目工作人员分组走村入户，通过以妇幼健康知识、慢性病防治、亲子教育等为主题的数十场健康宣传活动为村民传授健康理念和健康知识，建立了由人口计生系统牵头，多部门合作、社会公众积极参与的可持续健康服务机制；郝堂村在自然景观附近修建禅茶院、唐茶驿站、陆翁茶馆等，茶社里有村民讲解郝堂茶文化，并且提供了采茶、炒茶、品茶的一站式茶文化体验。郝堂村干部带领村民在自家前庭后院种植梅兰竹菊，营造舒适的茶文化环境，这些努力使得郝堂村的茶文化也逐渐在外地传播开来。

（四）社会建设

当地政府采取整合涉农项目资金、打捆集中使用的办法，以持续发展为基本理念，大力开展各类公共服务设施建设工程。

生产生活基础设施方面，郝堂村先后整修村内外路网23千米，架桥9座，道路采取主路铺柏油、村间小路垫沙石的方式修建，打通了郝堂至震雷山风景区的旅游循环路，拓展了该村的发展空间。

公共卫生设施方面，村卫生室功能齐全，与区、乡医院联网，村医经统一培训，实现职业化，村民看病凭卡就医。

社会保障设施方面，村居家养老中心服务形式多样，配有专业护理员，村里老人可以以很低的价格在养老中心吃住、进行休闲娱乐、接受免费定期体检、接受义诊，在本村本土得到良好照顾。

（五）生态文明建设

生态景观方面，郝堂村在保持原有空间格局的基础上坚持不批新宅基地、不占用耕地的原则，修复原生态的自然景观。生态环境建设设施方面，郝堂村建拦水坝13座，清理整治河道7000米，又引进生态除污技术，建起了村庄集中无动力湿地污水处理系统1

座、家庭湿地污水处理系统5座。环保建设方面,郝堂村积极实现人文建筑低碳节能,每家每户建设沼气池、生态厕所,粪便进入沼气池经过发酵后产生的能量为村民供电、供暖等,实现了变废为宝;建设垃圾回收站,推广垃圾分类,道路两侧设有垃圾桶,为每家每户配备垃圾桶,并有专人在固定的时间清理生活垃圾;建立垃圾处理中心,将垃圾分类处理,一部分垃圾作为化肥重新利用,另一部分不可回收的垃圾焚烧过滤后排放;引导村民增强卫生环保意识,定期的卫生评比使村民逐渐养成了搞卫生的习惯,使郝堂村的面貌焕然一新。[①]

三、郝堂村改造前存在的问题

(一)以第一产业为主的单一产业形态

在改造之前,郝堂村的产业结构非常单一,第一产业占据了绝大比重,这其中主要包括以榆树、臭椿、枫杨、板栗树为主的林业,以小麦、水稻为主的种植业,以及以茶叶、板栗为主的经济作物。此外,郝堂村的畜牧业发展程度较低,主要是村民以家庭为单位的家猪饲养。

郝堂村在开始城镇化建设之前,是一个闭塞、破败的小山村。交通的闭塞,使郝堂村缺乏与外界的交流互通。仅仅依靠单一的第一产业,又缺乏与外界的沟通和经验借鉴、产业引入,使郝堂村难以保持稳定的生产收益。

此外,郝堂村的第一产业和其他诸多乡村一样,缺乏自己的特色,也缺乏对"原种"产品的培育,因而没有形成自己的品牌和

---

① 建设美丽乡村的范本:信阳市平桥区郝堂新村观察[EB/OL].(2014-08-07). http://newpaper.dahe.cn/hnrbncb/html/2014-08-07/content_1124888.htm.

市场认可度。唯一具备一定品牌影响力的是郝堂村所处信阳地区所产的毛峰茶叶，然而郝堂村对于其茶文化的包装，以及创意产品开发、市场潜力发掘做得还有所欠缺。

（二）基础设施与环境存在的问题

1.村庄建设规划布局不合理

郝堂村的建筑由于没有合理的布局，多是随意无序的建设，村中的一些小型工厂占用耕地面积，导致土壤有机质含量降低，耕地面积受影响。村民建筑缺乏合理的规划设计，质量参差不齐，加上地形条件的限制，住宅多分散，仅有少部分住宅集中在一起，不仅使得村民沟通交流不便，而且造成了大量的土地浪费。近几年出现的一些新建筑，有些是旧建筑拆除重建，有些是在新的宅基地上建设。这些建筑缺乏整体的规划布局，建造年代不同、建设风格不一、建筑色调不同。有些古老的建筑由于年久失修，破损严重。郝堂村中古老的建筑具有浓重的豫南特色，民宅如火柴盒似的，但是由于先前的乡村建设缺乏合理的规划，导致具有个性化的景观要素未能充分展现出来。

2.村庄道路不通畅

郝堂村内道路网系统尚未完善，除了主要的交通干道为硬化路面，其余的都是土路，道路普遍狭窄，主干道宽3.5米左右，次干道宽3米左右，对于村中的交通运输工具通行十分不利。村民的主要交通工具有摩托车、三轮车及农机车，部分主要交通干道由于缺乏适当的养护，出现坑坑洼洼的状况，雨天坑洼路积水影响通行。村中的土路或者自然形成的植被道路，晴天车辆路过尘土飞起，影响后面车辆视线，阴天泥土路湿滑，行人、车辆都受影响。村庄道路建设难度较大，既要拓宽路面，做好路面的加固、维护和修缮，还要保留村路风格。

3. 村庄环境差

在乡村建设之前，郝堂村一派凋敝的景象。村中的年轻人都外出打工，留下行动不便的老人及尚未懂事的小孩。村中垃圾成堆、污水横流，有些道路被垃圾堵塞。由于劳动力的流失，留守在村中的老人行动不便，家家户户将垃圾堆积在门口或者干枯的河道及村中的建筑设施中，由于建筑年代较为久远，年久失修，风吹日晒，有些房屋已经摇摇欲坠，成了危房。

（三）尚不完善的生态循环体系

改造前，郝堂村的排水、排粪和垃圾分类设施建设不够完善，没有构建起一套生态循环体系。在排水方面，郝堂村具备了相对稳定的供水条件，但是没能把供水和排水有效结合，河道的整治和疏浚不够完善，导致水系没有形成环绕村落的网状格局，引发了一定程度的排水不畅。

在垃圾处理方面，首先，没有构建起完善的排粪和垃圾分类体系，村民聚集的乡间道路没有摆放垃圾箱，没有设置固定的垃圾处理点，村民多将生活垃圾堆放在河道中，导致河道堵塞。使用完的农药化肥瓶罐、垃圾袋、电池等被随意丢弃，不仅给村民的身体健康造成隐患，更是严重破坏了村庄生态环境。其次，饮水设施不完善，村民饮水主要依靠村中的几口古井，采取压井取水的方式，遇上阴雨天村民取水颇为不便。此外，郝堂村的荷塘、茶园、稻田等也没有形成生态、有机的农业环境，缺乏整体的统筹和生态循环体系的构建。

（四）有待改善的乡村人文风貌

由于近30年来，郝堂村缺乏对建筑设计的整体规划，村民在房屋建设方面具有很强的随意性，造成对村民日常生活的不良影响。院落内部也经常出现随意堆放的破砖烂瓦，建筑的形制不够美观，影响了乡村整体人文风貌。随后，村民开始有意识地想要改造住房建筑，但在改造房屋方面具有比较强的盲目性，往往是看到其他村民改造房屋，也主动提出改造房屋，但具体对于房屋如何改造，缺乏合理的规划和科学的认识，对于建筑艺术和建筑与自然的结合就更加缺乏理解。村民对专家具有很强的依赖心理，但是由于不能清晰地向专家表达自己的住房改造需求，因而无法让专家根据自己的需要设计出合理的房屋改造方案。

同时，长期以来郝堂村缺乏一些文化方面的基本公共服务设施，比如书院、小学等，村史馆的建设也有待提高。乡村"人脉不畅，文脉不通"，乡风整体呈现出较为萎靡不振、缺乏活力和凝聚力的态势。

（五）系列社会问题

1.村民观念过于保守

郝堂村的村民崇尚风水。学校的大门对着厕所、"风生水起"的石碑竖在学校和厕所之间等乡村建设中的一些格局问题，在村民的意识中都被概括为风水问题。在北京绿十字、三农问题专家和建筑专家初步调研乡村状况时，就发现在与村民沟通过程中，只有通过探讨风水问题，才能构建起彼此的信任。

2.土地资金流转不畅

郝堂村村民贷款面临十分现实的难题。村民一年有大笔资金存入银行，但是却不能从银行贷款。因为村里的土地属于集体财产，房子和农田即便交给银行也无法进入市场，所以不能获得贷款。

3.社会保障制度不完善

劳动力流失所造成的直接影响就是孤寡老人占村人口总数的比例增加，而郝堂村又缺乏配套的养老服务和养老金融体系，许多老人的养老问题无法解决。同时，郝堂村的小学建设得很不完善，孩子的基础教育无法得到保障,给村庄的未来蒙上了一层阴影。

4. 乡村治安秩序不稳定

乡村不完善的产业体系和公共服务体系,以及村民与干部之间信任的缺失,导致许多精壮劳动力外出打工谋生。这些外流人员中的一部分又由于无法谋生,成为三无人员、不法人员而再次返乡,对乡村的治安和稳定造成了极大的威胁。同时乡村建设长期引入外部专家和施工团队,外部力量与村民在观念、意见上的不和也极大地威胁了村民对自己生活持有的安全感。

四、郝堂村的建设发展路径与历程

郝堂村的发展历程,可以根据郝堂村试验内容与侧重点的不同,划分为两个阶段:第一个阶段是2009—2011年,以"夕阳红养老资金互助合作社"的内置金融为核心、以"四权统一"(产权、财权、事权、治权)和"三位一体"(经济发展、社区建设、社区治理)为主要特征的村社共同体重建试验,此阶段工作主要由三农问题专家、乡建院的李昌平负责。第二个阶段是2011—2013年,以"郝堂茶人家"建设为契机,探索适应逆城市化趋势建设的"三生共赢"模式,即生产生活生态共赢的、农村农业服务业化的新农村建设试验。此阶段主要由著名画家、乡建院的孙君负责。[1]

(一)村社共同体重建试验阶段(2009年9月—2011年5月):以创建发展"内置金融"为核心

1. 信阳市成为河南省农村改革发展综合试验区

2009年4月,河南省委、省政府批准信阳市为河南省农村改革

---

[1] 王磊,孙君,李昌平.逆城市化背景下的系统乡建:河南信阳郝堂村建设实践[J].建筑学报,2013(12):16-21.

发展综合试验区，主要内容包括创新农村资金投入的体制机制、创新农村组织建设和民主管理的体制机制等八个方面。郝堂村也被选为试点村。

2.内置金融资金互助模式为郝堂村的"美丽乡村"建设奠定经济基础

（1）政府、乡建院、村"两委"协作制订启动乡村治理创新试验方案。

2009年的郝堂村同大部分经济欠发达地区的村庄一样，均呈现出一派凋敝的迹象。2009年9月，时任信阳市平桥区区长王继军邀请三农问题专家李昌平在平桥区选择几个村开展内置金融及土地抵押贷款试验，李昌平欣然答应。在前往郝堂村考察后，李昌平认为，资金要素短缺是农村发展乏力的重要因素，而农村资金外流主要是因为现有的金融体系不适应农村的集体土地所有制，农民的主要资产——土地和房屋难以在正规部门实现抵押贷款，导致资金要素大量流出农村，农民因为贷款困难而缺乏投资能力。因此，李昌平提出，应以农村现有经营制度为基础，建立以村社为边界、封闭运行的"内置金融"服务体系，将农村自有资金留在村社内部，作为撬动农村其他资源、激活农村发展动力的杠杆。

于是，李昌平提出他自带资金5万元，政府出资15万元，作为种子资金。优先让老人入社（每个老年社员资格股金2000元），组建一个养老资金合作社（种子资金永远不要回报、永远留在村里，做得好还增加种子资金），由老人给年轻人发放贷款，实现"资金互助促发展，利息收入敬老人"。时任郝堂村村主任胡静欣然接受。李昌平为了将村内精英纳入合作社的利益共同体，扩大合作社的群众基础，整合村庄所有成员的利益，向村主任胡静提出了一个条件：本村要有5—7个乡贤（胡静必须是其中之一）参与，每人出资2万元入股合作社，3年不要利息（利息敬老）。胡静爽快答应，并随即开始动员在外经商多年的几位村民，短短4天时间就完成了李昌平交代的任务，找到了包括她自己在内的7名乡贤加入合作社，每人出资2万元，共计14万元。李昌平看到郝堂村"两委"的动员能力不错，决定在该村开展试点，开始推动以夕阳红养老资金互助合作社为主线的乡村治理创新试验。①

（2）夕阳红养老资金互助合作社正式成立运转。

① 制定章程。

在具备了资金来源后，合作社组织体系和章程规定的搭建也正式提上日程。2009年9月，郝堂村确定"夕阳红"为养老资金互助合作社的名称，确立"资金互助促发展、利息收入敬老人"的宗旨，成立夕阳红养老资金互助合作社理事会和监事会，讨论建立章程。在判定"夕阳红"的章程与利润分配方案时，合作社没有直接照搬其他案例或凭已有认知先入为主确定内容，而是发挥了村民的自主性，由社员积极讨论了2天2夜才制订出来。

② 具体内容。

按照章程，村里60岁以上老人均可以入社，入社老人的股份作为优先股享受银行2倍的利息。第一，本村村民可以入股，把自己的资金投到合作社，享受资金的利息收入，利息比银行高一个百分点，股金上限10万元；第二，如果不想经营自己的土地，可以把自己的土地流转给村里成立的旅游开发公司，获得土地流转收益和增值收益；第三，可以向合作社贷款，解决自身发展存在的融资问题，村民贷款的条件比较宽松，只要有权属证明抵押，经理事审批，并且由2名以上入社老人担保，每个社员即可享受最多10万元的贷款。每位老人有5000元的担保额度，年轻人要多贷款，就要

---

① 张富治.郝堂村治研究：基于河南省信阳市"美丽乡村"示范点的实证研究［D］.武汉：华中师范大学，2017.

有足够多的老人愿意为其担保。另外，社会捐助的慈善资金也可以入股，但不参与红利分配。合作社规定其利润的40%用于老人分红，30%作为积累资金，15%作为管理费，15%作为风险金，发起人不分配利息。[①]

③ 运行成果。

合作社通过上述模式运行，资本规模不断增加，到2013年资金规模就超过了500万元。合作社创办初期只有15名社员，到2013年时增加到了300名，分红也从一开始的300元增加到了1000元。根据村落发展的状况及农民对资金的需求，合作社也在逐渐扩大资金规模，以优先股的方式定向向老人筹集，以增加老人的福利。成立夕阳红养老资金互助合作社后，村"两委"召开村民代表大会，通过村民代表表决成立了绿园生态旅游开发公司，向合作社贷款160万元，先后将农户的400多亩坡地流转至郝堂村村集体，由村集体统一建设新农村。新农村建设的土地增值收益归村民共享。通过这样的方式，郝堂村集体资产收入在不到两年的时间内增加到2000多万元。[②]郝堂村集体经济发展壮大，为郝堂村振兴提供了强有力的支撑。郝堂村通过由村民自己主导的夕阳红养老资金互助合作社建立"内置金融"模式，发展资金互助，在坚持农村集体经济组织的家庭承包经营为基础、统分结合的双层经营体制下，盘活了村集体资产，促进了村庄各种生产要素金融化，壮大了村集体经济，使村民获得了分红收益，同时还提高了老人的养老收入，为后续的"美丽乡村"建设奠定了经济基础，增强了乡村持续发展的内生动力。

---

① 张富治.郝堂村治研究：基于河南省信阳市"美丽乡村"示范点的实证研究［D］.武汉：华中师范大学，2017.
② 瞿萍，张贤裕.乡村振兴的探索与实践：以信阳市郝堂村乡村建设为例［J］.中共郑州市委党校学报，2019（1）：65-69.

（二）新农村建设试验阶段（2011年3月—2013年底）：以创建发展"郝堂茶人家"项目为核心

2011年开始，在李昌平的引荐下，北京绿十字入驻郝堂村，郝堂村的"美丽乡村"建设随之进入第二个阶段，村庄面貌和经济形态开始发生巨大变化。

1. 当地政府积极寻求与北京绿十字的合作

郝堂村所在地区的基层政府始终发挥其主动性，多次主动向孙君带领的北京绿十字发出邀请，积极寻求合作，为"美丽乡村"建设寻找出路；面对北京绿十字对项目合作标准的严格考察，积极调整政府规划，为该组织提供最有利于发展项目的一系列条件，让其可以根据自己的考核标准自由选择可以开展项目的村庄，并减少标准限制和政策干预，最终促成了"郝堂茶人家"项目合作。根据"郝堂茶人家"项目负责人孙君的自述，选择承接郝堂村建设项目的主要原因包括：一是区领导班子稳定，2011年3月，区长王继军出任区委书记，保证了政策的持续稳定，避免了因领导调离而导致项目失败的风险；二是郝堂村"两委"班子关系处理得不错，且五里店办事处党委和政府特别注意该村"两委"班子的团结，确保了项目能够得到有力执行；三是有李昌平等专家学者的积极参与，为项目实施提供了宝贵的社会资源；[1]四是经过考察，孙君发现郝堂村村干部具有一定的威信，村子具有可发展的基础和潜力。

2. 确立"郝堂茶人家"的项目理念：把郝堂村建设得更像农村

2011年3月，"郝堂茶人家——平桥区深化改革实验区项目"正式立项，它是由平桥区人民政府立项、五里店办事处实施、北京绿十字负责协调、郝堂村村民为主体、郝堂村村委会主导、社会各

---

[1] 张富治.郝堂村治研究：基于河南省信阳市"美丽乡村"示范点的实证研究[D].武汉：华中师范大学，2017.

界参与的乡村建设实践活动，是一个集系统性、合作性、社会性于一体的"美丽乡村"建设项目。2011年4月，河南省以实施"郝堂茶人家"为载体，展开新农村建设试验。"郝堂茶人家"以共赢为目标，旨在把郝堂村建设得更像农村，把生态建设的理念融入政治、经济、文化、社会建设的各个方面，在逆城市化趋势下实现农村农业服务业的"三生（生产、生活、生态）"，探索出适应农村发展的新路径。在第一个阶段，政府的扶持及"内置金融"的方式为郝堂村积累了足够的乡村建设物质基础，因此，郝堂村在这一阶段主要是进行乡村生态建设，修复乡村文化。同时，孙君及其项目团队在"郝堂茶人家"项目建设过程中，试图通过倡导村规民约、强化村"两委"会的权力，以及重构乡村核心来构建郝堂村乡村建设的系统性。不仅要从硬件建设入手，完成道路、房子、店铺、学校、会堂等有形的基础设施建设，还要从软件建设入手，实现村民的生产方式、生活习惯及精神状态的改变。只有村民自身发生改变，才能实现乡村的真正转型与发展，这是"郝堂茶人家"项目建设初始整个团队最重要的构想，也是当下中国新农村建设需要重视的地方。

按照此计划，郝堂村要做成中国新农村建设中的精品，需要平桥区人民政府提供财政资金500万元，国家项目资金3000万元，项目总预算3500万元。然而，项目在实际运作过程中的开支已经远远超出了当初的预算。项目建议书经由区委书记、李昌平和其他各社会组织代表讨论后通过，随即进入项目实施阶段。在这一阶段，郝堂村围绕"美丽乡村"建设做了许多方面的工作，使村庄整体面貌发生了翻天覆地的变化。

3."郝堂茶人家"项目的具体措施

（1）修复乡村经济生态系统。

经济基础决定上层建筑，只有发展好乡村经济和产业，提高农民的收入，才能为未来的"美丽乡村"建设与发展积累资源和奠定可持续发展的基础。因此,"郝堂茶人家"项目决定从发展有机农业、推广乡村旅游、建立农村金融等三个方面来修复乡村经济生态系统。其中建立农村金融已经随着乡村建设第一阶段中的夕阳红养老资金互助合作社的成功运转基本完成。

① 充分利用自然资源,开发信阳原种茶,发展有机农业。

郝堂村是一个丘陵山区村落,其邻村佛山村是著名的信阳毛尖(茶)的原种茶十大培养地之一。一方面由于土壤、气候、水温等因素的改变给该地区茶叶生态环境带来了影响;另一方面受到市场需求,以及数量重于质量、金钱重于信誉等营销怪论的诱惑,这里的信阳毛尖从生产技术到制作工艺都已逐渐背离传统的生产方式和加工制作技术,使信阳茶叶的信誉和知名度日趋衰落,销售渠道也日渐减少。面对这种现状,"郝堂茶人家"项目决定以推广信阳有机茶叶为契机,在郝堂村开展有机农业的乡村实验。一是推广信阳茶叶的有机栽培技术。孙君及其乡村团队重点强调要用有机农业的方法对信阳茶叶进行生产与加工,通过传统的生产工艺,如使用有机肥、以自然方法防治病虫害、人工除草、人工采摘、人工炒茶,杜绝任何人工化肥、农药、植物生长调节剂及化学食品添加剂来提升信阳茶叶的品质,恢复和扩大信阳茶叶的知名度。二是试种常用的几种有机食品。孙君及其乡村团队根据郝堂村民的饮食习惯及郝堂村发展乡村旅游业的产业调整规划现状,在郝堂村有机农业推广实验中,重点推广有机水稻、有机蔬菜及有机家禽养殖的技术,不仅可以达到减少村民食品安全隐患的效果,还能为村里的农家乐饭庄提供所需要的食材,通过就地销售节约成本并减少远途贩运的辛苦,使村民一举两得。更重要的是,有机食品价格明显高于现有种植方式生产出来的食物,有利于提高农民的收入水平。①

---

① 张富治. 郝堂村治研究:基于河南省信阳市"美丽乡村"示范点的实证研究[D]. 武汉:华中师范大学,2017.

② 建设景观农业，营造茶文化氛围。

在村小学里开设茶文化课程，购买一批符合"郝堂茶人家"文化氛围的精品茶具，在出村沿河两岸建设可观赏的50亩精品有机茶园，对原种茶、原种紫云英等本土作物进行保护，在村曹湾组建设500亩原种茶园基地，建立信阳十号优良品种繁育基地，进村道路两侧200亩农田全部种植紫云英，建设野生猕猴桃生态保护基地。

③ 积极提升乡村旅游业发展基础，为"美丽乡村"建设提供业态支撑。

乡村旅游作为一种新的农村产业，是推动乡村经济发展的重要途径，在当下的中国乡村普遍盛行开来。但在具体发展中，其又面临着如何在促进农民增收的同时不破坏村庄自然环境和社会风貌的问题。针对这一问题，笔者提出以下建议：

第一，树立"先生活后生产"的建设理念。"郝堂茶人家"项目决定充分利用郝堂村现有的景观、自然环境和建筑、文化等资源，将其定位为乡村建设而非乡村旅游，把"先生活后生产"放在第一位，始终强调"让农民有幸福感，让村干部有信心，让年轻人有就业岗位，让鸟儿能回来"。在孙君看来，只要做到这四点，郝堂村的乡村旅游市场就会自动打开，养老和宜居村庄也会自然形成，"三农"问题也会自然消失。郝堂村主要以乡村文化来提升农业品质，以文化与品质来提高农民收入。

第二，注重发展乡风民情与乡土建筑特色。"郝堂茶人家"项目充分重视建筑艺术在乡村旅游产业发展中的价值，决定将乡风民情的展示作为突破口，打造一批有豫南民风的民居建筑群。为此，以孙君为代表的乡村建设团队以郝堂村的红星组为中心，集中打造了一批具有传统豫南建筑风格的民居建筑群，如郝堂洪伟小学、龙潭茶人家、乡村银行、村民就业的手工坊、茶圣殿和20多家农家乐、新建的村民住房等，现在这里已经成为来郝堂村游玩的游客食宿的黄金地段。

第三，注重客源定位。郝堂村毗邻信阳城区，离武汉、郑州和北京等城市只有1—4小时的车程。项目团队基于这种现实，又考虑到客源定位的准确性对资源的利用效率和农民参与乡村旅游的积极性的影响，将郝堂村的客源定位为短途、城市周末休闲观光客，决定以打造周末乡村体验、休闲游玩客源地为优先选项，重点打造一批特色景观，如百亩荷花塘、环村道数千米紫云英观光带、国际自行车绿道，豫南民风小吃街（龙逸湾、好人家、乡土农家、枫林水岸、湘里香味）、老张山庄、龙泉山庄、郝家庄园、郝堂茶人家（岸芷轩）、小桥、溪水、草亭等，以及古民居风格的建筑，如三号大院（土坯房）、郝堂村村委会办公大院、中国乡村建设规划设计院、郝堂小学及昭庆禅寺等。这些景观和建筑现已成为来郝堂村游玩的游客必到的旅游景点。

第四，注重软硬件设施的提升。项目团队意识到通常旅游业所重视的酒店的软硬件设施建设与服务水准在目前乡村旅游业发展中是最普遍存在并需要高度重视的问题，它影响着乡村旅游产业的发展水平。在"郝堂茶人家"项目建设前，郝堂村便存在这样的问题：很多农家乐酒店基本没有独立的卫生间、进出门厅，没有像样的客房（没有卫生间、洗浴设施）、独立空间，私密性、卫生、安全性差，更不要说服务接待的基本礼仪和饭菜的烹调水平。因此，"郝堂茶人家"项目团队在郝堂农家乐酒店设计与建设过程中，除了注重酒店外观设计改造外，还重视酒店内部的装修，中原地区标准会客厅、乡村院落、水井、书房、厨房等一应俱全。从而推动了传统建筑营造方法与现代建筑建设方式的接轨，实现了由室外向室内舒适度的转型。

（2）健全乡村基础设施及生态循环体系。

一是修复传统民居，改善自然景观。在对房屋进行建设和改造的过程中，北京绿十字、平桥区人民政府、村委会和村民四方分工协作。其中，北京绿十字负责提供郝堂新村建设发展的整体思路，制订村庄整治发展规划，提出旧房改造的方案，提供各具特色的房屋改建图纸；平桥区人民政府负责此项活动的宣传、人员调配和资金筹措；村委会负责具体的施工组织；村民根据自己的意愿，提供义务协助。郝堂村村民如果有改造和新建住房的意愿，可以向办事处、村委会、村建中心提出申请，和专家一起合作设计图纸进行建设，同时对按照图纸改造的住户给予每平方米130元的补贴，对新建住房的住户提供5万—15万元两年期贷款贴息。截至2014年底，郝堂村共改造和新建民居130个，平桥区财政局共支援资金300多万元。

"郝堂茶人家"项目负责人孙君认为，中国当下的许多农民对城市建筑的盲目崇拜，使得中国一些地方的乡土建筑正在或已经具有了一种远离传统乡村但又无法复制现代城市的畸形美感。所以在"郝堂茶人家"项目建设过程中，还原乡土建筑价值便成为十分需要重视的建设举措。[1] 为了恢复豫南传统民居，孙君亲自前往古村落采风，造访擅长建造豫南民居的民间设计师，最终确定将"狗头门楼"和"清水墙"作为古民居修复的主要元素，同时还积极利用郝堂村随处可见的坍塌的土坯墙，生长茂盛的茅草、灯芯草和二月兰，随意丢弃的陶缸、陶罐，堆放在路边的木柴，靠在门后的自家扎制的扫帚，以及扔在路边的石磨盘等废物、旧物，着重对这些具有潜在景观价值的元素进行了规整与修饰，让它们以景观小品的形式出现并装点乡村的重要节点，形成具有独特风格与意境的景观环境。这些景观满足了参观者追求简单、返璞归真的情感需求，在人们心里留下了深刻的乡村景观的印象。[2]

---

[1] 张富治. 郝堂村治研究：基于河南省信阳市"美丽乡村"示范点的实证研究 [D]. 武汉：华中师范大学，2017.

[2] 卢伟娜，陈新林，孙君，等. 乡村景观建造思路探索：基于信阳市郝堂村的实践 [J]. 林业科技开发，2013，27（6）：131-135.

确定修复方案后,区政府出面为郝堂村村民争取到了200万元贷款,由政府全额贴息,期限两年,用于传统民居的修复、改建,每户额度10万元。同时,对于先建先改的10户人家给予每平方米130元补贴奖励,从而调动村民积极性。在社会组织和村干部的动员下,村民陆陆续续开始修复民居,很多村民家中设计了民宿、包厢,用于农家乐经营。截至调研期间,全村共有72户村民经营农家乐,带动200多人就业,农家乐已经成为郝堂村的支柱产业。据估计,尽管政府已经不再补贴民居修复,但目前郝堂村及周边改造和修建的传统民居已经达到100幢,总投资1亿—2亿元,很多信阳市的老板也瞄准商机前来盖房,各类度假、休闲养老中心拔地而起,可见郝堂村"美丽乡村"建设所带动的民间投资规模已经非常庞大。

郝堂村将大片稻田改造为荷塘,完成了孙君所设计的"荷塘月色"这一景观,旨在通过丰富乡村景观吸引更多游客。为了建造这一景观,村干部在不改变土地性质的基础上,从村民手中流转了83亩土地,每亩核算400斤水稻,按每年10月份的市场价格以货币形式付给村民租金;又从夕阳红养老资金互助合作社贷款20万元完成荷花种子的购买。

郝堂村开展了土壤、景观等方面的生态修复。大面积开发紫云英当作稻田的有机配料,为紫云英的生长繁育提供良好的空间,同时保护和优化自然植物群落。原来的河道被整修得笔直,搞护坡,种统一的景观树;现在改为保持河边自然景观,不搞护坡,保持原有河的形态,保持原有河道的植物野生群落,补充式地增加一些本地的树种。

二是进行大规模基础设施建设,健全生态循环体系。基础设施的差距最直接地体现了城乡二元体制造的隔离。在"郝堂茶人家"项目建设过程中,建设完善的基础设施是一项基础性工作,基础设施如果不能彻底改善，旅游业、茶产业的发展就会受阻，生态宜居也无从谈起。郝堂村的基础设施分为三类：

第一类是环保类基础设施，包括资源分类中心、污水处理厂。

郝堂村的村庄整治是从垃圾分类和环境整治工作开始的。硬件方面，村庄新购垃圾清理车4台，设立了4个村级保洁员公益岗位，建立了总占地面积190平方米的村集体资源回收中心。村委会联系相关科技机构，建立了家庭户用沼气池，帮助农民改水、改厕、改厨、改圈，建家庭水冲式三格化粪池卫生厕所，完成了100户家庭改水厕工程。其中，台湾著名建筑师谢英俊设计建造了尿粪分离式厕所，可以使尿液流入集尿装置，粪便进入集粪装置，减少排泄物与空气的接触，降低病菌滋生。同时，建立了占地面积2100平方米的人工湿地污水处理系统，通过采用雨污分流、民居化粪池、小型生物处理池、堰塘二次处理以及全村三级污水处理系统相结合的污水处理方法，用最经济简便的方式最大限度地缓解了农村水污染问题，促进了生态可持续发展。软件方面，村委会建立了垃圾分类清理制度、环境生态保护制度及森林防火制度等。

2011年4月，郝堂村召开村民代表大会，北京绿十字号召大家转变传统的生态观念和环保意识，并由村委会出台开展垃圾分类、环境整改的实施意见。通过村集体动员，村委会和志愿者的宣讲、引导，以及在村小学开展"小手拉大手"的特色卫生评比活动，推进垃圾分类，提升村民的环境卫生意识，从而改变村庄整体环境面貌。

村小学通过举办特色卫生评比活动——"小手拉大手"，让学校老师带领家家户户进行垃圾分类卫生评比活动，以脸盆、毛巾、床单等物品作为奖励，达到了鼓励村民建立并保持良好卫生习惯的目的，巩固了郝堂村的精神文明建设成果。此外，村委会还拿出资金聘请负责沿路打扫和每天打扫两种类型的卫生保洁员，工资分别为400元和600元，不仅可以让村里身体健康的老人发挥余热，还维护了村庄的环境。

郝堂村为了解决因生活垃圾和水污染导致的水源紧张问题，决定恢复和重建传统的乡村污水处理系统。一是修塘植荷。项目团队在村落地势较低处开挖一口面积达120亩的塘堰，用来种植荷花，通过水体自流方式使这里成为全村生活污水最终分解消化和洪水泄洪的地方。二是修建污水净化沉淀池，将宾馆、酒店、学校和其他公共设施中产生的大排量污水通过人工排灌的方式集中于此进行污水净化处理，并利用再循环的方式将处理过的清洁水返回到村子里作为农田和绿化灌溉用水，将沉淀下来带有大量有机质的泥土作为农田肥料使用，达到节约、环保的目的。三是修建家庭污水处理生态池。家庭污水处理生态池由"沉淀池"和"净化池"两部分组成，沉淀池下面铺有小鹅卵石，负责水体的初级净化，净化池中栽有水生花草，负责有用水体的再净化，这样通过二次循环流出的水就是干净清洁的饮用水了。为此，孙君及其乡村建设团队在每个新建或改建的农户院子里都设置了一个简易美观的污水循环系统。生态池造价100万元均来源于平桥区水利局的项目资金。[①]

第二类是交通设施，包括道路和桥梁。

郝堂村的道路和桥梁的建筑形制在"郝堂茶人家"项目没有实施之前与周边村落一样，道路是水泥硬化的路面，桥梁是所谓城市化建筑风格。项目团队认为这种所谓的现代营建方式既使得中国传统的营建方式逐渐被扭曲和消亡，又没有做到环保美观，更不利于农民的生产与出行。因此"郝堂茶人家"项目决定对道路和桥梁实施多样化的改造。在对道路路面进行改造时，团队强调要以不会破坏乡村环境，同时可以方便山区水系流动的碎石泥土路为主，同时

---

① 张富治.郝堂村治研究：基于河南省信阳市"美丽乡村"示范点的实证研究［D］.武汉：华中师范大学，2017.

结合多样性材质，对连接乡村的道路铺设水泥路面，对环村庄四周的道路铺设油渣路面，对村庄内部的主干道铺设碎石泥土路面，这样做不仅可以增加路面的透气性和透水性，延长道路的使用年限，还符合环保节约的原则。雨水通过路面碎石渗透的过程，实质上是一种水体净化的过程，因而具有环保功能；而碎石泥土路面中的建筑材料，可以就地取材，大大节约了建筑成本。据估算，碎石泥土路面的成本比油渣路面要节约40%以上，比水泥路面要节约50%以上。而且，郝堂村本来就是一个丘陵山村，建筑路面所需的石材存量丰富，极大降低了建筑成本。同时，团队在郝堂村桥梁改造过程中运用了美学原理，完成了七孔桥、二龙戏珠桥、放生桥、进村的双桥和桩桥等设施建设。孙君认为，一个好的桥梁设计，不仅要让这座桥成为方便人们出行的建筑体和提升村民审美情趣的媒介，还要改变原来简单粗糙的工程行为，更重要的是增加乡村旅游的景观性。

截至2015年底，郝堂村共新修柏油路6千米，水泥路15千米，总投资315万元，全部由新农村建设项目出资。同时，郝堂村还拓宽了8千米进村公路，将原有的一车道变为两车道，总投资2000万元，由区财政出资。

第三类是公共服务设施，包括图书馆、学校和公共文化空间（岸芷轩）。

图书馆：时任平桥区区长王继军在平桥区开展社会建设工程，主张由财政出资在每个村庄建设一个图书馆，以丰富农村的文化生活。郝堂村的图书馆建在村小学内，藏书2000余册，这些书籍既有政府购置的，也有大量来自社会捐赠。书籍内容涵盖丰富，从农业生产类、自然科学类到人文社科类，以及大量儿童书籍，满足了不同年龄的村民的文化需求。

学校：郝堂宏伟小学是村中的地标性建筑。"郝堂茶人家"项目非常注重孩子的文化教育问题，因此着手推动了郝堂村可持续发展教育项目并于2011年6月正式立项。该项目是郝堂村"美丽乡村"建设过程中资金规模最大的子项目，区政府通过整合多个项目资金为该项目争取到总计3000万元的投资，并将这些资金运用到包括校舍建设、征地成本和引进师资的过程中。小学的建设过程十分曲折，项目刚动工就遇到村民因维护祖坟位置而不允许项目组动土征地的问题。为此，当时的村委会主任胡静在与村民协商沟通时作出了许多努力，与孙君及其团队不断攻克各种困难，使得征地工作圆满完成。重建小学不仅可以满足孩子的教育需要，也可以吸引更多年轻人回到乡村，更重要的是还可以丰富和提升郝堂村的乡村文化，推动村民对乡土文化的自我认同和传承发展。

公共文化空间：岸芷轩位于污水处理中心上方，面积约90平方米，造价8万元，由五里店办事处出资兴建，2012年建成完工，目前作为乡村建设协作者中心的办公室，同时也是公共文化空间，人们可以在里面免费饮茶、看书。

（3）开展健康服务进家庭工作。

这项工作充分依靠现有人口计生网络的健康宣教和组织能力，依托国际、国内先进的健康服务理念和技术支持，邀请国内外相关领域专家学者从社会工作方法、心理健康、专业知识和专业技术等多方面进行集中培训，提高计生干部队伍整体素质和能力，建立了由人口计生系统牵头，多部门合作，社会公众积极参与的可持续健康服务机制，达到"动员民众，从我做起，积极预防，全民健康"的目标。受过培训的当地干部与专家学者在郝堂村等试点乡村先后开展了数十场健康宣传活动，活动主题包括妇幼健康知识、慢性病防治、亲子教育、心理健康、家庭和谐等。这期间区、乡、村三级项目工作人员分组走村入户开展健康宣教，为村民传授健康理念和健康知识，填写家庭健康档案，宣讲自然分娩的好处、抗生素的合理使用及慢性病知识等，这些活动受到了村民的普遍欢迎。

五、"美丽乡村"建设过程的经验与亮点

（一）探索与实践"内置金融"的资金互助模式，推动发展乡村治理协同创新

1.实践优势

这种内置金融合作模式通过社区规范的重建得以在实践中发挥信息充分、成本低、手续简便、期限灵活、违约率低等优势。农民专业合作社凭借其参与农村金融服务所具备的明显制度优势，成为农村经济增长的内生要素，它离农村金融需求最近；与农村金融需求小额、分散所要求的近距离服务提供方式具有适配性，可以克服正规金融机构信贷博弈过程中存在的信息不对称问题，极大地消除了道德风险的不利影响，可以最大限度地减少不良资产的产生；可以克服农户进入商业信贷市场的障碍，极大地提供了农户信贷的可得性。更重要的是，这种自下而上的乡村组织的建设更容易促进互信，有助于信任与声誉机制的培育，是社会资本成长直接有效的手段。[①]

2.直接效果

多元融资主体的参与，其直接目的在于改善老人养老问题，起到了良好的示范作用。同时，村民申请贷款时需要由入社老人担保方可申请，并由理事会入社老人决定是否批准。于是尊老、敬老、爱老的传统风气开始回归，提高了老人在村庄中的地位，使村庄中老年人的尊严得以被维护。并且这种内置金融合作模式成为村"两委"提高治理能力的有效手段。

---
① 杨华锋.社会治理协同创新的郝堂试验及其可持续性[J].北京师范大学学报（社会科学版），2015（6）：13-22.

3.经济效果

这种内置金融合作模式实现了农村生产要素金融化和村庄内部信用的"变现",作为银行和信用社的补充,有效解决了农民贷款难、融资难的问题,同时还推动了"一产三产化":村里绿园生态旅游开发公司的成立和土地流转统一规划带来了村集体资产收益与村民土地增值收益,这种以第一产业为基础,将其三产化,即"农业服务业化"的方式,在郝堂村具有良好的适配性。

4.社会效果

这种内置金融合作模式吸引青壮年劳动力回流。在金融合作运作之前,2009年郝堂村村民人均收入不足4000元,其中外出打工收入占70%,农业收入占30%,而金融合作运行之后,2013年人均收入已逾8000元,其中农业收入与打工收入占比急剧缩小,农家乐等服务性经济收入占比迅速扩大,大量外出务工人员开始回乡创业。据村委会工作人员介绍,截至2013年底,回迁户共103人。大量青壮年劳动力回流,其中逾30人为回乡创业青年;截至2015年上半年,郝堂村青壮年回乡比率已经接近80%。另外,人员回流亦可从村小学在校学生数的激增中体现出来。2009年村小学在校学生只有41名,而2014年秋季开学时,村小学注册学生已达257名。可见,金融合作推动下的"老有所终,壮有所用,幼有所长"在郝堂村重新焕发生机,有效地解决了由于空心化所造成的留守儿童、妇女与老人问题。[①]

5.为推动乡村治理协同创新奠定基础

(1)经济基础决定上层建筑。

人们只有在生产生活得到保障的基础上才有精力去为环境的可持续发展作出行动,而内置金融为乡村的经济发展注入动力,良好

---

① 杨华锋.社会治理协同创新的郝堂试验及其可持续性[J].北京师范大学学报(社会科学版),2015(6):13-22.

的资本储备打消了村民对环境保护的抵触情绪。正是金融合作的发展，使得郝堂村经济的整体利好为基层治理者继续推进协同治理创新奠定了良好的经济基础。

(2) 合作社的筹备、建立与运行培育了良好的社会资本，推动了村庄合作共同体的成长。

在夕阳红养老资金互助合作社建立之初，协作者广泛动员村民积极参与，历经36个小时共同协商制定了《合作社章程》，这一过程锻炼了基层干部与村民，使村干部、村民、协作者等群体在社员权利与责任、运行结构、治理方式、风险控制、业务流程等方面有了充分的认识，激发了村民的参与热情，打造了协商对话的合作平台，提升了郝堂村熟人社会的契约精神，为村庄共同体意识的觉醒与重建奠定了组织基础。此外，青壮年劳动力是乡村社会有知识、有文化、年富力强的人群的代表，他们的回流不仅充实了乡村治理的社会资源，也在协同治理的过程中为农民发声，为协同式乡村治理的长效机制提供了条件。

(3) 以养老为切入点，有效动员群众参与并获得群众的认可。

内置金融除在经济上有所建树之外，更重要的是抢占了道义制高点，重塑村"两委"在老百姓心中的形象，激活了村庄集体行动的能力。

（二）建立多元化的有效治理主体，推动乡村治理协同创新

1.村委会积极发挥治理能力

(1) 村"两委"积极为乡村发展谋求出路，合理规划"美丽乡村"建设。

2010年郝堂村"两委"召开村民组长及村民代表大会，会议就生态文明村建设达成共识：一是在村庄建设中要坚持村民自治，

反对招商引资，依照老百姓自己的意愿建设家园；二是生态文明村建设的当务之急就是做好垃圾分类；三是要自觉维持生态平衡，杜绝乱砍滥伐，禁止烧炭；四是本次村庄建设要继续遵守过去的村规民约，修桥、路等公共设施占地占田不补钱。同时，积极引入技术型主体，在河南省与平桥区人民政府的领导、乡建院与北京绿十字的指导，以及村民的支持下明晰了各治理主体的责任与权力范围。可以说，郝堂村村委会在如何进行"美丽乡村"建设上具备清醒的认知，不是一味强调经济发展和提高数字上的功绩，而是注重如何使乡村得到可持续发展。随着乡村旅游的发展，郝堂村的游客越来越多，郝堂村的经济开始出现分化，郝堂村村委会决定对农家乐实行统一规划和统一管理，极大地降低了交易成本，可见，村"两委"只有发挥好治理能力，才能不断推动"美丽乡村"建设目标的完成。

(2) 村干部具备一定威信和能力，为村庄积蓄发展潜力。

郝堂村在开始改造前，村"两委"就积极为乡村发展谋求出路，为了争取早日成为试点，他们自发派人去平桥区先行改革的村镇进行考察，结束后就立即开始行动，进行垃圾分类等。"郝堂茶人家"项目是推动郝堂村"美丽乡村"建设至关重要的一步，该项目的负责人孙君在以往带领北京绿十字进行乡村建设实验时，对项目试点的选择十分严苛。但当他经过考察，发现郝堂村仍保留着古树资源，村子没有乱搭乱建，村委会仍具备一定积蓄，便认识到郝堂村的村干部具备一定威信与能力，因此郝堂村具备可以进行乡村建设实验的资质与潜力，于是才下定决心在政府提供的许多村庄中选择了郝堂村进行合作和实验。这一选择说明，当下乡村的建设并非一味地等待外界力量的注入，而是应当在内部实现合理规划，哪怕一时无法具备形成质变的实力规模，也要首先具备把握机会的能力和积极改变的决心。此外，在开展"郝堂茶人家"项目的过程中，由于村民对北京绿十字的理念不太了解，参与的积极性并不高，村干部就先从自身做起，对自家房屋进行改造，发挥模范带头作用，通过建成后的效果吸引更多人参与进来，让村民自己感受到旧房的美感，意识到它的价值。可见，对于一个村落而言，管理着村庄大大小小事务的村"两委"的治理方针、整体规划和建设理念是多么重要，只有村"两委"发挥正确的带头作用，才能真正把握好资源与机遇，使村庄具备内生活力与发展潜力，才能获得更多社会组织、企业等的帮助扶持。

(3) 村干部擅长与村民进行沟通，发挥组织协调能力。

郝堂村村干部凭借自身较强的沟通能力在"郝堂茶人家"项目进行过程中，为项目团队与村民搭建了沟通与理解的桥梁。从创办夕阳红养老资金互助合作社到动员村民土地流转、从事农家乐等，都体现着村委会的组织动员能力，郝堂村"两委"通过大量、细致的思想工作，调动了村民的积极性，使村民更容易接受各项规划，成为政府、乡建项目团队和农民之间的"润滑剂"。

2. 政府积极进行资源注入，减少项目干预

地方政府的作用主要表现为对规划的制订、项目的监督和管理，以及农民与上级政府的纵向沟通和政府部门与部门间的横向联系。郝堂村所在地区的基层政府始终发挥其主动性，积极寻求与社会各界的合作，为"美丽乡村"建设寻找出路，并多次主动向北京绿十字发出邀请，在对方表明自己的项目思路并非遵循往常"规划设计、评审、施工、监理……"的那套系统，甚至有可能偏离"政府标准"时，县委、县政府仍坚定地以实现"美丽乡村"建设而非营造政绩为主要目标，进一步积极推动与该团队的合作，最终使得"郝堂茶人家"项目成功在郝堂村启动。项目启动后，区政府通过项目的形式将资金集中到郝堂村。据统计，2009—2015年，政府在郝堂村的财政投入超过8000万元。这些资金主要用于基础设施建设和村庄环境的整治，为"郝堂茶人家"项目在郝堂村发挥建设作用提供了强有力的资金支撑和积极的配合。

3.社会组织充分整合资源，创新治理方式

北京绿十字等社会组织，以及李昌平、孙君等专家学者作为核心代表，在夕阳红养老资金互助合作社的筹划与发起和"郝堂茶人家"项目实施中起到了整合资源与专业指导的作用。李昌平从专业角度提出的内置金融直接为村庄发展解决了重要的经济难题，项目负责人孙君为郝堂村建设提出了"把农村建设得更像农村""先生活后生产"等一系列建设理念。当民居改建过程中村民心里没有底，在村干部召开了数次动员大会仍然没有村民愿意出资改建旧房时，孙君老师提出让党员、村干部发挥模范带头作用，成为旧房改建试点的户主，并且应当按照"修旧如旧"的原则保留原有的风貌。同时，孙君老师还多次上门动员，耐心地为村民解释按他的方式改建旧房的理由，通过专业知识的启发和具体实践方法的有效引导取得了村民的信任。可见，专门进行乡村建设的社会组织具备政府所不具备的灵活性，政府对乡村的规划建设往往需要遵循固定的体系，受限较多，有时对于不同特质的乡村规划略显刻板，但社会组织的参与可以在一定程度上减少刻板章程的干预，灵活地为乡村打造适用性强、匹配度高的"美丽乡村"建设发展模式，这一优势也通过"内置金融"与"郝堂茶人家"项目被充分发挥于郝堂村的"美丽乡村"建设之路中。

信阳乡村建设协作者中心是由郝堂村的青年人组成，由大学生村官主导的一个悬浮型的外部力量。该中心组织返乡青年成立了一个青年创业合作社，致力于通过依托本地特色资源，诸如信阳毛尖、板栗、葛根等，开展实体创业，发展实体经济。此外，乡村建设协作者中心还充分利用与村民的和谐关系，帮助"郝堂茶人家"项目建设团队就房屋改造和垃圾分类工作进行前期村民动员和沟通工作。中心工作人员的文化程度较高，因此能够较好地理解和执行专家意见，将问题较好地传达给村委和政府，并和村民沟通。同时，该中心能较好地衔接外部资源，国家计生计划、营养计划、乡村小学教师培训教育等各种社会资源都是通过乡村建设协作者中心来到郝堂村的。乡村建设协作者中心也通过参加各种公益大赛评奖及出售服务来维持机构正常运转。岸芷轩是郝堂村免费提供给乡村建设协作者中心的办公地点。乡村建设协作者中心工作人员和郝堂村干部、夕阳红养老资金互助合作社骨干一起工作，是实施郝堂村实验的重要力量。[1]

4.构建多元化的有效治理主体，推动乡村治理协同创新

在郝堂村乡村建设过程中，村"两委"、基层政府和社会组织都秉持着推动"美丽乡村"建设的目标和共同的建设理念。政府是"美丽乡村"建设的推动者，只有政府认可社会组织（如乡建院、北京绿十字）的方案，才有可能把先进理念变为政府理念，进而成为现实。区政府作为重要的治理主体还扮演着资源提供者和协调者的角色，正是因为区政府主要领导的支持，大量资金和项目才会集中到郝堂村，才会迅速提升基建条件和生态环境。乡政府则积极配合村"两委"开展组织动员工作，同时也帮郝堂村争取资金和项目，大大加快了建设进度。村"两委"是郝堂村实验的主导者，在"美丽乡村"建设过程中扮演着组织资源提供者的角色，具体安排系统乡建工作，负责项目的整体运作与实施，由村干部发挥带头作用。村民是郝堂村协同治理的重要动力，作为当家人，其在郝堂新村建设中的作用主要体现在：村民需求意愿的表达、村民劳动力的贡献和建设过程中的监督等三个方面。另外，乡贤与基层政府积极配合村"两委"的工作，乡贤带头加入夕阳红养老资金互助合作

---

[1] 张富治.郝堂村治研究：基于河南省信阳市"美丽乡村"示范点的实证研究［D］.武汉：华中师范大学，2017.

社、从事农家乐，为其他村民树立了典型示范，促使更多村民参与其中，使村"两委"的工作得以事半功倍。社会组织发挥了协调者和组织者的作用，同时也是郝堂村协同治理新思想和新理念的倡导者，为政府提供一个简单易行、花费少、有乡村文化、农民喜欢并愿意参与的发展模式。他们通过新颖的工作理念和灵活的工作方式开展"美丽乡村"建设，在丰富村民生活、普及和落实"美丽乡村"建设理念等方面发挥了独特作用，比如通过青年创业合作社吸引青年返乡、发起村民健康教育等。这样明确的治理主体权责分配使得各方都能为郝堂村的发展献策献力。

正是这种多元化的有效治理主体的构建，以及多方力量的协作并进，才使得郝堂村在"美丽乡村"建设过程中可以充分调配各方面资源，提升办事效率，优化治理模式，最终呈现出一个完成度高、创新性强并值得借鉴的"美丽乡村"建设实验成果。

5.完善相应的治理体制，重视村民的文化培养，发挥村民的主体作用

在决策机制中，郝堂村确立了"三不"原则，即当政府机构与专家建议不同时，以专家建议为主；当专家建议与村委会建议不同时，以村委会建议为主；当村委会建议与村民建议不同时，以村民建议为主，这样有效地保障了村民的主体作用。在郝堂村夕阳红养老资金互助合作社成立的过程中，章程由村民协商制定，日常运营也由村民自行管理，村"两委"和政府仅起到协助的作用，而对于房屋的改造与重建，改不改、怎么改都由村民自己决定，乡建院与北京绿十字都是在房屋主人的意见下设计图纸。郝堂村里重大项目的调研、决策、实施、管理和评估都以郝堂村的村民为主，由村民自主参与、共建美好家园。

同时，"郝堂茶人家"项目还重视村民的自我提升，通过设立乡村图书馆、常识讲堂等帮助村民提升文化涵养；通过教授《公民常识读本》，使孩子们有公民身份意识，了解自己的权利和义务，树立正确的人生观。农村的孩子与城市里的孩子一样可以享有同等的义务教育权利，同时开设手工课、文艺课，从小培养孩子的兴趣爱好，为郝堂村未来的"美丽乡村"建设培养接班人。

（三）优化治理方针，发展"田园综合体"，贯彻"可持续发展"和"把农村建设得更像农村"的建设理念

习近平总书记曾说过，"城镇建设，要实事求是确定城市定位，科学规划和务实行动，避免走弯路；要体现尊重自然、顺应自然、天人合一的理念，依托现有山水脉络等独特风光，让城市融入大自然，让居民望得见山、看得见水、记得住乡愁"[①]。建设新农村也如是。

以往的乡村改造通常是先改造硬件再改善软件，即优先发展产业，脱贫致富，有了资金就进行建筑的推倒再造，最后借助强力的手段，制定村规来管理村民、改善乡风。这样的手段其实近于推倒重建，显得多少有些脱离乡村固有土壤。而郝堂村运用的"田园综合体"的方式与往常的经验恰恰相反。改造没有从一开始就急着进行乡村硬件的规划建设，而是从对村民的教化开始，优先开民智，因为村民的素质决定着村庄的未来。

在提高村民素质后，郝堂村开始着手建设村中硬件。建设时郝堂村秉承"把农村建设得更像农村"的理念，做到了"四不""三尊重"，即尽力做到不挖山、不扒房、不砍树、不填塘，尊重群众意愿、尊重村庄肌理、尊重专家意见；在保持原有村庄的原有空间基础上，运用文化艺术、生态循环的理念将新农村与自然生态完美地融合在一起，不破坏村庄原有空间格局，尊重历史，全力

---

① 习近平话团圆金句：团聚最喜悦 团圆最幸福 团结最有力［EB/OL］.（2018-09-24）. http://news.youth.cn/sz/201809/t20180924_11737141.htm.

修复庙宇、家祠等紧密联系村民的文化场所；保护自然生态环境，在尊重规律的基础上进行合理的规划建设，原有道路、农田一律不变，不破坏原有生态环境并充分利用自然属性和生物系统的自身循环、修复功能来改善人居环境；村中大力推广家用沼气和家用湿地污水处理系统，完善村庄垃圾分类处理体系，并考虑村民生活的切实需求，改善住宅内部功能，改建厕所，提高村民生活舒适感。这一系列举措都让原先破败的郝堂村焕然一新，与其说郝堂村被改造成了现在的样子，不如说是被恢复成了它本该有的样子。

郝堂村的规划不同于常见的城市规划，其建立在对村庄地形地貌、生态环境、人文历史充分研究的基础之上，并一直处于"活"的调整状态中，乡建院将这种规划方式称为"动态规划法"。这一系列的"美丽乡村"建设秉承了系统优化的理念，通过层层嵌套的措施，追本溯源，解决了生态和人文的大环境问题，让村庄恢复田园美。

（四）注重推动乡土文化的自我认同和传承发展

这一建设理念在郝堂村进行民居改造的过程中得到充分贯彻。郝堂村的民居改造并不容易，目前有很多村庄的房屋改造都陷入了某种误区：千篇一律的矩形钢筋水泥结构，失去了本土特色，毫无美感可言。还有很多房子仿造西洋建筑，罗马柱、大理石拱门配上矩形钢筋水泥结构，显得不伦不类，这不是中西建筑风格的结合，而是对西洋建筑的盲目崇拜和拙劣模仿，思想根源是文化不自信。为了培养乡土认同，"郝堂茶人家"项目开始积极推动村民接受豫南传统民居，希望可以先从经济效益方面培养村民对地域文化、乡土文化的认可，继而推动村民对乡土文化的自我认同与传承发展。项目首先是通过经济激励和沟通动员推动第一个改造房屋的试点，即"一号院"的建成。"一号院"建成之后，随着慕名而来的游客越来越多，农家乐生意日渐红火。这样的经济效益逐渐吸引了越来越多的村民开始修复自家房屋，延续豫南传统民居特色。在这一过程中，村民对乡土文化的自我认同也逐渐建立起来。

六、对我国实施乡村振兴战略、进行"美丽乡村"建设的启示

在中国千千万万个村庄中，郝堂村并非历史悠久、区位优势明显、环境优美、资源十分丰富的村落。对于从事乡村建设项目的负责人而言，它给人的第一印象和那些中国没落的村庄一样，混乱、普通、令人没有头绪。但正因为郝堂村的普通，其对于中国其他乡村建设而言才具有了可学习性和适用性。同时，郝堂村之所以能实现从传统农业村向富裕文明幸福和谐新农村的转变，是因为其具有与以往乡村建设不同的理念和方案，这也使郝堂村的"美丽乡村"建设之路具有了借鉴价值。因此，总结郝堂村"美丽乡村"建设发展的经验，对我国实施乡村振兴战略，进行"美丽乡村"建设具有重要启示。

（一）根据乡村自身特点进行合理规划，发挥区位优势，探索因地制宜的发展路径

一个地方的建设发展总是会受到本地区发展基础、人口规模、资源禀赋、民俗文化等方面因素的制约，发展的方式方法、速度质量会有所差别，有所不同。郝堂村"美丽乡村"建设最大的亮点就是做到了因地制宜。现在许多农村搞城镇化，就大拆大建，但这种大拆大建是不顾实际的做法，不仅浪费、破坏了原有乡村的感觉，

也损害了村民的利益。"美丽乡村"建设应该最大限度地保留乡土元素，挖掘文化内涵，展现地方特色，体现农家风情，打造出不同类型的美丽乡村，最大限度地尊重和保护村民原有的生活，在改善村中环境的同时让村民能够回归乡村、建设乡村。

郝堂村的建设，走的是不依附于开发商，公共财政投入不越界，政府大力支持，与企业、社会组织合作推动的道路。郝堂村没有大资本的介入，这使其回避了市场的动荡和风险。从郝堂村的现状可以看出，起初反对招商引资是正确的。同时，郝堂村在进行"美丽乡村"建设时也在时刻突出区域特色，"郝堂茶人家"项目将豫南文化、信阳茶文化融入郝堂村的每一个角落，最终使郝堂村没有因为改造而变得面目全非。因此，根据乡村自身特点进行合理规划，发挥区位优势，因地制宜，找到最适合每个乡村的发展道路，才能让乡村建设的路走得更长远。

郝堂村的建设过程充分体现出"建设美丽中国"不是简单地拆了重建，盲目地搞"形象工程"，强迫村民搬上楼房，损害村民的感情和利益，而是要坚持以人为本，探索适合当地实际的发展路径。具体可以从以下几个方面入手：一是在进行基础设施建设的过程中，要结合当地村民的生活习惯和生产需求，同时考虑村民的经济承受能力和当地的生态环境机制；二是借助国家的农业开发项目，在坚持家庭联产承包责任制的基础上进行土地流转，激活土地资源，在符合规定的前提下创新集约土地的方式方法；三是与当地自然景观的整治有机结合，打造属于自己的乡村特色，同时发展当地特色农产品和旅游业，改变当地的经济发展方式，提高村民的经济收入。因此，乡村建设要因地制宜、量体裁衣，充分考虑各个乡村的实际，不搞"一刀切"，在尊重村民意愿的前提下选择适合自身特色的发展模式。

（二）完善基础自治制度与自治体系，推动乡村治理协同创新

郝堂村的"美丽乡村"建设过程充分显示了一个完善的自治体系的重要性。郝堂村通过集合村"两委"、基层政府、社会组织等多方面力量，为"美丽乡村"建设建构了一个多元化的有效治理主体，通过提高和完善自身的治理体系和治理能力，为乡村未来的多向自给和可持续发展积蓄力量。通过观察不难发现，这种治理体系与以往的乡村治理体系有所不同，它试图向更开放和多元的治理格局转变。我们在对郝堂村建设主体的职能和作用的分析过程中发现，郝堂村的村治更倾向于一个三角式格局：村"两委"、基层政府与社会组织、乡村建设项目团队这三者之间互相支持、互相制约，并以实现村庄最大利益为共同目标，形成村庄的稳态秩序。其中最重要的是，以共同价值观为代表的文化体系根植于三方权威主体中，对主体各自的行动起到规范和维持作用，使三者在意识形态上产生某种向心力，保持平衡统一的稳态治理格局。这种治理体系使乡村善治成为可能，它在郝堂村建设过程中发挥的重要作用说明，完善基础自治制度与自治体系，推动乡村治理协同创新对"美丽乡村"建设具有不可忽视的推动引导作用。这一乡村协同治理模式也为其他乡村的建设提供了一些思路。

1.培育多元治理主体

从郝堂村协同式乡村治理的经验来看，多元治理主体是协同式乡村治理的前提，而从我国协同式乡村治理的现状来看，目前村民的民主意识虽有所增强，但由于目前的村民自治重选举、轻管理，民众的参政能力不足、不具备较高的素质，乡村社会组织不健全、各组织职能混乱等，协同式乡村治理还处于协同的"底端"，社会公共事务处理的效率不高。因此，为了保证协同式乡村治理高效发

挥作用，必须加快政府职能转变，提高村"两委"的治理能力，发展和引入社会组织，提高村民的参政意识和参政能力，让村民、社会组织等相关利益主体与政府平等协商对话，共筑协同式乡村治理的主体建设。

2. 全面提高村"两委"的治理能力

提高村"两委"的综合素质和能力，可以从以下两个方面着手：一方面，要注重村"两委"的选拔工作，扩大村"两委"的候选人评选范围，不要只以经济水平为标准，而是要更多地考察其综合素质和业务能力，以及在村民中的威信和评价，使选人渠道尽可能多元化。同时，还要将人才按需分配和按能力分配相结合，保证各主体都能在自身岗位上创造价值，提高整个领导班子的治理水平。另一方面，要理顺乡村关系、村委会与党支部的关系，以及下设各职能部门之间的关系，明确各部门之间的职责划分与权限归属，在坚持权责对等的基础上，以法律法规的形式将其固定化，才能切实有效地实现协同式乡村治理的初衷，避免各部门之间越权和职能错位。同时，要积极打破农村治理过程中职能部门各自为政的局面，避免"九龙治水"现象出现，构建相互之间的沟通协商机制，统一思想、联合行动，达到利益最大化，完成农村社会事务的协同治理。

（三）坚持解放思想，不断创新实施乡村振兴战略的工作方法和工作机制

创新是引领发展的第一动力，是建设现代化经济体系的战略支撑。实施乡村振兴战略和"美丽乡村"建设，必须不断进行工作方法和工作机制的创新。郝堂村"美丽乡村"建设之所以能够在短时间内取得这样的成绩，与当地各级党委、政府创新工作方法和工作机制密不可分。在信阳市被确定为农村改革发展综合试验区以来，

信阳市委、市政府高度重视农村发展改革试验，不断解放思想、创新"美丽乡村"建设的体制机制。例如，通过政府购买社会服务的办法为乡村建设提供设计和管理服务，通过实施"严乡强村育新"计划，提高基层党组织的建设能力，通过成立夕阳红养老资金互助合作社建立"内置金融"，解决入社村民的养老难题和村民投融资难的问题，同时也发展壮大了村集体经济。

同时，村"两委"与社会组织在共同参与郝堂村"美丽乡村"建设过程中，为了更好地推进工作，在一些工作方法和策略上也实现了灵活创新。在"郝堂茶人家"项目实施过程中，项目团队为了提高村民的卫生意识、改善乡村如厕问题，经过思考认识到相比于外来团队的强制性要求，村民更容易听自己孩子的规劝，于是从学校教育入手，让学生去动员家长，这一策略大大提升了最终的宣传与改进效果。同时，项目团队为了使改造项目更好地在村子里推行，积极寻求与村民沟通的最佳方式，决定从文化惯性角度寻找提升村民心理认同的突破口。在项目需要修路时，一些占路的村户面临着需要做出妥协、搬家的情况，这时项目团队与村干部便会借助村庄积极分子与乡贤的力量进行劝解，为村民解释利弊，令村民在心理上减少不满情绪，并通过发放补偿款的方式让村民更好地接受，继而能够更好地配合项目的实施。在项目团队改造民居需要村户做示范户时，面对村民们的不情愿，团队决定用资金奖励的方式调动村民的积极性，对愿意做示范户的村民予以奖励，于是成功地征集到了示范户，继而让其他村民看到改造民居的益处，不断调动村民积极性。在团队眼中，这些小策略并非与村民斗智斗勇，而是通过一种温和、善良且灵活的方式启发村民。这些细节上的灵活变通为项目在郝堂村的具体实施增添了"润滑剂"，减少了项目团队、村"两委"与村民之间不必要的冲突和摩擦，这种解决方式正是对"美丽乡村"建设工作方法与工作机制的一种创新，对其他村庄的

"美丽乡村"建设而言，仍然具有一定的参考价值和借鉴意义。

（四）尊重和发挥村民的主体作用，提高村民的组织化程度，加大新型农民的培育力度

"美丽乡村"奋斗目标的提出，加快了乡村建设的步伐。我国各省、各地区的"美丽乡村"建设有显著的成效，村民的生活状况也有所改善，但是"美丽乡村"建设不是昙花一现，而是一个可持续发展的过程。世世代代生活在乡村的村民，对乡村的感受更深，对村中的变化更敏感，对乡村的历史变迁更了解。郝堂村的"美丽乡村"建设是在确立村民的主体地位、了解村民的需求、充分尊重村民的意愿及诉求的过程中完成的。无论是让村民自行讨论组建夕阳红养老资金互助合作社，还是改造民居时充分听取村民意见设计建设图纸，让每家每户的设计都各具特色，这些举动对于调动村民积极性和主体意识，减少乡村建设中村民与政府的矛盾对立，推动"美丽乡村"建设的完成，都具有十分重要的作用。一个乡村只有当主体具备了创造力，村庄的未来才能充满生命力。因此，"美丽乡村"建设要充分尊重村民的意愿，尊重和发挥村民的主体作用；进一步提高村民的组织化程度；加大新型农民的培育力度；提高村民的政治素养，使"美丽乡村"建设的主体——村民，成为有知识、有素养、有能力、有创造力的群体，更好地发挥其对于"美丽乡村"建设的推动作用。

（五）"美丽乡村"建设要遵循可持续发展理念，在遵循自然规律的同时唤醒乡村内生活力

"美丽乡村"建设应当尊重乡村的原本生态样貌，不要过度改造其生态环境，不能因为短暂的利益取向而盲目地过度改造，也不能因为在经济发展上的绩效追求而忽视或放弃一个乡村的长远规划

和对内在源动力的保护。"绿水青山就是金山银山"，正如郝堂村在建设过程中注重保护古树等资源，这些自然资源的存在才是一个乡村能够实现可持续发展的源泉和动力。同时"美丽乡村"建设需要避免过度介入村民的产业配置。

（六）不断提升"美丽乡村"建设理念，发挥其优秀的指挥引导作用

1.把农村建设得更像农村，避免用城市规划体系来建设乡村

目前，某些地方在新农村建设中正在尝试将农村社区改造为城市式的小区和人工园林景观，但这种城市化社区需要巨大的维护成本；农村是自治社会，它不具备维护城市化社区所需的机构资源，不能按照城市人的逻辑想当然地规划建设农村。中国乡建院院长、著名三农问题专家李昌平提出，要把农村建设得更像农村，除了弘扬农业和农村文明的传统，还要赋予农业和农村文明现代性，赋予农村生态、环保、节能等时尚价值。

2.树立"先生活后生产"的理念

乡村聚落诗意的栖居环境、富有地域特色的乡土景观会成为强大的资源优势，带动有机农业的发展和乡村旅游服务业的壮大，促进农村经济的发展，实现"先生活后生产"。以往的农村整治和规划建设多强调经济和产业发展，往往因片面的追求经济增长而忽视了对乡村环境景观的保护和传承，特别是乡村工业化的发展，直接导致了乡村生态的恶化。乡村聚落与城市相比，在生产方面具有天然弱质性，不是一个具有竞争力的经济实体，而在生活方式、环境景观方面具有完全不同的特质，尤其是其自然环境具有天然的优势。因此，乡村地区发展的首要问题，应该是充分发挥生态环境的优势，继承和修复乡村地域特色，改善农村的综合

人居环境。

3. 注重保护和传承乡村原生的乡土文化

农村不仅面临城市在经济和政治上的剥夺，同时也在文化空间中处于劣势地位。在人们的意识中，农村是贫穷、落后的代表，是要被改造和抛弃的对象。面对这一困境，我们也许更应该从文化教育方面来解决问题。郝堂村正是在这一背景下，立足乡土中国，从容平视"现代文明"，探索出了一套与自身发展阶段相适应的文化惯习。其核心要旨包括：对公共文化建设的高度重视和适度投入；融合本土知识的教育；结合学校、家庭、社区和教师的"四位一体"综合教育。郝堂村通过自己的实践，实现了对不同教育空间下两类知识体系的整合，让我们意识到乡土本位教育是乡村发展的内源性力量，学校教育既要帮助农村学生实现向上的社会流动，又要以乡土为本位，进行乡土文化的传承，只有这样才能培养农村永续发展所需要的后备力量。除此之外，乡村规划建设还应当积极挖掘乡村历史文化、农耕文化、宗教文化、河流文化等，将民俗文化与体验农耕文明结合起来。村镇建设也需要实现全面普查、登记、修复和保护历史文化村落，研究历史文化村落经济社会变迁，编制历史文化村落保护利用总规划，在历史文化村落物质文明遗存的修复、保护和利用基础上，对非物质文化遗产进行抢救性挖掘、整理和建设。

（七）充分发挥社会组织在"美丽乡村"建设中的作用，凝聚社会力量，合力推进乡村振兴

在中国乡建院和北京绿十字入驻郝堂村之前，郝堂村一个社会组织都没有。后来，在李昌平和孙君等人的帮助下各种组织如雨后春笋般涌现，并充分发挥各自优势，对郝堂村乡村建设起到了推动作用。可见，这些社会组织是提供农村管理和服务的重要主体，对

村民自治有重要的作用：村民通过参与民间社会组织，不仅可以增强自身的民主意识与参政能力，还可以整合乡村社会资本，增强沟通技能，提高对外话语权，壮大农村自治力量，缓解政府的治理压力，从而推动农村地区的繁荣发展；而对于社会公益组织，可以通过合作购买服务的方式利用其专业性为"美丽乡村"建设提供智力支撑，制订符合当地实际的、科学的发展方案。

目前，我们应当认识到新型社会组织参与乡村治理是符合乡村历史文化传统的，乡村无法摆脱熟人社会的历史基础，如果硬要套用城市治理的逻辑，只会破坏乡村社会自身的秩序。而社会组织参与乡村治理则是在符合现阶段社会现实的基础上，对乡村历史文化传统中的治理模式进行的全新演绎，是对从传统资源中汲取治理资源的积极探索，可以使乡村精英治理传统得以恢复，使原子化的乡村社会重新得到整合，使乡村共同体意识和自治能力得到增强。因此可以说社会组织参与乡村治理不仅具备其独特优势，也符合当前乡村建设发展的现实需要。因此，政府应当正确认识加强基层组织建设和发展社会组织的关系，充分认识到社会组织所具有的活力与创新力，利用它们的专业技术发展乡村经济，提高乡村治理水平，实现"美丽乡村"建设。

参考文献

［1］王丽娜，吴国玺.田园综合体模式对乡村规划的启示：以信阳市郝堂村规划建设为例［J］.许昌学院学报，2018，37（2）.

［2］杨华锋.社会治理协同创新的郝堂试验及其可持续性［J］.北京师范大学学报（社会科学版），2015（6）.

［3］瞿萍，张贤裕.乡村振兴的探索与实践：以信阳市郝堂村乡村建设为例［J］.中共郑州市委党校学报，2019（1）.

［4］王磊，孙君，李昌平.逆城市化背景下的系统乡建：河南信阳郝堂村建设实践［J］.建筑学报，2013（12）.

［5］李昌平."内置金融"在村社共同体中的作用：郝堂实验的启示［J］.银行家，2013（8）.

［6］吴国琴.基于居民感知的贫困山区旅游扶贫绩效研究：以信阳市郝堂村为例［J］.信阳师范学院学报（哲学社会科学版），2017，37（4）.

［7］许亚敏.美丽乡村建设的现状及未来发展模式探索：以河南信阳郝堂村为例［D］.北京：北京邮电大学，2017.

［8］王连鹏，徐坚.城镇化背景下农村规划建设研究：以郝堂村为例［C］//中国城市规划学会.规划60年：成就与挑战——2016中国城市规划年会论文集.北京：中国建筑工业出版社，2016.

［9］张富治.郝堂村治研究：基于河南省信阳市"美丽乡村"示范点的实证研究［D］.武汉：华中师范大学，2017.

［10］汪倩.协同式乡村治理问题研究：以信阳郝堂为例［D］.郑州：河南农业大学，2018.

［11］金乃玲，李静疑.乡建实践解析与反思：以河南信阳郝堂村、西河村为例［J］.安徽建筑，2020，27（4）.

［12］郑斌，龚琦，马喜，等.河南信阳郝堂村新农村规划建设经验与启示［J］.安徽农业科学，2014，42（23）.

［13］孙君.把农村建设得更像农村［J］.城市环境设计，2015（Z2）.

［14］王峰玉，闫芳.信阳郝堂村村庄规划整治探索及对美丽乡村建设的启示［J］.小城镇建设，2015（7）.

［15］郝栋.郝堂村：把农村建设得更像农村——河南信阳郝堂村的可持续发展乡村实验［J］.学术评论，2015（1）.

［16］王晓明.郝堂新村建设经验研究［D］.信阳：信阳师范学院，2015.

［17］王磊，孙君.农民为主体的陪伴式系统乡建：中国乡建院乡村营造实践［J］.建筑师，2016（5）.

［18］卢伟娜，陈新林，孙君，等.乡村景观建造思路探索：基

于信阳市郝堂村的实践[J].林业科技开发,2013,27(6).

[19]建设美丽乡村的范本:信阳市平桥区郝堂新村观察[EB/OL].(2014-08-07). http://newpaper.dahe.cn/hnrbncb/html/2014-08/07/content_1124888.htm.

社会组织激发"三治"融合

——众联村的"美丽乡村"建设

■ 胡星宇

一、众联村基本情况

众联村位于浙江省杭州市萧山区河上镇永兴河源头,村庄三面环山,村口古樟林立,常年郁郁葱葱。全村有山林4360亩,耕地1119亩,人口2340人,共20个村民小组,其中60岁以上老人572人,低保户14户,残疾人105人,现有党员149人。

众联村由联合、塘村、众利、泉水四个自然村合并而成,距今已有800多年的历史。村口有一个有600多年树龄的香樟树群,是迄今发现的杭州市保存最完好的古樟树群。众利自然村曾发现制"甑"遗址二处,可追溯到商周时期。村口横跨永兴河岸的星拱桥,是1928年由村里乡贤捐资2.8万大洋修建的多孔石拱桥,已被列入杭州市级重点文物保护单位。①

改革开放初期,村里大力兴办村办企业,特别是为上海、杭州

---

① 萧山政府网通讯员."五和众联"打造乡村治理"萧山模式"[EB/OL].(2019-02-20). http://www.xiaoshan.gov.cn/art/2019/2/20/art_1302903_30420520.html.

等城市的厂家生产各类缝纫机配件，创造了村庄发展史上的一次飞跃，成为当时萧山县第一个电视村。后来，由于企业转制、所生产的配件跟不上缝纫机升级，集体经济一落千丈，导致众联村在村庄治理、生产建设、村民致富等问题上发展缓慢，举步维艰。

党的十八大后，上级党组织对村级"两委"班子进行了调整，基层党组织战斗力得到加强。特别是党中央、国务院提出实施乡村振兴战略之后，众联村创新乡村治理体系，在区民政局和镇党委、政府的指导下发起成立了"杭州市萧山区河上镇众联村七彩功德社"、众联村乡贤理事会等村级社区社会组织，并以社会组织为行动核心开展了"五和众联"村庄治理体系建设，通过出台《"五和众联"村民通则》对村民进行积分考核，并以此为依据评选"十佳家庭""十佳婆媳""十佳邻里""十佳村民""十佳党员"，在村中弘扬社会主义核心价值观，促进自治、法治、德治"三治"融合。众联村还培养村民骨干、志愿者，发挥新乡贤作用，让他们共同来参与村庄建设，带动村级公益、文化事业发展。

众联村通过创新治理方式，带动村庄基础环境建设，进一步推动产业发展，从而打造了和谐有序、绿色文明、创新包容、共建共享的幸福众联家园。

二、五位一体建设现状

（一）政治建设

村干部队伍是"美丽乡村"政治建设的基础和核心推动力。"美丽乡村"建设涉及大量的建设项目和资金投入，拆旧拆违也涉及利益的再分配，其中权力寻租的空间很大，村干部腐败风险极高，如何保证村干部能够在利益面前心如止水也是一大考验。根据众联村的经验，村干部队伍建设重在把握三关。

1. 从源头上把好选人关

村干部队伍所选之人，一定得是有德有才有干劲之人。有德，才会廉政；有才，才能有思路；有干劲，才能勤政，才会"撸起袖子加油干"。"美丽乡村"建设关键在人，关键之关键是在于有一支德才兼备的村干部队伍。众联村曾经历过辉煌，在20世纪80年代初成为萧山县的第一个电视村。然而后来由于集体企业转制，村庄经济走向衰弱。基层党组织和村委会也缺乏能人，鲜有作为。2012年，新的领导班子临危上任，而众联村"美丽乡村"建设的成功也主要是得益于新上任的两位有德有才有情怀的带头人——村党委书记俞伟达和村主任马永江。1975年生的马永江高中毕业后曾在多地自主创业，在宁波做过建材生意，后来在萧山城区开了一家汽修厂，并在浙江广播电视大学萧山学院（简称"萧山电大"）接受了大专教育，因此马永江的社会关系网络比一般村民要广很多，对于最新的政策和经济状况也比较敏锐。一次回到村庄后，他感叹故乡应该发展得更好。受到萧山电大学者的指导和一些关于乡村建设的文献的启发，他决定担起带头建设故乡的责任，不让故乡变成"回不去的故乡"。2014年，在村民的鼓励下，马永江报名参加村主任竞选并顺利当选。带着情怀上任的他卖掉了自己的汽修厂，破釜沉舟一心建设村庄。他的创业能力和无私奉献的精神是当好"美丽乡村"建设带头人的重要基础。

2. 在过程中把好监督关

众联村在建设项目招标、验收、结算过程中，能够通过公告牌的方式实现全程公开、细节公开，欢迎村民围观，邀请社会组织监督。真实有效的监督，既能有效防止腐败，还能获得村民对"美丽乡村"建设的理解与支持。在数字智能化治理方面，众联村也卓有成效。2019年底，萧山移动与河上镇合作，开发出"善治河上"APP，通过数字公开的方式，让村民一键参与乡村治理，更好地监督权力运行。众联村使用了"善治河上"APP之后，农民建房、村级工程、财务管理、发包采购、征地拆迁等公开项目均能够通过APP直观呈现。在每家每户基本上都有手机的情况下，村民们还能通过微信群直接向村里面的村干部精准反映自己的问题与诉求，建言献策。村级财务管理混乱是一直困扰农村基层工作的老大难问题。为破解这一难题，众联村着手实施村级财务"零现金"收支管理，在基本实现200元以上村级支出通过银行转账的基础上，与农商银行联手，推行村民缴费一村一码专用和村级非生产性开支一村一卡专用，即"收项一码通"和"支项村务卡"进出双轨制度，让村级财务管理更加规范化、制度化、便捷化。为解决风险隐患管控难问题，村里还专设一名监督员，对收支先行审核把关。为解决村级财务监管难问题，众联村在村务公开栏中增设"一码通费用收缴清单"和"村务卡移动支付清单"，镇"三资"管理中心每个月会对村里进行检查指导，每个季度会对村"三资"管理工作进行小结点评，河上镇纪委也不定期开展随机抽查核实，规范村级财务管理。

3.在评价时把好激励关

村干部要干出成绩来，必然有付出、有牺牲、有委屈。对能干事、会干事且能把事干得很出色的干部，一定要有充分的激励，精神上有安慰，物质上有补偿。例如，众联村党委书记俞伟达，上级党组织先后给予他"萧山区优秀共产党员""敢担当有作为好干部""浙江省乡村振兴标兵"等荣誉；村主任马永江，先后荣获"浙江省农村社区工作领军人才""国家开放大学杰出校友""社区治理优秀人物"等荣誉称号。同时，媒体也给予他们恰如其分的褒奖。这样的荣誉和褒奖，既是对他们的付出与牺牲很好的安慰和补偿，也是对他们的激励，使他们能够再接再厉，更上一层楼。

（二）社会建设

传统乡村是一个无正式规制的"熟人社会"，长辈权威、邻里街坊间形成的熟人道德曾是缔结乡村秩序的关键。随着现代化进程的不断加速，乡村礼法的教化作用在不断削弱。众联村的"美丽乡村"建设曾面对的一大难题是村民的公共意识薄弱，人们都只管自家门前的一亩三分地，这对乡村建设的推进形成了阻碍。众联村在村领导班子的推动下，以社会组织为基础，创立了"五和众联"乡村治理模式，成功激发了村民的积极性和团结性。"五和众联"乡村治理模式的创新也是众联村引起各级政府、媒体和学界关注的最主要原因。

1.志愿服务激发善心

在当选村委会主任后，为改善村民精神文明面貌，马永江带着一些志同道合的发小开始在村里做好事，希望能用他们的善行来唤起村民的善心，然而许多村民觉得他们是在作秀，活动收效甚微。2017年，众联村在浙江广播电视大学萧山学院和萧山区民政局的帮助下建立了一个社会组织——"七彩功德社"，以志愿者的形式在村里做好事。七彩功德社的第一次志愿活动，参与的志愿者并不多，村民们更多是在观望，但反响很好，因为村里的许多卫生死角被清理了，老人们也第一次体验了足浴带来的舒适。马永江有一项专门为照顾父亲而学的技能——修脚。在公益活动中，马永江在为老人们除去脚上沉疴的同时，也收获了老人们对他的信任。由于老人们在家庭中有权威的地位，通过他们在子女面前的"唠叨"，马永江等村干部推广的志愿活动渐渐得到了村民的广泛接受。慢慢地，参与志愿活动的人越来越多，大家在一起做好事的过程中体会到了被人感激的快乐，一些因小矛盾多年没有交流的邻居也在志愿活动中有了交流。在一次次志愿服务中，村民与村民之间、村民与村干部之间有了进一步了解，关系也进一步融洽了。这些"善行"促成了"善风"的形成，人人追求美德。共同建设美丽幸福村庄，成为村民的共同愿景。

2. 村民通则激励善行

众联村过去有行善的民风传统，后来因为市场经济的冲击，这一传统有所丢失，但其文化基础还在。众联村口有一座桥叫星拱桥，是杭州市重点文物保护单位，于1928年由乡贤捐资2.8万大洋修建，是众联村善行文化根基的物质载体。

七彩功德社成立后，河上镇驻村党委宣传委员周颖带马永江参观了浙江东阳何斯路村的"功德银行"。马永江受到启发，回到众联村搞起了"功德簿"：把村民当中的好人好事在功德簿上记录下来，并定期给予表彰与奖励。这样的记录有一定的效果，但是影响还不够大。当时施国强老师正在联合区民政部门设计一个基层治理项目，具体是在村民当中开展"十佳村民""十佳邻里""十佳婆媳""十佳党员"等称号的评选。马永江以此为蓝本起草了一份村民通则，包括30条加分、20条扣分的行为目录，以及各类"十佳"称号的评选办法。在细则内容和加分权重上，通则对志愿服务有所倾斜，鼓励村民为村里多作贡献。通则由七彩功德社负责具体实施，每个季度进行积分的公示，按照积分分值给予村民物质奖励和精神鼓励，并评选"十佳村民""十佳邻里""十佳婆媳""十佳党员""十佳家庭"。公布评选结果时，村里不开表彰大会，而是由村"两委"干部敲锣打鼓地一户一户送去奖状和奖品。这种表彰方式起到了很好的激励效果，众联村文化历史悠久，村民们都比较在意"面子"，被表彰的村民会感到非常光荣，积分比较低的村民则会找村委和七彩功德社评理。当有少部分村民对扣分无动于衷时，家里小孩的荣誉感就会发挥作用，家长因此也会不好意思。

经过对加减分规则的改进和对"十佳"称号的统筹设计,《"五和众联"村民通则》(简称《村民通则》)于2017年12月16日在征求全体户代表的意见后讨论通过。《村民通则》设置了和善村民、和美家庭、和睦邻里、和煦村庄、和谐社会等五大板块的积分目录,内容涉及加分项30项,扣分项20项,加上十条总则,被村民们称作"五和众联60条",涵盖个人行为、家庭美德、邻里关系、村庄建设、社会公德等方方面面。"五和众联"项目以家庭为单位,一家一账,采用积分制的形式,可存可取。村民或组织可通过自荐、推荐方式自评分值,由上年度积分最高的村民、民警、党员代表等不同界别的18名村民组成的现场评议小组评议,季度分值在积分公开栏和"微动众联"公众号公开,对积分有异议可以向由党员代表和德高望重的村民代表(5人)组成的仲裁小组"求助",由仲裁小组作出积分最终仲裁。评议小组、仲裁小组与《村民通则》形成了管理上的闭环,更让积分有据可依,为村民自治打通了一条公开、透明的渠道。《村民通则》的效果立竿见影,刚施行一年,村里偷竹笋、用药毒鱼等行为就绝迹了。

"积功"的目的在于"立人","五和众联"项目通过倡导做好事善事,形成良好的乡村文化,实现自治、法治、德治的"三治融合"。其主要有五大特点:一是坚持党建引领,促进"三治"融合。众联村不仅积极发挥村党委的主导作用,还在七彩功德社建立了党支部,突出党在乡村治理中的引领作用。二是利用乡村社会组织,搭建村民自治平台。七彩功德社是"五和众联"村庄治理体系的实施主体,同时众联村乡贤会也在坚持和发挥乡贤榜样作用等方面发挥着积极作用。三是创建社区"皮毛法",构建乡村法治机制。在借鉴国外调解邻里矛盾"皮毛法"的基础上,众联村创造性地推出《"五和众联"村民通则》。四是开展村民积分考核,以善促善,培育乡村德治文化。在《"五和众联"村民通则》的引导下,村民主动参与村里的公益活动，形成"人人争加分，努力不扣分"的良好氛围。五是坚持以人为本，以文化人，发挥主体积极性。

3.社会组织凝聚善治

社会组织是国家治理体系中的重要组成部分，因此也是"美丽乡村"建设的重要力量。众联村在"美丽乡村"建设中，重视发挥社会组织在村民自治、公益活动组织、村民积分评议、乡村文化建设等方面的作用，取得了很好的效果，也形成了很好的经验：首先，要发挥党建在社会组织中的引领作用，社会组织开展的各项活动，都应在村党组织的领导下进行，众联村在七彩功德社建立党支部是很好的做法，值得总结推广；其次，要创设社会组织参与"美丽乡村"建设的平台，社会组织参与"美丽乡村"建设要服从于"美丽乡村"建设的统一规划，绝不可自行其是；再次，社会组织参与"美丽乡村"建设关键是发挥自身优势，特别是乡贤会的人才优势和社会公益组织的机制优势，为"美丽乡村"建设提供有效帮助。

"五和众联"治理模式主要是通过七彩功德社这一民间社会组织来操作的。与村委会、党支部相比，民间社会组织更加接地气，在老百姓心中的公信力更强，更容易激发村民的主体积极性。在众联村村委会办公楼里有一个社会组织服务中心，是社会组织办公、组织活动的地方。现在七彩功德社已经由最初的33人发展为348人（包括30多名党员），并孵化了7个村级社会组织：平安队、体育队、助老队、文艺队、体育队、洁美队、助教队，每个组织都已在民政部门登记。任何组织的成员都会义务承担志愿服务，比如乒乓球俱乐部的成员虽然因共同爱好打乒乓球聚到了一起，但是在组织中他们不仅仅是打乒乓球，有时候也会参与一些村里的公益活动。每个社会组织有一个专职人员，每年可以获得4万元的收入，其他组织成员则利用业余时间参与到义务志愿服务当中。众联村的很多青壮年都加入了社会组织，他们大部分在村外如萧山、绍兴、诸暨等地的市区工作或创业，利用晚上下班或者周末和节假日的时间回村参加社会组织的活动。另外，社会组织成员中女性数量占到了60%以上，其中包括很多在村里生活的全职妈妈，她们有一定的文化水平可以胜任村内事务，并且也需要这样一个平台来充实自己的生活。基本上众联村的每家每户都有人在社会组织中，能够动员整个家庭去支持村里的各项工作。

图1 党员参与的"初心菜园"活动

为了让更多社会力量加入乡村治理中，众联村以七彩功德社为平台，给志愿者、乡贤、企业等社会力量以沟通媒介。在常态化开展的扶贫济困、助老扶幼、慈善救助、文化生活、社区治安、洁美乡村等社区服务项目和活动中，更多地依靠村民，激发他们参与乡村治理的热情，同时引领乡贤、企业、社会组织等社会力量参与合作。

除七彩功德社外，乡贤理事会也是众联村社会治理的核心力量，在德行示范、引进资源、捐资捐物、献计献策等方面都是推进村庄发展的强大动力。乡贤理事会会定期在五和众联评议厅召开会议。企业家、学者等成功人士都可以加入乡贤理事会，参与村庄治理，成为政策法规的宣讲员、群众思想的引导员、村情民意的调查员。许多企业家、乡贤也是社会组织的成员，多重身份的叠加使政策与活动的推行更加有效，村民们更有凝聚力。社会组织作用的发挥极大地减轻了村"两委"的负担，使村里的各项工作都能在村党委的领导与监督下顺利开展。

4. 外部资源助力乡建

与外界的沟通和对外部资源的利用对乡村社会治理也十分关键。"五和众联"治理模式在被媒体多次报道后，引起了许多单位、部门的重视，特别是中国社会科学院社会学研究所副所长王春光等高校学者对众联村进行了持续关注。

在众多的意向合作高校中，马永江最终还是选择了离众联村最近的、曾为"五和众联"项目的建设给予了重要支持的浙江广播电视大学萧山学院作为主要合作的高校。作为最了解众联村实际情况的高校学者，萧山电大的施国强老师对《村民通则》，以及村庄的治理结构、制度设计等进行了一些修改和完善，又帮助众联村申报了"萧山区美丽乡村建设提升村"项目，争取到了一些资金。此外，萧山电大法律专业的学者也为《村民通则》的制定提出了专业的意见。

"五和众联"治理模式的成功也使众联村所属的河上镇为其提供了政策和资金支持：区民政部门每年会发布很多创投项目，众联村的许多公益创投项目都会由社会组织发起、开展，并向上级申报，以获取民政部门的资金支持。河上镇在五和众联治理体系的基础上建立了征信系统，将村民的积分与其信用结合起来，给予积分高者增加银行贷款额度、免担保等方面的优惠。截至2019年底，萧山农商银行在河上镇辖区内共发行"丰收五和卡"3000余张，在众联村、璇山下村、凤凰坞村3个试点村共发放"美德贷款"172

户，合计3019.4万元。这些资金上的支持也有助于增加村民的获得感，激励村民做好事。

（三）文化建设

众联村具有相对丰富的传统文化资源，在推进"美丽乡村"建设的过程中，比较重视文化建设，开展了一系列有利于乡风文明的群众文化活动。

1. 多渠道筹措资金，加强村级文化设施建设

2017年12月，七彩功德社在有历史文化情怀的河上镇驻村党委宣传委员周颖和深圳"古村之友"网络平台的支持下，发起了村史馆建设的网上众筹项目。短短一个月，就完成了10万元的众筹目标，顺利地建起了村史馆。村里通过争取上级专项补助、发动乡贤捐款等方式，筹措经费，回购经营不善的企业厂房，建立了众联村农村文化礼堂。众联村农村文化礼堂包括"三治融合"体验馆、文化长廊、图书阅览室、五和讲堂、乒乓球馆等文化体育设施，为村民提供了一个"留得住乡愁、看得到梦想、学得到知识"的精神家园。

2. 全方位发掘本土资源，开展传统文化回归活动

甄山庙会是众联村延续数百年的民俗活动，其在方圆百里之内影响很大，特别是诸暨方向。为了增强庙会的地域特色，打响品牌，众联村在文化部门的支持下，创造性地将非遗元素——传统的佛事活动、村民运动会、土特产展卖等传统文化活动加入庙会中。2017年，又加入了捏泥人、吹糖人、竹艺编织等当地特色非遗文化的展示。除了承担非遗展示、物质交流等传统庙会的功能，甄山庙会中还有萧山区组织的嘉年华活动。如此一来，为期五天的甄山庙会办得热闹非凡，吸引了大量游客前来，带动了旅游经济的发展，也增强了村民的文化自信。在庙会的举办中，马永江主任的私人资源也起到了作用，萧山区一个演艺公司的老板是马永江的朋

友，他愿意用比较优惠的价格来承接庙会活动，对活动进行整体的包装、宣传、组织、策划等工作。

3. 多样化设计活动载体，丰富村民精神文化生活

五和讲堂是村民们日常文化生活的一个重要场所，在这里可以以讲座的形式丰富村民的精神世界。从讲堂刚设立时村子请萧山电大的学者讲社会主义核心价值观、党的十九大精神等，到现在萧山社区教育的庞大智库里各有所长的专家都会前去做讲座，如医生开展健康讲座、红十字会开展急救教育、律师事务所的法律专家开展法律讲堂等，萧山区摄影协会还在众联村连续举办了7天的手机摄影方面的讲座。无论什么内容，只要讲得生动有趣，村民们都会听得津津有味。

文化活动不仅承担娱乐和普及知识的功能，更应促进村民道德素养的提升、思想境界的升华。文明风俗的培育是五和讲堂的一个主要功能，通过家风家训讲座和寓教于乐的文化活动，使村民们传承家风、激活家教，自觉发扬中华民族传统美德。

除了日常讲堂与每年一度的庙会以外，村里每年还会举行"村晚"，为群众提供一个交流展示的新舞台，村民走上舞台做主角，自编、自导、自演，共享快乐，充分展现了"接地气"的风采。七彩功德社还模仿电视连续剧《乡村爱情故事》拍摄了众联版微电影《乡村爱情故事》，让村民真人演真事。电影通过对村里5对不同年龄段夫妻的日常生活的呈现，展现孝道、睦邻、爱情等真善美的主题。村里还建立了舞狮队、锣鼓队等群众文化社团，丰富了村民的精神文化生活。

（四）经济建设

1. 探索产业培育方向，规划乡村产业振兴

众联村曾经是红极一时的富裕村，其缝纫机配件加工业为村民带来了大量的财富，使得众联村在1984年就成为当时萧山县的第一个电视村。然而，当年的村办企业，通过转制已经全部变成私营企业，而这些私营企业出于各种原因，都已经萎缩，有的甚至已经倒闭。而根据浦阳江生态经济区建设规划，众联村作为生态保护区已经不允许继续兴办工业企业。因此，目前众联村的产业主要由两部分构成：一是农业，种植水稻和蔬菜，且分散在各家各户，产量高但收益不高，基本保证自产自给，全村2018年的农业收入仅为225万元。二是工业企业，主要以金属加工为主，而且大多数企业已经迁到村外，2018年属于众联村统计范围的工业产值仅有1.95万元。因此，集体经济收入主要来自土地承包款和厂房出租的租金，因为当年村内的工业企业转型时，村子没有把工厂卖掉，而是把厂房及设备外租，收取一定的租金。但这带来的收入并不可观，2017年，村集体经济收入仅180万元，其中经营性收入75万元。综上所述，众联村的经济建设面临的最大问题是产业培育缺乏明确方向，集体经济薄弱。

产业振兴是乡村振兴的基础，没有产业振兴，就没有美丽乡村。因此，众联村正在积极开展调查研究，分析众联村发展经济的资源优势，对产业振兴进行科学规划。"美丽乡村"建设必须因地制宜，注意发挥区域优势。众联村最大的优势是生态，不适合发展工业和其他有悖其生态特点的产业。因此，众联村需要围绕本村的生态特点做文章。在产业规划上，目前众联村有以下三个发展方向：

一是利用1119亩耕地发展生态农业，推广"水稻+甲鱼+观光+体验"的多维立体经营模式，提高土地的产出效益。这种模式被称作"健康稻田"，它利用物种多样化形成整体生态链，生态系统结构稳定、污染少，农业资源高效利用，产出高。接下来，萧山区将大力示范推广稻虾、稻鳖等共作模式，实现绿色生产，而这也为众联村的发展提供了契机。目前存在的问题是，由于众联村土地面积较小，农民土地流转的积极性还不高，导致已经试验的农场面积小、规模效应不够。

图 2　众联村正在尝试的生态农业

二是利用泉水坞的山水优势，发展特色观光农业。泉水坞纵深1000多米，中间溪流清澈，两边坡地蜿蜒，适合发展以水果、中药材、花草为主要作物的观光体验性农业，形成小型的田园综合体。

三是发挥众联文化优势和"共享庭院"的建设经验，发展集观光浏览、美食体验、考察培训等于一体的乡村旅游产业。不同于原本围墙很高的独门独院，"共享庭院"的围墙只有80厘米高，院内景象一览无余。村民们一开始对围墙持保留态度，于是妇女主任、党员俞亚红带头推倒了自己家的围墙，积极参与"共享庭院"建设，与左邻右里共建了村里第一个"共享庭院"。围墙一拆，俞亚红有了新的收获。由于村民从家门口路过时就能看到自己家的院子，所以每天她都要把院子打扫得干干净净的，而这不仅使得自家院落清爽了很多，邻里间也更加和睦了，平常干活时，抬头就能聊几句。村民们看到"共享庭院"带来的好处，都开始申请进行"共享庭院"的改造。众联村请专业的设计公司进行设计，将居民区变成了一个个小公园，为今后民宿的发展打好基础。

2. 善用政策把握发展机会，招商引资追求持续发展

无论哪一种产业培育路线，都需要一定的资金投入。众联村经济建设主要有以下资金来源：

一是政府的政策性资金。"五和众联"治理模式得到了河上镇提供的贷款优惠，这给村民个人致富带来了一些契机。通过征信系统，积分高的村民能够获得贷款额度利率和免担保的优惠，经济上的优惠有助于村民培育新品种或投资做生意，进而带动村子整体的经济发展。村集体获取资金则主要依靠向政府争取项目拨款。众联村的村干部在专家学者的帮助下积极研究国家和区域政策，在国家"美丽乡村"建设和浙江省乡村景区化的政策大背景下，申报了美丽乡村建设、浙江省"乡村旅游A级景区"、文明村创建、最美庭院打造等项目以及社会组织的创投项目，这些项目一旦申请通过即可获得无偿资助或以奖代补形式的经费支持。而要获得立项资格，首先要向相关部门证明自己的资质和所具备的条件。村书记俞伟达成为众联村第一个使用PPT向政府申报项目的村干部。在中国社会科学院王春光教授及其他高校学者的帮助下，众联村在申报时完美呈现了项目的设计理念和设计方案，令审批负责人耳目一新，成功争取了浙江省"乡村旅游A级景区"等项目的立项机会。而"五和众联"治理模式所带来的村风村容改善和媒体曝光也让众联村具备了对项目的竞争力。2018年，萧山区开展"美丽乡村提升村"项目，众联村一开始并不在萧山区的28个村庄的规划名单中，后来由于"五和众联"声名远播，村容村风得以改善，众联村被纳入了规划名单，成为萧山区第29个"美丽乡村提升村"，得到了2800万元的村庄建设资金。

二是社会资本。要发展旅游产业，经营和运作各方面都需要成本，接受来自社会企业的投资是很多旅游特色村庄所采取的发展方式。然而众联村的村领导对于社会资本的介入持谨慎态度，因为这对村子和村民而言很可能不是一种可持续的经济发展方式。事实上，愿意投资众联村的社会资本不在少数，但基本都希望以买断的形式投资。村主任马永江认为，村集体、村民和社会资本之间的股权分配问题是村干部在选择社会资本时需要着重考虑的。

（五）生态建设

1980年代，众联村以铸铁加工为主的缝纫机配件企业红火一时，对环境造成一定污染，重点污染物为铸铁炉产生的烟尘及铸铁件加工过程中的铁沫等。但自1990年代中期起，由于配件跟不上下游缝纫机产品升级的步伐，铸铁加工企业逐渐萎缩，只剩下少量金属冲压企业，再加上地方政府对环境的整治力度不断加大，众联村的一些工业企业纷纷外迁，异地办厂，因此生态环境一直保持得比较好。2008年，萧山区提出建立由萧山南部8个镇组成的"浦阳江生态经济区"，而众联村地处该生态经济区腹地，由此众联村的生态环境保持和生态文明建设被纳入萧山区浦阳江生态经济区生态建设的总体规划，使其生态建设步入了一个科学、系统的阶段。2018年，众联村又成功申报为萧山区"美丽乡村提升村"和萧山区"景区建设村"，生态建设发展到了一个崭新的阶段。其生态建设重点开展以下两个方面的工作。

1.通过"五水共治"改善水体生态

众联村依山傍水，主要有三大水体：一是沿村西流过的永兴河，二是泉水自然村的泉水水库，三是由小溪流、小池塘等形成的各类小微水体。永兴河由于政府的严厉整治，沿岸污染企业几乎已经全部关停，近5年来，其水体外观和水质生化指标均达到《生活饮用水卫生标准》（GB5749—2006）的要求，而泉水水库由于地处半山腰，远离村民生活、生产区域，一直都保持Ⅰ类或Ⅱ类水质水平。因此，众联村水环境整治的重点在于小微水体，其污染源主要是生活污水和生活垃圾。

"五水共治"是指治污水、防洪水、排涝水、保供水、抓节水，这是浙江省委、省政府于2014年开始实施的一项作为全面深化改革的重要内容和需要重点突破的改革项目。众联村借此契机，大力实施小微水体整治。一是以七彩功德社为主力，带动全村志愿者开展清除溪边、池塘边垃圾和杂草活动，全村共动员志愿者以义务劳动的形式开展了大大小小30多次集中行动，清除水边垃圾、杂草20多吨，实现了水边清洁美化；二是借助"三改一拆"的东风，拆除溪边、池塘边各类露天粪坑和鸡棚、鸭棚等违章建筑100多处，消除了来自岸上的污染源；三是抽水清底，彻底清除水边污染物，由于长年累月的沉淀、淤积，几乎所有的溪流、池塘水底都沉积着大量的淤泥杂物，众联村以"釜底抽薪"的方式，对流经全村的1000多米溪流、5个池塘进行彻底清淤换水，使所有小微水体实现"清疴通脉"，重现清可见底的水体景观；四是借水造景，借助"美丽乡村提升村"项目，在池塘边、溪流边筑桥建亭，再现"小桥流水人家"的美丽景致。

2. 通过"三改一拆"改善村庄面貌

"三改一拆"是指浙江省人民政府决定自2013年至2015年在全省深入开展旧住宅区、旧厂区、城中村改造和拆除违法建筑三年行动。"千村示范、万村整治"是"美丽乡村"建设的巨大工程中的一部分。通过三年努力，旧住宅区、旧厂区和城中村改造全面推进，违法建筑拆除大见成效，违法建筑行为得到全面遏制。

在实施"三改一拆"前，众联村内有很多违章建筑侵占了公共空间，甚至是集体土地，对村容村貌也造成了很大的破坏，形成了一些不平等竞争，比如一些在违章建筑内经营的企业比取得正规营业执照的企业所付出的成本要低很多。一户两宅、一户多宅的问题也造成了大量空心村的产生：村民在村子外面建了新房子占用了自家的宅基地面积，为了不让老房子被定为违章建筑收回，就让自己的父母长辈住在老房子里，不仅占用空间、破坏村容，还给老人的安全和生活造成了很大的困扰。因此"三改一拆"政策中还包括了"一户一宅"政策，即一户人家只能有一处住房，70岁以上的老人不能独立立户，必须和子女住在一起，以解决老人生活无人照料的问题。众联村积极对各类违章建筑进行全面拆除，并对一户两宅、一户多宅进行清理。由于拆违清宅涉及各家各户的利益，难免引起部分村民的抵触与反对。解决村民不满情绪的关键在于一视同仁，因此政策推进过程中的公开透明很重要。正是在落实政策的过程中，马永江等村干部意识到了团结村民的重要性，认识到了整合民风的重要性，推动了"五和众联"治理模式的诞生。

在强势推进拆违的过程中，众联村把拆违还路、拆违治脏、拆违增绿、拆违添景等有机结合起来，对废墟及时进行改造，打造了很多花园、停车场景观小品等，做到了拆有所得、拆有所用。一方面，对拆后土地"化零为整"进行综合利用，加快土地流转，为今后发展观赏农业、休闲农业留足空间，在这些土地上建成稻田养鳖示范园等生态农业项目。另一方面，全力打造村口景观工程，围绕"宜绿则绿"原则，种绿补绿。同时，在符合土地利用总体规划和城镇规划的前提下，新建3个村级休闲公园共4600平方米，停车场8700平方米，巩固拆违成果。另外，还对可利用违章建筑进行改造再利用。比如回收一户多宅的老房子，通过众筹集资，建立了村史馆；利用倒闭企业的旧厂房，经过改造建成集村民举办婚庆喜事、发展农家乐餐饮于一体的众联村家宴中心。看到村里的环境美了、参观的人也多了，村民们都理解了"三改一拆"的必要性，开始主动配合村内的改建活动；再加上众联村的民风得到了改善，现在村子的建设几乎已经没有阻力了。

三、"美丽乡村"发展特色

众联村通过创新乡村善治模式推进"美丽乡村"建设，成果十分显著，已经引起了党政部门、学界和媒体的广泛关注。浙江省政法委把"五和众联"治理模式作为新时期"枫桥经验"在全省推广；省委常委、杭州市委书记周江勇批示，要求完善模式，在杭州市进行重点推广。中国社会科学院、清华大学、浙江大学等的学者专家纷纷前往考察，对众联经验进行研究提炼。《农民日报》《浙江日报》等主流媒体多次报道众联经验。众联村在推进"美丽乡村"建设过程中，突破传统思维与路径依赖，形成了具有独特风格与显著效果的众联方案。

众联村开展"五和众联"治理模式创新，并非灵光闪现之举，而是一个水到渠成的探索结果。早在"五和众联"治理模式提出之前，村"两委"成员就在村主任马永江的带领下建立了公益组织——七彩功德社，通过七彩功德社组织志愿者为村民做好事，以老人为突破口慢慢打动村民，唤起众联文化之根，通过人与人之间的相互传递与影响形成民风，"五和"便成了必然的趋势。民心齐了，乡村的治理就成功了多半。

1. 以善资助善治，改善乡村建设条件

所谓"善资"，是指怀有善意，能够为"美丽乡村"建设所用

的各种资源。众联村虽然人文资源、生态资源丰富，但也存在较大的短板——集体经济薄弱。不过，村"两委"班子并不因此气馁而无所作为，他们敞开大门，主动对接、利用各种资源，为"美丽乡村"建设服务。一是智力资源："五和众联"治理模式设计之初，就得到了区民政局基层政权建设专家的悉心指导。在实施过程中，众联村又主动拜访专家学者，先后请来中国社会科学院、清华大学、浙江大学等的学者专家前来考察指导。特别是萧山电大，作为村党委书记俞伟达、村主任马永江大专就读的学校，为帮助众联村进行乡村治理模式创新，专门出台了"助力乡村振兴行动计划"，组建了"助力团"，全方位参与。二是政策资源：为了争取政策支持，众联村积极参与各项创建活动，所涉及的创建项目包括社会组织培育、文化创意、非遗传承、公益创投等，并成为浙江历史文化村、杭州市美丽宜居示范村和萧山区中心村。这些项目的创建，不仅为村里带来了100多万元的资金资助，还产生了连锁效应——上级领导因为众联村的积极创建，对他们青睐有加。尤其是申报成功的萧山区"美丽乡村提升村"和浙江省"乡村旅游A级景区"这两个创建项目，不仅为村里带来了3000多万元的资金投入，还带来了高水平的设计团队，使众联村的"美丽乡村"建设达到一个靠自己的力量所难以企及的高度。三是乡贤资源：众联村在萧山区内率先建立了乡贤理事会，动员乡贤积极参与家乡建设。乡贤们看到村里治理有效、环境优美，不仅慷慨解囊、捐资捐物，还献计献策、奉献智慧。他们不仅集资设立了优秀学子奖学金、建起了应急救援站等，还以自己的义举、善行在村民中树立了道德榜样。

2. 以善治促善建，优化乡村建设路径

《农业部办公厅关于开展"美丽乡村"创建活动的意见》中指出，"美丽乡村"创建的基本原则之一就是"以人为本，强化主体。

明确并不断强化乡村在创建工作中的主体地位,把农民群众利益放在首位,发挥农民群众的创造性和积极性,尊重他们的知情权、参与权、决策权和监督权,引导发展生态经济、自觉保护生态环境、加快建设生态家园"[①]。

众联村在推进"美丽乡村"建设中,没有采用一贯的强势推进的策略,而是特别重视激发村民的主体参与积极性,走出了一条以善治促善建的新路。村民是乡村治理的重要主体,不管是以前的新农村建设,还是现在正在开展的"美丽乡村"建设,都会存在一个普遍性问题,就是工程开展期间效果明显、成果显著,而工程一旦结束后,就又"新颜换旧貌"。究其原因,主要是村民主体性缺失。因此,搞乡村治理,就绝不能让村民"被治理"。为了激发村民参与治理的积极性,众联村主要在以下三个方面下功夫:一是提高村民的参与度。"五和众联"治理模式在设计时,就特别强调村民的参与,他们把"和善村民、和美家庭、和睦邻里、和煦村庄、和谐社会"五个方面的内容细化为50个小项,由村民进行自评、互评、集中评议,通过评议使每位村民都有了参与村庄治理的机会。二是增强村民的获得感。他们在治理过程中,坚持做到"做一件成一件",以实实在在的治理成果增强村民的获得感。特别是在拆违过程中,没有一拆了之,而拆了以后更是及时清理建筑垃圾,并且迅速进行绿化、美化。农民看到拆违后,自家门前的阳光更充足了、道路更通畅了、停车更方便了、河里的鱼可以吃了,自然就会支持村里的工作,并积极参与其中。三是提升村民的荣誉感。大力宣传

[①] 农业部办公厅关于开展"美丽乡村"创建活动的意见(农办科〔2013〕10号)[EB/OL].(2013-02-22). https://www.pkulaw.com/chl/bce826786ea25789bdfb.html?keyword=%E5%86%9C%E4%B8%9A%E9%83%A8%E5%8A%9E%E5%85%AC%E5%8E%85%E5%85%B3%E4%BA%8E%E5%BC%80%E5%B1%95%E2%80%9C%E7%BE%8E%E4%B8%BD%E4%B9%A1%E6%9D%91%E2%80%9D&way=listView.

众联村的治理成果，让众联村的治理成果登报纸、上电视，吸引更多的参观者来村里考察、取经。村民觉得"我们村那么有名"，自豪感、荣誉感油然而生，其实这本质上也是一种获得感。

3.以组织抓治理，增强乡村建设活力

在众联村，基本上每家每户都有人在各个社会组织里，能够动员整个家庭去支持村里的各项工作。社会组织让村民们摆脱了过往一盘散沙的状态，使村民们能够更有效地参与村庄建设与治理。七彩功德社、乡贤理事会等社会组织的互动也能够让村中的信息流通更加顺畅，更加灵活地实现乡村自治。对村干部而言，社会组织也是得力助手，对政策推进、精神传达、民情反映都有着至关重要的作用。

四、"美丽乡村"建设遇到的问题

众联村充分利用社会组织的功能，在社会治理方面取得了明显的成就，然而由于村庄自身和外界的因素，众联村在"美丽乡村"建设过程中也遇到了如下问题：

（一）村干部经济收入与付出难以匹配

如前文所述，众联村的村干部队伍，尤其是村党委书记俞伟达和村主任马永江受到了诸多的激励，这些激励也转化成他们为建设村庄服务的动力，但这些激励主要以荣誉称号为主，目前村干部队伍中依然存在经济收入与付出难以匹配的现象。据调研团了解，马永江在变卖了自己的产业后，每年的工资收入只有9万元左右，随着两个孩子的成长和父母的老去，家中的经济压力越来越明显，之前做生意积累的积蓄可能无法长久支撑家中开销。如此看来，仅仅依靠"情怀"是无法形成长久、可持续的驱动力的。对乡村建设作出重大贡献的干部是否需要更多物质上的补贴是一个值得关注的问题。

（二）"政绩工程"驱动下的盲目干预

这可以被看作众联村因其"善治"而成为"网红村"之后所带来的副作用。由于媒体的宣传与曝光，众联村成为基层治理的典范，因而一些人想要通过干预众联村的治理来丰富自己的政绩。另外在经济发展方面，不同领导对资本吸引和使用方面的不同意见也会造成村庄发展方向混乱，使村庄缺少自主性。

（三）缺乏明确产业优势，难以吸引优质资本

众联村的集体经济比较薄弱，产业的培育还在探索阶段，产业的发展需要吸引外部优质资金进入。然而，大多数社会资本为了谋取最大化的利益，会采用买断的方式进行投资，村集体和村民只能得到一开始资源被买断带来的收益，但无法入股，没有对产业资源的经营权，因此村集体和村民难以获得可持续的收入。截至调研期间，众联村还在积极寻找愿意接受村民入股的投资企业。

五、未来发展方向

众联村因"五和众联"乡村治理模式而成为"网红"村，这一方面扩大了众联村的知名度，对吸引更多资源进入众联村，产生了极好的营销效果；另一方面也让众联村，特别是村党委、村委会"两委"班子成员倍感压力。他们清醒地认识到众联村虽然有生态、文化、治理等方面的优势，但也有产业方面的短板，而这一短板如果一直存在，势必会逐渐弱化原来积累的优势。2019年新年伊始，

村党委、村委会会同七彩功德社、乡贤理事会等群众组织，围绕众联村如何"扬长补短"展开深入讨论，目前已经形成比较成熟的发展规划。

（一）继续深化"五和众联"乡村治理模式的创新

完善《"五和众联"村民通则》，聘请法律专家对条文进行仔细推敲，使之既具有法律文书的严谨、明确，又具有社区皮毛法的简洁、易操作性。强化治理成果的转化，特别是要把治理成果转化为村民的获得感、幸福感和荣誉感。积极推进"五和众联"治理模式，通过推广扩大众联村的"朋友圈"，从而打造区域性的"三治融合"学习体验基地。

（二）积极打造乡村旅游A级景区

持续推进"共享庭院"改造，加快家宴中心建设，打造以善治文化为灵魂、以共享庭院为特色、以文化景观与农家美食为卖点的3A级乡村旅游精品景区。

（三）加快产业培育与振兴

第一，成立村级农业发展股份有限公司，谨慎引进社会资本，村民以土地入股、村集体经合社以基础设施和政策资源入股，形成"社会资本＋村民土地＋村集体基础设施与政策资源"的股权结构，合理开发众联村的耕地、山林和水库溪流，建成微型田园综合体。第二，发展"互联网＋乡村旅游"，建好共享庭院、研制特色农家美食，建立融媒体电商平台。第三，邀请专家对众联村的山林、土质进行调查分析，为今后发展精品水果、优质蔬菜、观赏花海等进行品种选择，为打造田园综合体提供科学依据。第四，加快村外众联工业企业转型升级，引导企业总部回归。

参考文献

[1] 萧山政府网通讯员."五和众联"打造乡村治理"萧山模式"[EB/OL].(2019-02-20).http://www.xiaoshan.gov.cn/art/2019/2/20/art_1302903_30420520.html.

[2] 张留,章忻,王军良.乡村善治"样板间"②|萧山河上凭什么打造未来乡村"数字底座"[EB/OL].(2020-07-02).https://zj.zjol.com.cn/news.html?id=1478078.

[3] 农业部办公厅关于开展"美丽乡村"创建活动的意见(农办科〔2013〕10号)[EB/OL].(2013-02-22). https://www.pkulaw.com/chl/bce826786ea25789bdfb.html?keyword=%E5%86%9C%E4%B8%9A%E9%83%A8%E5%8A%9E%E5%85%AC%E5%8E%85%E5%85%B3%E4%BA%8E%E5%BC%80%E5%B1%95%E2%80%9C%E7%BE%8E%E4%B8%BD%E4%B9%A1%E6%9D%91%E2%80%9D&way=listView.

蝶变：从荒山村到"后花园"

——重庆南岸区南山街道放牛村的乡村振兴之路

■ 周心璐

党的十九大报告中提出了乡村振兴战略，2018年中央一号文件《中共中央国务院关于实施乡村振兴战略的意见》发布，同年《政府工作报告》指出，要大力实施乡村振兴战略。2020年中央一号文件提出"大力发展休闲农业和乡村旅游……建设一村一品、一村一景、一村一韵的魅力村庄"。国家出台的一系列政策让乡村迎来了"春花烂漫的时刻"。

近几年来，重庆南岸区南山街道放牛村抢抓机遇，因地制宜走上农旅融合的绿色发展道路，逐渐从过去的"荒山村"变成了重庆人向往的美丽"后花园"。放牛村富有特色的创新实践，不仅实现了民富村强的目标，而且在生态建设、经济建设、社会建设等方面共同发展，成为中国"美丽乡村"建设的典型案例，构建和丰富了乡村振兴的中国经验。

一、放牛村基本概况

"山城"重庆的主城坐拥"四山",其中铜锣山脉纵贯重庆主城,浩浩长江将其"横切",长江以南的山脉即为南山。位于重庆北部南岸区的南山是国家级森林公园,是重庆市的天然"绿肺"。南山街道放牛村就位于南山风景区深处,紧靠南山植物园,北与江北区铁山坪隔江相望。辖区面积8.5平方千米,森林覆盖率72%,花木种植面积3000多亩;最低海拔175米,最高海拔480米,平均气温23度。放牛村下辖堰塘湾、老房子、竹林沟、古佛、大竹林等5个村民小组,全村农户456户,农业人口1098人。村民主要以花木、盆景种植、乡村旅游为主体产业,2018年村集体收入200万元左右,全村人均收入达2.68万元。

放牛村在新中国成立前叫放牛坪,1951年改名放牛村,1960年更名南山人民公社放牛大队,1989年改回放牛村并沿用至今。据南岸区1982年地名录记载和老人回忆,放牛村及其所辖的5个村民小组留着历史陈迹,之所以叫放牛村(放牛坪),是因为村内有一块巨石,形似牛,牛向铁山坪,坪上有两个脚印,如骑牛放草。

二、放牛村的"美丽乡村"建设之路

(一)政治建设

放牛村以习近平新时代中国特色社会主义思想为指导,全面贯彻党的十九大和十九届二中、三中、四中全会精神,贯彻落实中央、市级农村工作会议精神,增强"四个意识"、坚定"四个自信"、做到"两个维护",坚持"两点"定位、"两地""两高"目标,发挥"三个作用",深化落实习近平总书记提出的营造良好政治生态的重要指示要求,按照"干在实处、走在前列"的要求,以全市生态振兴试验示范区建设为抓手,推动"五个振兴",强化示范带动,实现"南岸乡村起风景"。以党建引领乡村治理,以党支部带头抓、党员带头干的组织机制,通过密织"责任网、帮扶网、连心网"三张网,推行村民委员会事务和集体经济事务分离,凝聚村党组织、群众性团体组织、群众自治组织、农村集体经济组织,构建村党组织领导下的村级治理结构。实行"四议两公开"工作法,充分发挥村务监督委员会作用,对集体经济组织的运营管理进行监督。

（二）社会建设

近年来,放牛村的基础设施不断完善,以交通运输网建设为例,村内道路改造、新建与互通,交通运输能力不断提升;村外逐步与城区交通网连接,缩短运输半径。

20世纪90年代前,放牛村只有一条从村委会通往南山植物园的约3千米的机耕道,能享受这条机耕道的只有老房子和堰塘湾两个小组。位于大山边的古佛、竹林沟及大竹林3个小组连机耕道都没有。1998年,因三峡大坝蓄水后会淹没古佛、竹林沟两个组共11亩河滩地,经村民讨论同意,村委会请政府将国家的安置补偿方式改为用货币补偿,并把补偿的钱用于修建村委会到夏家坪的长3千米、宽4.5米的泥结石公路。2001年,放牛村新修了从香樟林酒店到马道子的长1.5千米的公路。2002年放牛村集中人力、物力,修通了通往5个生产小组的路,村民给其取名"五福路",示意给5个村民小组都带来幸福。

放牛村交通的改变离不开国家公路交通网络的发展,2001年由政府出资、区交通局牵头修建了从纳溪沟到广阳坝的弹广公路；2013年由政府出资，区交通局牵头，村里配合，修建了从放牛村大竹林、干堰塘到慈母山一号洞口2.17千米的腊梅园公路，该公路的建成，缩短了放牛村与主城的距离。现在石纳公路、弹广公路、腊梅园公路都穿村而过。如今从放牛村10分钟内就能上重庆市内环高速公路，20分钟就能到达主城南坪、渝中、江北等中心区域。

放牛村全村覆盖电力、通信，有线电视、自来水、电话、宽带网络遍布全村。同时，村里加大力度对村内人居环境进行整治，定期维护村社公路、中大路。村里安装了太阳能路灯，公路沿线分类垃圾桶等环境基础设施齐备。垃圾定时定点由专人负责清扫和处置，村内人居环境整洁优美。放牛村旅游公共服务设施较为齐全，交通便利，进村公路状况良好，有正规便捷的公交专线。公路边标识标牌较为清晰齐全，拥有大小停车场约20个，可提供300余个车位。

由此可见，强有力的社会建设成果为放牛村吸引游客，进一步发展生态旅游支柱产业打下了坚实基础。

（三）经济建设

1. 产业建设变迁历程

放牛村地处典型的山坡地带，人均耕地不足，土地产出率低，为了摘掉"落后贫穷"的帽子，村里的产业建设在探索中发展。从传统种植业到采石业等粗放经营、办厂开公司等散户经营，到开办集体养鸡场、食品加工厂等集约式经营，再到专业合作社，其间历尽波折。

1994年底，22岁的唐红东从部队转业回家，次年5月开始担任放牛村党支部书记至今。当时的放牛村是一个"空壳村"，村干部的工资都已经拖欠好几年了。为改变贫穷的经济状况，唐红东关闭了自家的养鸡场，与村"两委"一起商量把办公楼多余的房间用来养鸡。1996年村委会贷款在村办公室办起了集体养鸡场，技术员就是村党支部书记，工人就是村干部。他们一边上班，一边养鸡，晚上由男同志轮流值夜班。当时因为没有超市，只能把鸡运到市场去零卖，几批鸡卖下来，不但还清了贷款，还付清了历年欠村干部的工资。因为办公场地和养鸡场地混在一起，村民来办事都说熏得难受，经村"两委"商量，在1997年关闭了养鸡场。1998年，在原南岸区旧城改造办公室的支持下，办起了"南山天然食品厂"，主要进行野生蕨菜的采摘和加工。经过加工后的蕨菜，也是由唐红东带着村干部到市内各大酒店、火锅店去销售。两年后，因为过度采摘，蕨菜来源萎缩，村"两委"商量后又将蕨菜加工厂关闭了。

千条理万条理，发展才是硬道理。以唐红东为带头人的村领导班子召开村民座谈会，听取村民意见，组织种植附加值高的花卉苗木，把散户经营整合起来共同发展，于2002年成立了"放牛坪花木专业合作社"，于2008年更名为"秋枫花木种植专业合作社"。

2. 农旅融合协调发展

2010年，村"两委"经过多次与村民商议，决定将廖家凼一带已经撂荒多年的边坡地集中起来，依托南山多年的桃花种植传统，修建一个占地140亩的"南山桃花园"。2013年春季正式开园后，仅30天就吸引4万余人入园赏花，门票收入20万元（不包括免票入园游客）。

前有铜锣峡，后倚长江，交通便利。南山街道敏锐地捕捉到了放牛村发展都市休闲旅游这一得天独厚的优势，乘势而为，决定将南山桃花园进一步做大做强，建设以桃花为主的，适应大众娱乐需求的都市休闲农业园区，与南山精品型植物园差异化发展。在南岸区农业农村委员会、南山街道的引导下，桃花园首先确定了"依山势定区域，依资金定规模，依特色定生产"的项目规划原则，扩大园区面积700亩（包括流转村民的土地100亩，开发集体荒地600亩），便于集中连片，合理布局，并将园区规划为四大区域，分别为桃花区、映山红区、玉兰区和娱乐区，让游客一年四季都有花赏。在桃花盛开时，南山桃花园最多的时候一天接纳游客量达5000多人。2015年南山桃花园还被评为AA景区。

为了吸引更多市民，2012年放牛村又在大竹林小组修建了200亩的"南山腊梅园"，并在园内建了两个标准网球场，紧接着2013年又开始打造"映山红生态园"，三个生态园区以及辖区内的佛教圣地——南山寺、南山道院——古佛寺，吸引了前来休闲、度假、踏青、旅游的重庆市民。

在生态农业园区示范影响下，村民自己也陆续办起个体花木企业，如健源苗圃、芳草地园艺场、叁陆玖花木专业合作社、浩坤园林公司、美娟园艺场、花中溪生态农业园等。这些园区和花木企业每年为村民提供100多个就业岗位。如今，当地农民通过土地流转、收益分红、务工劳务、经营收入和苗木销售等多个途径增加收入。例如，村民土地流转收益从曾经的800元/亩/年已增至1300元/亩/年。同时，通过项目实施及辐射带动，南山桃花园已从700余亩发展到1000余亩，产业已从单纯的观赏桃花，逐步发展为集赏花、摘果、郊游、餐饮、销售于一体的乡村旅游综合体。至此，放牛村充分发挥区位优势，形成了种植生态园区农旅融合与个体花木企业蓬勃发展的新局面。

3.树立精品民宿品牌

随着种植生态园发展起来的，还有陆续落脚的乡村民宿。2009年，重庆本土画家王文亮在一次写生中，被放牛坪一片大约5亩的香樟林深深吸引，心想："在这里辟一处天地，造一所院落，唤三五好友，喝茶聊天岂不快哉？"他的期待没有落空，画中的"诗和远方"落地放牛坪，变成了一家叫作"鉴宽山房"的民宿。王文亮将香樟林旁边一间闲置的土坯农房买下，改建成一座有13个房间的民宿院落。"鉴宽山房"依山而建，拾级而下，两边错落树桩、闲舍、池塘，站在房间里推窗而望，俯仰之间皆是令人心旷神怡的自然美景。"鉴宽山房"成为可以燎原的星星之火，并逐渐延展出独具特色的全域旅游产业。以"鉴宽山房"为原点，包括放牛村在内，南山逐渐兴起了一批精品民宿，形成了区域发展的特色，其中以"南山之麓，栖心之所"为主题打造的"南麓茚舍"创立于2015年11月18日。项目利用原有建筑改建及重新装修，修旧如旧，保留了建筑物的原有风格，使动线更为合理、景观更加优化，加上主营的景观餐饮，从建筑风格到服务内容上都做到了贴近本地、贴近自然，也被放牛村列为申报全国乡村旅游重点村的旅游产品之一。在放牛村深处的民宿"南山里"，被自媒体人"一条"称作"重庆山里最美民宿"。"一条"说："这里有4栋白色小楼，9棵大树穿墙而过，像森林里长出来的房子一样梦幻。每个房间都能看到不一样的风景，有的能看到小森林，有的能看到长江……民宿还将风景最好的顶楼，留给了露天餐厅，天气好的时候可以在这里吃火锅，很多住在重庆市区里的人，也会专门开车过来，享受'坐在树梢上吃火锅'的特别体验。"

　　放牛村不仅民宿的类型多样化，经营主体和投资主体也呈现多元化特点。目前，放牛村乡村民宿的经营和投资模式主要有三种：农户自主经营型、公司型、私人（合伙）投资型。包括南麓茚舍、鉴宽山房、七里山塘、榈銘龢、山茶居等在内的20多家民宿中，就有来自台湾和曾经在莫干山开过民宿的投资者，也有来自重庆本地的民宿主人。

（四）生态建设

要把生态旅游打造成放牛村的特色支柱产业，首先要做好生态建设。据南岸区农业农村委员会相关人士介绍，近些年，南山街道投入几百万元对放牛村进行了人居环境改造建设，实施了放牛村美丽乡村整洁庭院工程，整个放牛村的村容村貌发生了翻天覆地的变化。据放牛村村委会工作人员介绍，在人居环境改造建设过程中，对辖区大竹林村民小组农房，全部按照巴渝新居风貌进行了外立面改造。清理外运55户人家房前屋后的废旧杂物、砖瓦、柴木堆、杂草、垃圾1500立方米；给每户周边菜园、花园、院坝设置栅栏；对每户院坝路面进行局部硬化；对外墙进行修补美化、彩绘和景墙绘画，并设置了乡土景观小品80个；等等。

结合具体情况，放牛村对绿化区域，以及村内各条道路、房前屋后、空闲土地等采取因地制宜、适地适树绿化办法，通过乔、灌、花、草的错落搭配与有机结合，扩大绿化面积。放牛村主要栽种了乔灌木，其中包括黄葛树4000余棵、小叶榕2000余棵、桂花树3000棵和其他多种多样的乔灌木类植物，农宅房前屋后种植月季800棵、蚊母树2000棵、春鹃1500棵，形成了立体化绿化模式。这些树种的选择深受村民欢迎，具有生长快、易管护、适宜当地气候条件等特点。截至2021年，放牛村林地总面积达到6万平方米，林木绿化率达到70%，村内绿地率已达到95%以上，荒地全部实现绿化。

看到了生态改造的成果，村民们建设放牛村的步伐也更加有劲。2021年4月1日，位于放牛村长江沿岸的铜锣花谷生态园正式开园营业，吸引了许多游客前往打卡。如今生态园的位置，曾是长江边上的一块荒地，因地势陡峭鲜有人涉足，有人便将各类建筑渣料、生活垃圾，尽数倾倒在这里，让这片荒地成了"垃圾场"。

2016年，放牛村开始治理这片荒地，因地制宜，根据荒地依山傍水的特色，打造了一个生态花谷，如今，生态园已经完成了"大变身"，一跃成为美丽的打卡地。险峻的地势被改造成独特的阶梯式步道，依山势打造的观景台、休闲区，让这片长江之畔的山地，变成集人文、绿化、景区于一体的"绿色屏障"。如今花满山坡，是放牛村多年建设交出的"成绩单"。用村民的双手作画笔，用山林作画纸，放牛村在这片荒地上绘就了一幅美丽的生态"画卷"，从昔日破旧的民房院落，摇身一变成为园林式公园。为了保护生态环境，放牛村还制定了环境卫生及生态保护综合整治村规民约，建立健全了长效管理机制。

（五）文化建设

放牛村一方面加速公共文化资源在村内流动，设立农家书屋、健身广场、议事长廊等设施；另一方面，支持彰显文化个性和活力，如竹林沟小组的孝老爱亲文化、老房子小组的邻里和睦文化等，设置村民文明荣誉榜，制定兴办酒席公约，既在创新又在传承。放牛村通过推动文化振兴，涵养了放牛村的文化氛围。

三、放牛村"美丽乡村"建设存在的问题及原因

（一）存在的问题

放牛村在建设过程中也暴露出了一些问题，尤其集中在民宿产业。在国内，民宿最先在台湾发展起来，其对民宿的定义是"利用自用住宅空闲房间，结合当地人文、自然景观、生态、环境资源，以及农林渔牧生产活动，以家庭副业方式经营，提供乡野生活之住

宿处所"。不同的是，大陆的"民宿"最开始是"住农家屋、吃农家饭"的农家乐形式。一直到20世纪90年代末，"民宿"概念从台湾传入大陆，人们对民宿的理解与农家乐、乡村旅馆、民俗酒店等概念混杂在一起，民宿也与农家乐、家庭旅馆、客栈等不同住宿业态交织共存。大陆的民宿进入发展爆发阶段是有迹可循的，民宿概念最先在丽江、厦门等有"文艺""清新"印记的旅游城市落地，追求个性化和独特体验的旅游观念在新消费群体中一呼百应，各地旅游景点周边也抓住了另一轮旅游商机。民宿这个概念在国内也进行了在地化和时代性重构，正在形成大陆独特的民宿客观实体，促成一种新的消费文化，同时也出现了显著的区域分化。在民宿业比较集中分布的南方地区，就出现了不同模式、不同区域下的问题。比如，云南洱海，2014年因电影《心花路放》带来了蜂拥的游客，洱海"红绿线"外的民宿也以肉眼可见的速度生长，原有的排污技术跟不上需要，环湖的排污管道更是不约而同地伸向洱海；浙江莫干山的民宿如雨后春笋般涌现，过于密集的民宿也侵蚀了村子原本的村貌与文化生态。

在放牛村，一些民宿因环境幽静雅致、富有山情野趣而在网上走红，成为游客"打卡地"，但却出现违规侵占林地，超高、超面积违建等问题。2019年6月，走访的记者深入了解了包括放牛村的民宿在内的南山多家民宿，发现这些民宿均不同程度存在圈占林地违建现象，有的民宿在林中搭建了木屋、亭台、茶座、会议室；有的民宿扩建了泳池、瞭望台等设施，在树上建了树屋，将周边林地圈为自家院落。而根据《重庆市土地管理规定》第三十二条规定，市区范围内村民宅基地标准为每人20—25平方米，3人以下户按3人计算，4人户按4人计算，5人以上户按5人计算。业内人士介绍，民宿业主在原有农房的基础上进行内部装修、外立面及庭院改造是可以的，但不能超标扩建。走访的记者发现，为了达到装修别致、营造清幽环境以吸引高端消费群体的目的，一些外来民宿投资者在长期租赁村民农房后，擅自改变农房主体结构，将农房拆除重建，违规侵占周边林地，"长高长胖"。所以在报道出来之后，放牛村的民宿受到了多方关注。由于当时重庆市缺乏具体规范民宿的政策法规，多家民宿只能暂时停业，寻找整改方向，随着旅游淡季的到来，整个放牛村的民宿业也渐渐凋敝。

2018年中央一号文件对乡村振兴战略进行了全面部署，为新时代乡村旅游发展指明了方向、画出了重点、优化了政策环境。文件提出构建农村一二三产业融合发展体系；增加农业生态产品和服务供给；打造绿色生态环保的乡村生态旅游产业链；发展乡村共享经济、创意农业、特色文化产业。在政策的规范上，2017年国家旅游局发布了《旅游民宿基本要求与评价》。2019年，修订后的《旅游民宿基本要求与评价》由文化和旅游部颁布实施，民宿业的发展有了行业标准。但在调研中，我们向村党支部书记提及时，书记反映说从重庆市再到基层还没有出台相关的政策，这导致放牛村，甚至是南山的民宿都处于"停摆"的状态。

（二）原因浅析

从放牛村民宿产业发展受挫的实例中可以看出，"美丽乡村"建设并非一蹴而就，必须要找出发展受阻的原因，才能对症下药，实现长远的建设目标。

首先，政府与市场之间的矛盾是天然存在的。2018—2019年，文化和旅游部分别在浙江湖州安吉和四川成都召开了"发展乡村民宿推进全域旅游现场会"和"全国乡村旅游（民宿）工作现场会"。这些会议标志着全国民宿发展由以往的市场主导、自然成长迅速过渡到政府、市场双重主导的新时期。一系列政策、规定在一定程度上限制了民宿运营的自由度。例如，当民宿为追求利益而违章扩建或存在安全隐患时，必然和相关职能部门产生冲突。

其次，民宿品质参差不齐，且易陷入同质化困境。放牛村的民宿大多是村民自建，在统一的行业标准和规范出台前，民宿品质难以保证。村民们看到部分领头人运营民宿获利，纷纷效仿，家家户户建民宿，然而真正有文化符号和特色的民宿却很少。如今，消费者对住宿体验和服务内容的要求不断提高，若不能叠加不同内容、面向不同市场，无法打造出差异化民宿产品，很难长期吸引客源。

最后，社区营造概念的缺失。乡村社区营造不仅旨在追求有形的硬件建设，提升生活质量，也需要注重精神、文化层面的发展。采取自上而下的公私协力模式，建立政府部门、非政府组织与乡村社区的良好互动关系，是实现美丽乡村建设的有效途径。然而放牛村村民处于被动状态，没有积极主动按有关部门要求完成改造工作，在发泄不满的过程中和政府部门僵持，没有自主有效地规划建设，村民的主体作用受限，从而使其凝聚力和建设热情也在一定程度上大大降低。

四、放牛村"美丽乡村"建设的经验

（一）创建乡村治理新格局

1.发挥党建引领作用

放牛村集体经济的飞速发展，得益于党建引领。在狠抓"外在美"的同时，村党支部始终坚持狠修内功，做好"内在美"，通过党员活动阵地标准化、党员教育管理日常化、党内组织生活规范化、党建载体活动品牌化，将乡村振兴与创新社会治理有机融合，坚持邻里守望相助，党员带头传播孝老爱亲、勤劳守信等崇德向善理念，积极培育文明乡风、良好家风和淳朴民风，实现了放牛村从

"一处美"到"处处美"、从"一时美"到"持续美"的转变。

2."三变改革"促发展

在重庆市南岸区委、区政府和南山街道相关部门的指导下,放牛村"两委"坚持"绿水青山就是金山银山"的发展理念,以党建引领创新社会治理,通过深化农村"三变改革"、构建新型乡村公共服务体系、引导多元主体参与乡村治理、创新乡村治理体制等方式,积极探索了"融合式"乡村治理新格局。

放牛村深化改革,充分整合了本村乡村旅游产业优势、南山民宿集群、文化优势、区位优势等,确定了合理的村级集体经济发展模式。在放牛村股份经济联合社的统筹下,结合乡村旅游产业成立了乡村旅游运营公司,统揽全村乡村旅游项目,统一规划、建设、运营、管理放牛村农耕文化公园,开展乡村旅游宣传,树立乡村旅游文化品牌。结合民宿业的发展,成立民宿部落专业合作社,将老房子区域现有房屋按民宿标准改造后,由民宿部落合作社统一承租引入社会资本进行经营,或组织引导农户进行民宿经营;同时整合放牛村所有民宿,总结经验,建立南山民宿标准,开展区域内民宿经营培训。结合人居环境进行整治、维护、经营等,成立乡村物业管理公司,统一管理、维护全村的公共环境卫生。乡村物业管理公司不仅提供村垃圾清理收集、污水处理、绿化维护等服务,还负责村集体实施项目的规划、建设、经营、管理,以及闲置房屋租赁与经营管理、基础设施建设与维修服务等。

通过"三变改革",放牛村切实推进人居环境改善、文化公园建设、产业项目升级、集体经济组织培育等重点项目,实现村级集体经济稳中有升。

3."四个融合"巧自治

党建融合、生态融合、三治融合、服务融合,放牛村因地制宜,以院落微自治为治理依托,将传统的自上而下行政推动的"一元式"治理模式转变为以融合式治理为主导的乡村善治新模式,取得了明显成效。

通过"四个融合",放牛村重塑基层自治主体结构,开展村民自我管理、自我服务、自我教育和自我监督,激发了乡村自治活力,提升了乡村治理精细化水平,赢得了群众的普遍认可和肯定。①

(二) 推动民宿规范化发展

虽然放牛村的民宿在发展初期经历了一段"粗放"的自由生长阶段,但是民宿产业作为盘活农村闲置土地资源、促进乡村振兴、帮助贫困乡村精准脱贫的抓手,受到政府部门、投资机构等多方的关注,国家政策层面也释放出越来越多乡村振兴的信号,放牛村坐拥得天独厚的自然旅游资源,发展民宿业也是吸引更多投资和人才资源、激活经济的路径。"危机也是转机",放牛村民宿发展中出现的问题也让重庆市政府认识到自己在民宿业方面政策规范的空白,抓住问题后有的放矢,通过更全面完善的规划,在下一个旅游旺季到来之时,重新焕发生机。

第一,规定监管,双管齐下。一是科学管理,规范发展。针对民宿业方面政策规定空白的问题,区政府应积极出台规范民宿经营服务场地、接待服务设施、安全管理、环境保护、服务质量和特色项目等软硬件水平的相关规定,促使南岸区民宿发展规范化、标准化。二是集中发力,有效监管。住建、卫生、市场监管、公安、旅游等相关职能部门各司其职、分类施策、集中治理,充分发挥基层组织、行业协会和群众的作用,强化联合监管,实现有效监督和管理。

第二,找准发力点,进一步增强产业发展主动权。一是规划先

---

① 重庆市南岸区:创新实施社区治理 实现乡村振兴 推进社会治理新格局[EB/OL].(2021-06-19).https://www.sohu.com/a/415658626_120798024.

行，优化布局。区相关部门要在村规编制和土规调整中积极争取市级行政主管部门的支持，将放牛村民宿发展规划纳入南岸区旅游总体战略布局，形成目标明确、布局合理、定位科学、特色鲜明的大南山全域旅游宏观格局。二是保障跟进，盘活资源。区相关部门要积极出台林权租用、建设用地、运营规范等各项配套保障措施，对民宿的性质分类、管理办法、服务类别等予以细化说明，注意其与传统酒店、农家乐的差异性，将乡村的自然资源、人文资源和产业资源有机整合，鼓励社会资本以代建、租赁等模式与农户联合实施住房改造，在南山片区资源优势集中地开展民宿示范点建设，充分盘活现有资源。

第三，抓住切入点，进一步完善基础配套设施。一是打造硬设施，加强公共配套建设。村委会可通过新农村建设、"美丽乡村"建设等项目逐步完善相关公共配套设施，积极协调消防、食药监、环保、燃气、通信等相关部门，形成工作合力，帮助乡村民宿在道路整修、水电气管网调配、指示标牌设置等基础设施建设方面取得突破，从而为放牛村民宿的发展注入强大的推动力。二是树立软品牌，延伸放牛村民宿文化内涵。放牛村民宿发展必须要突出自身特有的文化要素张力，要把休闲养生、观光体验等特有的资源优势整合起来，把放牛村民宿作为一个品牌进行整体打造，从而形成放牛村民宿独有的民俗风情和文化底蕴。

第四，摸清关键点，进一步加大产业扶持力度。一是有针对性地给予政策性补贴。区政府可以分层次地对民宿业主给予信贷、宣传等政策方面的倾斜优惠，同时积极牵线搭桥，鼓励企业投资、村集体牵头融资、农民资金入股等多渠道融资，吸引有实力、有胆魄、有理念的人先行带动，激发民宿经济的发展活力。二是建立行业协会，助推产业互助。政府可以依托鉴宽山房、南山里等南山民宿的先行者，积极引导他们尽快组建行业协会，建立起一套完善的自我管理体系，通过构建放牛村民宿官网、开展放牛村民宿论坛等活动，为行业发展提供指导性意见，带动南山地区民宿产业健康稳定发展。

第五，理顺结合点，进一步完善政务服务通道。一是为民宿产业发展开通绿色政务服务通道。区政府相关部门可在环保、工商、消防等审批事项上进行优化，制定专门的准入门槛和审批办法，提高行政审批效率，及时主动地为民宿经营者提供更好的政务服务。二是积极引导多元化的营销推广。村委会要善于运用微信、微博、旅游APP等新兴传播媒介展示放牛村形象，构建专业营销团队，围绕放牛村民风民俗策划宣传活动，充分发挥放牛村民宿的独特魅力。

（三）因地制宜发展支柱产业

放牛村以花木种植、乡村旅游为主体产业，花木种植面积3000多亩，建成了国家AA级旅游景区南山桃花园、南山腊梅园、映山红生态园、南山石斛生态园等四个农业园区。南山桃花园通过城乡整体优化布局，坚持在规划的建成区绿地范围内进行农业项目打造，并将其作为城市景观的一部分予以永久保留，避免重复建设与资源浪费，让以南山桃花园为代表的优质都市现代农业产业成为"南岸起风景"里的靓丽景观。

放牛村经济成功转型的原因在于其顺应全域旅游、乡村体验消费趋势，转变发展经济的观念，从第一、第二产业向第三产业转型，不是盲目地植入"成功经验"的业态，而是深入挖掘本地的优势产业，发展具有本地优势的桃花种植业作为撬动经济的内部核心资源。放牛村在"南山桃花园"这个拳头旅游产品推出并收获不俗反响之后，乘胜追击，围绕其打造属于放牛村的旅游品牌。除了种植桃花，扩建了20多个品种的乔木、灌木，使得全年观赏花期不断，还在生态园区内增设野餐、露营区域等，后继的生态园区也在产品选择上进行差异化发展。这在空间和时间上丰富了游客的游玩体验。相应地，放牛村的经济收入也有了稳定保障，走出了一条符合放牛村自身实际情况的农旅融合发展道路。

五、放牛村未来的发展方向

未来，适合放牛村的特色发展模式依旧是"生态旅游型"美丽乡村，走农旅融合的绿色发展道路，这就要求必须把产业化和生态化有机结合，将生态优势转化为产业优势。

（一）聚力主导产业，发展潜力产业，树立优势品牌

整合放牛村资源优势，紧抓"生态产业化、产业生态化"的主线，以"生态发展"为主题，聚力主抓"乡村旅游"主导产业，带动就业，吸引人才回流。大力发展花卉苗木潜力产业——盆景艺术，依托种植园培育和景观打造技术，建设特色盆景院落。突出南山民宿集群优势，树立重庆市精品民宿示范村的品牌，规划建设特色亮点项目，提档升级现有乡旅节点，完善基础配套设施，构建集"吃、住、行、游、购、娱"于一体的全域乡村休闲旅游全产业链。加大招商引资力度，引进资金、技术、人才等先进要素，增强放牛村核心竞争力。

（二）深化农村改革，持续推进"三变改革"工作

充分整合放牛村乡村旅游产业优势、南山民宿集群、文化优势、区位优势等，确定合理的村级集体经济发展模式。通过"三变改革"，切实推进人居环境改善、文化公园建设、产业项目升级、集体经济组织培育等重点项目，实现村级集体经济稳中有升。

(三)挖掘特色文化,充分发挥文化符号的内在支撑作用

精神文明建设和物质文明建设同样重要,放牛村应追溯村史,挖掘乡土"牛"文化及生态文化,树立放牛文化旅游品牌,传承和创建特色文化符号,通过文化传承和文化振兴,补齐文化建设短板。

(四)社区营造为建设美丽乡村赋能

在乡村规划建设中,如果缺乏乡村主人——村民的深度参与,以及对社区内在文化、产业等要素的挖掘,乡村社区往往得不到长远发展,乡村建设就容易变成"冷漠"的空间环境改造。因此,应将社区营造理念引入广泛开展的乡村规划工作体系中。乡村社区营造,与完全由财政项目投资带动的自上而下的"嵌入式"乡村建设模式不同,村民在自下而上的公共环境改造中,从冷眼旁观者转变成热心参与者,实现"参与式规划",扭转生硬的机械式乡村更新局面,实现有机更新,从而带动干部和群众共同营造乡村社区。

小 结

从荒山村到"后花园",放牛村以"花"为媒,结合发展民宿产业,探索出一条农旅融合的绿色发展之路,虽然并非一片坦途,但放牛村在探索中不断前进,其建设美丽乡村过程中的本土化经验仍然值得学习和研究。相信春暖花开之时,放牛村定能再创佳绩,振翅高飞!

自下而上的社区营造

——博学村的"再造故乡"探索

■ 周　苗

博学村是海南省海口市秀英区永兴镇雷虎村委会下辖的一个自然村，同时也是革命老区村庄——琼崖纵队儒万革命根据地，迄今已有数百年的建村历史。博学村原先是一个贫困村，依靠传统的农业生产方式谋生，以种植业为主要产业，主要种植短期瓜菜，以及荔枝、黄皮、火龙果、波罗蜜等热带水果，同时也是一个养蜂专业村。

近年来，博学村通过打造火山村荔枝品牌、生产荔枝加工产品、建设荔枝主题精品民宿等乡村体验式消费场景，实践农产品种植、加工、体验式销售一条龙作业，促成一二三产业融合，从而实现了产业链的延伸。同时，博学村积极推进生态旅游业的发展，努力从一个传统农村向生态乡村转型。

博学村的农耕乡村转型之路始于2009年，时任《南风窗》记者的大学生陈统奎回到家乡，开始了再造故乡海南岛火山村的行动。也是从这一年开始，博学村以"让人民看见财富，再造魅力新故乡"为理念，积极打造集自然农法农业、生态保护、休闲旅游于一体的生态村，积极探索"政府扶持＋返乡青年带动＋6次产业化（第一产业×第二产业×第三产业）"的乡村振兴模式，积极探索"美丽乡村"建设道路。

一、博学村背景与概况

在海口市区西南的羊山地区，火山岩石覆盖地表，这是远古时期多次火山爆发形成的独特地质景观。许多极具特色的古村落分布其间，最老的已有三四百年的历史。博学村就坐落在火山群的中央，它较完整地保存了羊山传统聚落的形态特征，是一个典型的火山口古村落。

在地理区位上，博学村处于羊山腹地的雷虎岭火山脚下，位于海南岛海榆中线18千米、西进3千米处，地处"中国雷琼世界地质公园海口园区"境内。在交通区位上，博学村所属的雷虎村坐落在中线高速美安互通旁，距离丘海大道高速路入口11千米，距离美兰国际机场25分钟车程，距离观澜湖旅游度假区20分钟车程，距离海口火山群国家地质公园20分钟车程，距离西海岸40分钟车程。尽管地理位置相对优越，但在高速公路开通之前，博学村仅由一条狭窄泥泞的火山石小路与雷虎村相连，出入极不方便。

从生态上看，博学村作为一个自然村庄，其所在的羊山地区自然环境优越且后天人为破坏程度极低。由于没有经历过商业开发，博学村大部分地区保持着原生态，火山岩石上生长着荔枝、黄皮、榕树，火山湿地里生活着多种多样的动物、植物，湿地旁边坐落着极具本土特色的古庙和古色古香的火山民居。博学村周边遍布了大大小小10多处湿地，火山与湿地融合，形成了博学村别具一格的生态景观。

从产业结构看，博学村建村已有300多年的历史，如今在这里生活着六七十户人家，300余口人。村内共有三大姓氏，其中王姓与陈姓占比90%，他们世代以传统农业生产方式谋生，种植荔枝、黄皮等蔬菜瓜果，人均年收入只有2000元。由于博学村背靠大山交通闭塞，加上火山石土壤稀薄贫瘠难于耕种，传统种植农业逐渐衰败没落，村内大部分的青壮年选择离开村庄外出打短工来补贴家用，剩下许多妇女、儿童和老人留守村中，依然长期把种植瓜果蔬菜作为他们主要的经济收入来源。

从基础设施上看，尽管秀英区人民政府已经逐年投资改善乡村地区的基础设施和村落环境，但博学村的基础设施建设却依然滞后：交通仍以土石路为主，闭塞落后；用电设施杂乱分布；供水设施、环卫设施极其匮乏……在如此贫困、破败的生活、生产环境下，年轻人不得不纷纷出走周边城市，以打短工的方式来增加家庭收入，而留守村庄的居民们，无法改变村庄现状，只是日复一日地重复着传统的农业生产生活。

2009年12月31日，国务院发布《关于推进海南国际旅游岛建设发展的若干意见》，明确提出海南国际旅游岛的战略定位。海南以旅游业为主导产业的"国际旅游岛"建设正式步入正轨。然而，在这样的背景下，落后的基础设施、单一的生产结构却严重制约着博学村的发展。在如火如荼的海南国际旅游岛建设进程中，博学村无疑是被边缘化的。

二、博学村"美丽乡村"建设历程

（一）台湾"桃米模式"借鉴下的乡村社区营造

1."博学"初遇"桃米"，返乡精英再造故乡

2009年，博学村第一个大学生陈统奎作为《南风窗》记者考察访问台湾南投县埔里镇桃米生态村。桃米村位于台湾"心脏"日月潭和高等学府暨南大学附近，这里森林与湿地相互交错，种类丰富的蛙类和蜻蜓类动物栖息于此。尽管有着得天独厚的地理区位和自然资源，这里却曾是埔里镇最贫穷的村庄之一，是年轻人争相逃离的"垃圾村"。在重建前，桃米村和博学村一样，以种植业为主要收入来源，面临着村庄传统产业没落、人口外流、乡村凋敝的困境。"921"地震后，在返乡精英廖嘉展、颜新珠夫妇及其创办的新故乡文教基金会的规划与带领下，桃米重灾区开展了自下而上的社区营造，推动桃米产业转型、人才培养和生态环境复育。如今，桃米村俨然由一个经济凋敝的传统乡村发展为享誉世界的生态旅游观光社区，桃米村所打造的"青蛙共和国"主题乡村一年能吸引超过50万人次的观光客到访。每天桃米村要接待来自四面八方的访客超过300人次，村民人均收入超过台北市家庭收入平均水平。

经历地震的破坏殆尽，在返乡精英的带动下，一个贫困的传统村落通过社会、政府和非政府组织的协力合作，以"生态村"为愿景，采取"社区营造"的建设模式，通过动员社区居民参与建设、导入社会资本、发展生态旅游，最终不仅改善了环境，还提高了居民收入和生活水平。博学村和重建前的桃米村一样，有着天然、优美的生态环境和一贫如洗的生活、生产环境，倘若也能由返乡精英发起这样一场再造故乡运动，是否能把博学村建设成为一个如桃米

村般美丽、富饶的生态农村？

于是，陈统奎决定将桃米村的经验带回故乡，通过借鉴桃米村震后重建的模式，开展自下而上的社区营造，打造属于博学村的生态旅游经济，带动博学村建设与发展，再造博学魅力新故乡。

2. 斗走地产开发商，坚守博学之故乡

"自下而上"乡村建设探索之路注定是坎坷的，博学村的社区营造计划还没开始实施就差点因为房地产开发商的介入而流产。开展生态村建设的前夕，房地产开发商就已经对博学村整个村庄和周边的千亩果林做了规划，打算征地、拆村，建造五星级酒店和会所，盖高尔夫球场、别墅。如果这个旅游房地产项目启动，博学村将会发生翻天覆地的变化，古老的火山石建筑将会被推倒，现代商业建筑将在这里矗立，这不仅意味着一个革命老区村庄将会消失，也意味着博学村的人们将永远"失去"他们的故乡。于是陈统奎给海南省委书记写信，请求保护革命老区村庄免于房地产开发，得到了政府的支持。项目被紧急叫停，博学人记忆中的故乡被留住了！

3. 成立发展理事会，吸引资源进村庄

博学村建设生态村，开展社区营造，第一步就是在这个没有村委会的自然村成立一个能引导和推动博学生态村社区营造实施的组织——"博学生态村发展理事会"。博学生态村发展理事会成员由村民小组领导班子及在外求学、工作的年轻精英组成。理事会主要负责资金筹集和项目的管理实施。理事长陈统奎通过个人社会网络吸引外部资源进驻博学村，经理事会讨论之后，与村民小组进行沟通，并协助村民小组动员村民义务参与到社区营造建设中来。理事会的成立将陈统奎这样的返乡精英和乡贤族老等在地精英结合在一起，将外部社会资源和博学村内部的农村社会关系网络连接了起来。

理事会成立后启动的第一个项目就是修建海南省第一条乡村

山地自行车赛道。理事会和陈统奎积极游说村民捐资让地，最终建成了这条全长4千米的山地自行车赛道——围绕着原始荔枝林、天然次生公益林、现代荔枝园、黄皮园、柑橘园、佛手瓜菜园等村中的特色园林景观，让热爱山地自行车的人们在户外运动的同时，也能享受原始自然的田园风光，感受淳朴热情的乡村民风。车道建成后，陈统奎邀请海南自行车协会到博学村举办山地越野赛，与村民共同开展专业车赛和端午节骑车相亲等娱乐竞赛。这次活动吸引了大量游客和自行车运动爱好者前来参加，不仅丰富了村民的休闲娱乐生活，提升了村民的凝聚力，也让博学村名声在外。

4.创办开发新民宿，规划修复古村落

有了游客到访，自然就需要为游客提供居住的场所。要发展生态旅游，博学村需要开办民宿把游客留下来。为了使博学村的建设更加科学合理，南京工业大学建筑学院博士生导师汪永平教授及其学生受邀为博学村民宿做免费的建筑设计。民宿借鉴了桃米村"小而美"的开发原则，在尽量不影响村庄自然生态环境的同时，还能使客人感受到乡村淳朴的生活气息。2009年以后，汪永平教授每年都会带学生来博学村，除了设计一栋栋民宿，为生态村制订总体规划外，还编制了《海口市永兴镇博学村保护规划与新村设计》，指导村民进行古村落修复。2011年12月20日由陈统奎出资修建的海南省第一栋民宿"花梨之家"正式启用，从此游客们可以在博学村住下来，切身体验"半农半民宿"的乡村生活。如今，花梨之家已经发展为小有名气的海岛民宿，积累了一定的粉丝，每年都会有一定数量的游客和访问学者慕名而来体验博学村的自然乡村生活。

5.建设文化新符号，营造艺术生态村

此外，博学村的社区营造还引起了国内外知名人士和组织的关注。姚明为"博学生态村"题字，鼓励村民保护火山口周边的古村落和野生荔枝林。博学村还与桃米村缔结为姊妹村，博学村的社区

营造成员和村民代表多次到访台湾，进行考察游学，不断学习桃米村的经营理念及社区营造方法。博学村还效仿桃米村建设"青蛙共和国"的生态新文化符号，结合博学村盛产荔枝蜜的特色，提出了"蜜蜂共和国"的构想。2012年，博学村迎来韩国艺术家们驻村创作。在了解到博学村是个养蜂专业村后，韩国艺术家们带动全村，上至百岁老人下至垂髫小儿，共同创作10多天，用木材、废铁、椰子壳等材料制作了上千只卡通形象的蜜蜂，以蜜蜂为主题设计公共空间，营造出"蜜蜂共和国"的景象。村民们亲身投入艺术创作中，是一次参与社区营造的过程。艺术增强了村民们的归属感和责任感，凝聚了社区力量，推动了社区发展。

6. 吸引政府资金支持，促进基础设施建设

在理事会的不断努力争取下，博学村不仅得到自行车协会、规划专家、艺术家等社会力量的协助，也获得了政府的关注。2010年6月由海南省政府出面，主持了博学生态村与台湾桃米生态村缔结为两岸第一例姊妹村的仪式。有了"两岸第一姊妹村"的招牌，政府开始注入资金支持博学生态村建设。政府部门为博学村提供的经济支持弥补了非政府的社会资源通常为技术支持而非资金支持的缺陷，同时也肯定了博学村的社区营造工作。博学生态村发展理事会用向政府争取到的资金，改善了村里的基础设施，修建新水塔、道路标识牌、文化室、运动场，进一步改造村口广场、添置社区体育器材、加设太阳能路灯，在政府的支持下，铺水管、电网，进行村中道路硬化等，村民们的居住环境得到了极大的改善。海南省台湾事务办公室和台商还资助博学村建设了一个20多亩的台湾水果园。

有了政府部门的支持和社会各界力量的协助，2009—2012年，陈统奎和博学生态村发展理事会带领村民持续推进博学村社区营造，村民参与村庄公共事务的主动性和处理议题的协作能力有了极大的提高,博学村原本破败的村容村貌和落后的基础设施也得到了一定程度的改善。

7.理事会决而不议,社区营造进程停滞

陈统奎作为返乡精英在理事会中一直扮演着引领者的角色,他依靠个人社会网络为博学村社区营造引进了大量的外部社会资源。同时,大学生被吸纳进博学生态村发展理事会,也为博学村社区营造团队注入了青壮力量。但是,陈统奎和参与社区营造的大学生大部分时间都身处外地,无法及时参与博学村平时的社区营造工作,因此引起了村民的不满。在村民眼中,博学生态村发展理事会不仅是一个议事的平台,也是村里大小事务的决策机构、权力机构。2010年12月第一届理事会到期,村民重新进行了第二届理事会民主选举,选举出的成员大部分都是在地村民,大学生数量大大减少,而陈统奎自己也辞去了理事长的职位,仅保留创会理事长的名誉头衔。受乡村宗族网络的影响,直接选举出的执行理事长没有足够的能力和威信,导致理事会组织能力不足,陷入议而不决、决而不行的尴尬局面。2014年第二届理事会任期到期后,陈统奎主动把博学生态村发展理事会搁置,没有再进行选举。

博学村的社区营造活动也在理事会搁置后进入"停滞"状态,早期兴建的设施和公共空间开始衰败,自行车活动很少举办了,韩国艺术家带领村民共同创作的工艺品也都残破不堪,挂着姚明题字牌匾的文化室已然闲置,就连承载着博学村悠久历史的老村门也被推倒重建了。

在社区营造过程中,村民渐渐发现,靠陈统奎个人的社会网络为博学村引进的外部社会资源大多为技术性支持和娱乐性项目,并不能给他们带来实质性的收益,办一场活动需要投入大量的人力物力,而活动所能带来的经济效益实在太过微薄。社区营造需要长期的投入,而它带来回报通常需要经历一个漫长的过程,但是对村民

来说，看得见的利益是他们参与社区营造最为直接和有效的动力。一旦看不见利益，村民们参与社区营造的热情自然也就渐渐消退了。

（二）转型自然农法，迈向六次产业

1. 打造火山品牌，种植生态荔枝

面对村民的倦怠，当务之急是发展博学村的经济产业，以增加村民的收入来弥补因短期经济效益不足而导致其参与度不高的问题。陈统奎希望通过带领村民种植荔枝、饲养蜜蜂，让村民看见切实的财富，调动村民参与博学生态村建设的热情。

在博学村，漫山遍野的荔枝生长在火山岩地缝里。火山岩富含矿物质，以硒为贵，加上火山岩天然矿泉水和黑山羊粪的滋养，生长出了世界上最大的荔枝。鉴于此，博学村选取荔枝作为品牌打造的对象。2014年，陈统奎创办了"火山村"荔枝品牌，认真经营起品牌农业。

只建立品牌是不够的，还需要创造出品牌的价值。陈统奎带领荔枝农们进行"自然农法"转型，鼓励农民以"零化肥、零除草剂、零农残"为目标，种植出健康、绿色的生态良心荔枝，再通过有机农产品平台进行线上、线下销售，进军荔枝高端市场，把荔枝卖出更高的价格。自然农法是陈统奎从日本、中国台湾学习来的，是将生产者与消费者联系在一起的一套新观念，这意味着生产者需要花费更多的时间和精力种植更加绿色、安全的农产品，同时消费者也愿意花费更高的价格购买农民对农产品倾注的汗水与用心。

2. 推广自然农法，鼓励农民转型

在组织机构上，陈统奎不再启用理事会，而是用商业手段解决社会问题，采用"返乡大学生＋农户"的方式组建产销班——对返乡大学生团队进行职能分工，与荔枝农建立日常联系，组织管理合作农户，完成对荔枝的收购、售卖。通过产销班，自然农法理念被

很好地推广给荔枝农。

转型自然农法并非易事，陈统奎秉持着"让荔枝农优先获利"的理念，针对转型自然农法的荔枝农，产销班以高于市场价的价格收购，并对人工除草进行补贴鼓励，以此调动荔枝农参与自然农法转型的积极性。

与此同时，村里没有参与自然农法转型的荔枝农因"眼红"，开始散播负面消息。这样的声音使得合作农户和非合作农户对立起来，部分荔枝农承受不住舆论压力选择终止合作。于是，陈统奎决定打破熟人社会"红眼病"的干扰，不再局限于只与本村农户合作，而是和周围更多的荔枝农进行合作，将"加钱鼓励"的做法坚持下去，继续带动荔枝农转型自然农法。

自然农法的实践不可能一蹴而就，博学村推广荔枝种植自然农法时，无法做到一开始就不使用农药，因此先从无化肥和无除草剂开始，几年下来达到了SGS273"零农残"标准。不打除草剂，不使用化肥，确保零农残，陈统奎与荔枝农契约耕种，生产出的火山村荔枝得到了市场的认可。在城市，火山村荔枝可以售卖出高达90元一斤的价格。不仅如此，火山村荔枝品牌的打造还得到社会人士的支持，比如上海世博会平面设计师就免费为博学村设计了火山村荔枝品牌的包装与广告。2014年，陈统奎在上海举办了"海南岛火山村摄影漫画展暨荔枝节"，并发起"火山珍珠认养计划"，通过众筹的方式为10名荔枝农筹得前往台湾学习有机农业技术的资金。

3.借鉴"马路村"六次产业经验

由于自然农法对荔枝的品质要求极为严格，同时缺乏动力和技术，许多农户还是难以坚持下来，因此博学村大多数荔枝农依然采取传统的种植方式，继续使用化肥、除草剂等，农产品种植又受到气候环境的极大制约，气候条件差，荔枝减产甚至绝收，农民损失惨重；荔枝丰收年，市场价格低，农民收入也并不高。仅靠荔枝种植并不能给博学村的农民带来稳定的收入，仅靠发展第一产业并不能让博学村真正富起来。

2016年，陈统奎带领中国新农人代表团访问日本六次产业明星村时遇见了从"一村一品"转型"六次产业"的高知县马路村。马路村和博学村一样，原先也是个贫困村，以木材采伐为主要产业。20世纪70年代由于政府立法保护生态，又恰好赶上日本"一村一品"运动，马路村开始转型种植柚子，期望能依靠种植业发展乡村经济。1987年，马路村遭受了"柚子丰收，价格大跌"的当头一棒，意识到仅靠"一村一品"没有出路，于是从家庭作坊起步，投入柚子加工品的研发，开始了马路村的六次产业革命。

六次产业就是第一产业×第二产业×第三产业，即一二三产业融合发展，可以做出6倍以上的附加价值。日本的六次产业化发展成功率并不高，只有10%。马路村运用"将整个村落的形象和产品结合起来销售"的策略，顺利跻身10%的行列之中，通过打造柚子品牌，生产柚子汁、柚子酱油等与柚子相关的副产品，兴建温泉民宿，每年举办锯木节，建立"特别村民制度"，以农村形象作为卖点，每年能够吸引约5万名游客到访。经过六次产业化发展，马路村经济发展迅速，成为六次产业明星示范村。

博学村也是这样一个以第一产业为主的农村，同样深刻体会过在荔枝丰产的年份，果农增产不增收的无奈。倘若能效仿马路村发展六次产业，提升6倍的附加价值，那么荔枝农们就可能生活得更有尊严、更幸福。

4. 营造城市粉丝，打造体验场景

2017年，陈统奎模仿马路村的"特别村民制度"，发起了"火山村荔枝共建人计划"，创建火山村荔枝"铁杆粉丝群"。粉丝们作为共建人出资共建基金支持荔枝农转型自然农法，而对于支持乡村建设的共建人，博学村回报以免费吃荔枝、免费体验花梨之家民宿等福利。在共建人的建议下，博学村进一步推出"包养人"计划，通过消费，众筹一批支持自然农法的城市粉丝来包养一棵荔枝树。包养人不用下村干活，在城市里就能实现"荔枝自由"，与此同时，他们也用"包养"的方式支持荔枝农转型自然农法，种植"零化肥、零除草剂、零农残"的荔枝。

此外，博学村要学习马路村发展六次产业，进行生产、加工、销售一条龙作业，开发出爆款产品的同时营造火山体验场景，将"火山村"的形象和商品结合起来销售，完成火山村荔枝六次产业化。

火山村荔枝六次产业发展格局规划如下：

第一产业，打造火山村荔枝品牌，继续坚持转型自然农法，为消费者生产出健康、安全、美味的荔枝，将火山村荔枝做成全国荔枝第一精品品牌。

第二产业，挖掘火山村荔枝附加价值，创办小而美、可参观、可体验的荔枝深加工观光工厂，如荔枝精酿啤酒小工厂、荔枝干面包工坊、荔枝冰激凌加工坊等，除了把火山村荔枝加工成荔枝啤酒、荔枝冰激凌、荔枝干面包等日常消费品外，荔枝主题小型加工厂也可供来访游客参观、体验。

第三产业，营造荔枝主题产品直销中心、荔枝主题民宿、荔枝啤酒餐厅等乡村体验式消费场景，吸引游客前来游玩体验，并留住游客。

2018年，火山村荔枝六次产业迈出了第一步，通过对外合作，生产出了火山村荔枝精酿啤酒和火山村荔枝冰激凌，并第一时间邀请了共建人品尝。未来，博学村计划打造火山村荔枝产品体验中心，把花梨之家民宿升级为火山村荔枝六次产业小综合体，包括荔枝精酿啤酒餐厅、荔枝冰激凌屋、荔枝干面包工坊、火山冷泉美术馆、火山村直卖所、荔枝主题精品民宿等。通过场景革命，兴建起一栋栋荔枝楼民宿、荔枝餐厅，让游客来到博学村体验一场荔枝主题之旅，边泡火山冷泉，边享荔枝味道。

三、博学村"美丽乡村"建设成果

博学村通过不断发展，已经从一个默默无闻被边缘化的海南贫困火山村落，成为如今名声在外的中国自下而上的"美丽乡村"建设的典型乡村。从2009年开始，博学村的"美丽乡村"建设取得了极大的进展，在生态保护、民生建设、产业培育、文化资源保护、乡村治理等方面分别取得了以下成果：

（一）生态保护

在生态保护方面，博学村地处"中国雷琼世界地质公园海口园区"内，作为一个由农耕乡村转型的生态村，其地理自然环境优美，火山与湿地融合，绿植覆盖率高，生态环境良好。除了先天条件优越，博学村也注重对生态的保护治理，博学村目前以农业、果业为特色产业，村落周围多种植瓜果，但除了必要的土地平整栽种外，村民尽量不破坏附近植被的原生状态，因此博学村周边的野生动植物种类极为丰富，还保存了许多上百年的林木。博学村在生态保护方面所体现的人与自然和谐共处、互利共生的理念，让博学村不仅保持了宜人的环境，也给村民带来了丰富的物产资源，有助于其传承传统生态营造观念，以生态村为起点，发展特色产业。

（二）民生建设

在民生建设方面，博学村高度重视村民的生活质量，为保障民生福祉，从2009年开始，博学村相继完成了乡村山地自行车赛道建设、高压电网改造、两套灌溉机井建设、古村门修复、文化室建设、运动场建设、环村路硬化、连接高速公路道路硬化等公共配套设施及项目的建设，对乡村道路、路灯、垃圾分类站等基础设施进行全面优化提升，进一步提升了村庄人居环境。博学生态村还与台湾桃米生态村缔结为两岸第一例姊妹村，加强了两岸村民的沟通与交流，实现了经验共享，共同推进"美丽乡村"建设。

（三）产业培育

在产业培育方面，博学村是一个传统农耕乡村转型而来的生态村，主要种植短期瓜菜以及荔枝、黄皮、火龙果、波罗蜜等热带水果。因此，博学村着力培养果业作为特色产业，启动火山村荔枝、火山村火龙果等生态农场项目。选取荔枝作为品牌打造对象，通过实践"六次产业化"的理念，即农业生产、加工、体验式销售一条龙作业，促进一二三产业的融合发展。除了荔枝的种植、加工、销售，博学村还重点开发其周边产品，如荔枝精酿啤酒、荔枝冰激凌和荔枝汽水等，并着力打造自身的特色品牌，全力挖掘产业价值。

在产品销售上，博学村引进了"互联网＋"的理念，打造农户、本地农业企业与电商的对接平台，从而促进农业转型、农民增收。通过采用"互联网＋人才培训学园"的方式，针对农户、政府、企业、创业人群制订人才培养计划，重点开设电商启蒙班、微店管理班、电商品控班及电商经理人班等。同时，以电商中心为依托，通过两微一端打造乡村旅游"互联网＋"模式，推出精品乡村旅游路线，游客可以轻松得到吃、玩、住的一站式体验。

除此之外，博学村还着力发展特色民宿产业，经营了海南岛首家乡村民宿——花梨之家。花梨之家是一家由返乡创业大学生创办的民宿，着重展现火山口民居风貌和火山石文化，庭院里种植的荔枝、黄皮、波罗蜜、莲雾、黑橄榄、金柚等水果成为其民宿特色。

从目前看，博学村在产业培育方面的努力取得了较大的回报。

通过对自身的精准定位，博学村借力以荔枝为代表的果业，打造自身的特色产业，积极推进一二三产业融合之路，实现产业链的延伸。特别是第三产业的开发，目前博学村已经通过对外合作完成了荔枝冰激凌、荔枝精酿啤酒、荔枝汽水的生产和销售。在未来，博学村将会打造火山村荔枝六次产业小综合体，着力建设荔枝精酿啤酒餐厅、荔枝冰激凌屋、荔枝干面包工坊、荔枝主题精品民宿、火山冷泉美术馆、火山村直卖所等乡村体验场景，吸引更多的游客前来进行体验式消费，从而促进博学村实现产业创收。

（四）文化资源保护

在文化资源保护方面，博学村古老的民居建筑——火山岩民居，是一种屋墙用火山石堆叠而成的房屋，不仅是当地的特色民居建筑，也是博学村重要的历史文化资源，是博学村先人留存至今的宝贵遗产。博学村在当地民居建筑的保护和更新上主要采取三种方式：完整保护、局部改造更新和拆除重建。完整保护，是针对风貌较好、保存质量较高的传统民居院落提出的保护策略，如火山岩民居。博学村在对其维修时遵循了修旧如旧的原则，从建筑平面布局到细部构造，均按当地传统做法修缮，尊重历史风貌，保护其完整性。局部改造更新，是针对保存质量一般，局部已有明显改建痕迹的老民居建筑，以及一些风貌不协调的新建住宅提出的保护和更新策略。由于这类民居正在被使用或者刚建成不久，完全拆除不符合实际，因此博学村着重对其建筑外观进行更新设计，仿照传统的形式做法予以局部修改，使其还原传统风貌，与博学村的整体村落环境相协调。拆除重建，则是针对一些建筑质量较差或者风貌极不协调且易于拆除替换的建筑物或构筑物提出的更新策略，例如一些损毁严重的危房等。目前，博学村的火山石屋多达50间，近年来博学村已对其进行了一定程度的保护与更新。在古村落修复项目上，老村落尚保存了近20栋"石头房子"。

（五）乡村治理

在乡村治理方面，为实现生态化，博学村进行了民主试验，组建了有力的领导班子。在博学村的返乡大学生陈统奎的倡议下，村民自发组织创建了博学生态村发展理事会，承担博学村的领导和执行工作，包括组织培训村民和管理共同资源等。博学村是一个自然村，没有村委会，虽然在乡村治理方面缺少主心骨，但也在一定程度上扫清了民主试验的阻碍。博学生态村发展理事会由作为理事长的陈统奎发掘合适人选，然后提名，再由村民投票表决，最终完成组建。从此，村里大小事务先由理事会开会讨论，大家同意后再由村民投票表决。理事会如果出现意见分歧，则先通过讨论寻找双方可以接受的方案，如果解决不了就以投票方式实行"少数服从多数"原则。同时，理事会分工明确，设有出纳、会计等，村务做到公开透明，决策民主，得到了村民的认可。此外，博学村还组织妇女联合会作为理事会的一个有力补充，共同组成博学村的自治组织力量。博学村在乡村治理方面进行了民主自治的大胆尝试，并取得了良好的效果，在理事会和妇女联合会自治力量的带领下，顺利推动了山地自行车赛道建设等项目的实施，展现了博学村在乡村治理方面的成功经验。

从乡村建设的现状看，作为一个从传统农耕村落成功转型而成的现代生态村，博学村在乡村建设方面付出了巨大的努力。无论是在生态保护、民生建设、产业培育、文化资源保护，还是在乡村治理等方面，博学村都精确定位了自身的道路，并通过凸显本地特色和象征，结合村民自下而上的探索，用现代审美观念开发生态旅游资源，最终取得了建设美丽乡村的良好成果。

四、博学村"美丽乡村"发展模式

（一）自下而上的社区营造模式

博学村乡村建设是典型的由返乡精英带领的自下而上的"再造故乡"运动。博学村作为海南岛被边缘化的贫困山村，虽然生态环境基础较好，但是与海南岛其他乡村相比，并不具有唯一性与独特性，村内零散的火山岩民居因为保存不佳而破败不堪，基础设施建设也尤为滞后。在这样的背景下，博学村很难在海南岛建设中吸引到政府的目光，从而对其进行自上而下的投资建设，因此需要像陈统奎这样的返乡精英引领带动乡村主体力量参与建设。

有乡土情怀、有建设意识的年轻人返乡，能为故乡发展注入鲜活的血液。由于乡村精英同时具有外界的社会关系网络和乡村血缘、地缘关系网络两种社会资本，能够将较为封闭的乡村内部社会网络与外界开放的社会网络连接起来，为村庄开启与非政府组织、大学等教育机构以及城乡规划专业人员等社会各界力量联系的通道。陈统奎作为乡村精英参与乡村建设，在利用个人社会资本为博学村引入外部社会资源的同时吸引到了政府对博学生态村建设的注意，为博学村争取到了政府宏观的引导和资金、技术的支持。外部社会资源不断进驻博学村，乡村内部社会关系网络不断活化联结，为社区营造创造了良好的社会环境。

社区营造的机制是通过社区居民自下而上的自主规划和参与过程，通过公众参与的方式形成与政府、非政府组织和社区三者之间的良性互动和合作陪伴关系。在返乡精英和乡贤族老的同心协力下，村民们自主参与乡村建设的意识被激发，经过一次次社区营造集体实践，培养了村民们参与公共事务的意愿与能力，强化了社区集体的凝聚力与认同感。博学村返乡知识青年再造故乡模式，带动和吸引了社会资源的流入，在一定程度上改善了乡村的环境和基础设施条件，重新凝聚了村民的共识，在社区营造和乡村建设上也积累了一定的地方性经验。

（二）政府扶持下的基础设施建设

积极推进基础设施建设为博学村响应海南国际旅游岛战略、建设生态村奠定了基础，只有基础配套设施完善，前来旅游的游客才能切实感受到村庄环境的美好、乡村生活的美好，乡村旅游才能有回头客。不仅如此，基础设施的完善还关系到居民的日常生活质量。现阶段建设美丽乡村，绝不仅仅只是为了给乡村一个美丽的外壳，关键在于提升农村居民的生活水平和生活质量，切实地提高村民的幸福指数。只有生活得舒适，村民才能感受到切实的幸福。

从修路到建文化室、运动场，再到铺设电网、加设太阳能路灯等，博学村的基础设施从落后逐渐走向完善，这都得益于政府对博学生态村建设的大力支持。政府先后拨款在村里挖的两套灌溉机井，使得村里的农业生产有了灌溉的条件。生产条件的改善，大大提高了村民的生产效率，大大加快了勤劳的博学人脱贫致富的步伐。政府支持博学村修路、完成村内道路硬化，使得博学村不再闭塞，村民出入村庄自由便捷。海南中线高速公路还给博学村开了一个上下口，从美安互通下来到村口不到1千米，为游客前来观光旅游扫清了交通障碍，有利于博学生态村的建设和发展。随着村内的电网、太阳能路灯等基础设施建设的完善，村民的日常居住生活条件得到了明显的改善。与此同时，文化室、运动场的搭建又为村民丰富了娱乐生活，推动了博学村的精神文明建设。

（三）开放和谐的聚居模式

博学村民居建筑排列较为规整，房屋之间由低矮的院墙隔挡，甚至不设院墙，各条街巷都能与庭院相通，体现出和睦相处的邻里关系。村口坊门前的参天古树下是堆叠的条石，这里是村民们纳凉、休息、闲谈的好去处。坊内有一个村口广场，平时作为休息的场所，每到节日时各种活动、聚会都在这里举行，是人们休闲娱乐的大舞台。开放的村落格局和刻意为村民营造的公共空间，突显了热带气候环境，以及人际和谐、以人为中心的居住理念，也把村民平日的社会交往放在了重要的位置。在社区营造中，寻找地方公共空间的活力是重启区域文化认同感的关键，博学村营造开放和谐的聚居模式使得博学村村民们在生活中能够在这些公共空间中与其他村民产生交流，有利于提升村民自身对村庄文化的认同感，重塑乡村社会关系网络。

（四）持续共生的生态产融模式

博学村的产业建设在借鉴日本、中国台湾经验的同时，也积极探索适合自身特色的发展模式。博学村的最大特色是火山民居建筑和传统农业环境，博学生态村定位的提出，反映出现代化发展与村庄自身传统保持之间的矛盾。在现代化建设的冲击下，博学村需要保持本地的传统村落风貌和产品特色，营造贴近自然的高品质生活社区。与此同时，也要注重村民自身生产生活的需要，将博学村从一个传统农业村庄自然过渡成一个集有机农业、生态复育和休闲体验于一体的现代生态乡村。在有机农业方面，转型自然农法，种植"零化肥、零除草剂、零农残"的有机荔枝。在生态复育方面，建设具有火山建筑特色的生态建筑，开发农家乐和民宿住宿服务，实现居住环境生态化，让来到这里的人们感受到博学村持续共生模式下的产业美景。

五、博学村"美丽乡村"建设的经验与亮点

（一）充分发挥主观能动性，积极借鉴外部经验

博学村在"美丽乡村"建设过程中一直积极寻找区位条件相似但建设独具特色且取得一定成效的村庄进行学习交流，在充分挖掘自身区位优势的基础上，通过比较、学习、借鉴成功的乡村建设案例，结合自身的区位条件优势，大胆地在本土进行试验，探索适合自身的乡村发展模式。

首先，博学村在继承传统的生态营造观念的同时，率先从自身丰富的自然生态资源着手，仿照台湾桃米生态村，探索建设博学生态村，引入桃米生态村"造人—造神—造钱"（造人，即改变人的观念；造神，即创造精神财富；造钱，即创造收入）的社区营造工作方法，在博学村积极实践社区营造。

在社区公共空间的打造上，博学村仿照桃米生态村的"青蛙共和国"符号，结合博学村本土盛产荔枝蜜的特色，打造属于博学村的新文化符号"蜜蜂共和国"。在建造博学村民宿时也吸收了桃米生态村"小而美"的民宿建造理念。在学习日本"自然农法"理念的同时，多次派遣社区营造人员和荔枝农赴台进行生态农业和乡村旅游经验学习。在推动产业转型升级、延伸农产品产业链上，主动参考日本马路村六次产业化发展的经验和成功秘诀，并积极探索适合博学村的六次产业模式。

博学村充分发挥主观能动性，积极学习优秀模式、借鉴经验亮点、总结建设方法，从而在"美丽乡村"建设过程中少走了许多弯路。同时，博学村利用自身的农村森林景观、田园风光、山水资源

和火山文化，发展具有当地特色的自然休闲乡村旅游产业，通过自身的实践给更多像博学村这样自然资源丰富但社会资源贫瘠的村庄以经验参考，从自身天然资源优势出发，积极实践探索本土特色的发展模式，在保护环境资源的同时，通过各种方式将其转换成经济资源，实现村落经济发展的高效化。

（二）自下而上建设故乡，发挥乡村精英主导力量

1.保存乡土味道，留住记忆故乡

在海南国际旅游岛建设初期，大量外来资本汇聚到海南岛，商业开发不仅没有使岛民受益，而且随着海南"炒房"愈演愈烈，本地居民的权益也受到了侵害，不仅需要承受房价暴涨的冲击，还要被迫与大量外来人口分享有限的公共资源。由于国际旅游岛的开发忽视了海南岛自身的发展目标和需求，使其成为房地产开发商的掘金地。

博学村也差点惨遭"资本进驻，被动开发"。阻止房地产旅游开发，不仅为博学村留住了原生态的自然环境、历史悠久的火山民居建筑，还保护了一个革命老区村庄免于被破坏，同时也守住了博学人记忆中的故乡。海南建设国际旅游岛并不能一味引进大资本开发，而是需要保持本土特色，因此需要有本地居民自下而上地参与，最终达到"造福全岛人民，泽被子孙"的目的。博学村的"美丽乡村"建设以维护村民利益为出发点，注重居民生产、生活体验，同时以"保持乡村本土特色、本土风味"为开发原则，实现村落发展特色化。

2.放眼外部世界，吸收可用资源

对于自身发展优势并不突出的边缘化村庄来说，当无法依靠政府自上而下的政策支持进行"美丽乡村"建设时，就需要采取自下而上的开发模式，率先做出一定成绩，展示村庄发展潜力，以此

来吸引政府和社会各界的支持。博学村作为典型的自下而上乡村建设案例，其发展路径是内生型的，由乡村精英联合在地精英，组织本土村民参与乡村建设，通过发动村民提供土地，集资修建成了山地自行车赛道，吸引外部资源支持博学村建设。同时村庄建设思路比较活泛，并不拘泥于该村所在区域，而是积极放眼外部世界，积极发挥乡村精英的力量，在整合乡村内部社会关系网络的同时，通过乡村精英的个人关系网络联结外部资源，寻求对外合作机会，吸引社会各界支持。在打造火山村荔枝品牌、推广自然农法种植的过程中，博学村也没有局限于本村，而是选择与周边村庄的荔枝农合作，解决了因熟人关系网络导致合作不畅的问题。在乡村内部发展活力不充分的情况下，"美丽乡村"建设可以在活化联结内部社会关系网络的同时，着眼于外界，通过吸收外部可用资源来推动村庄发展，从而使其摆脱被孤立、被边缘化的处境。

（三）重视乡村经济基础建设，推动居民社区营造积极性

在"美丽乡村"建设过程中，社区营造注重的是充分调动村民自主参与社区建设的热情，鼓励村民积极参与乡村建设。刚开始，博学村进行社区营造，只是通过项目的打造让外部资源注入博学村，却忽视了村民对于经济基础建设的需求，经济收益低、村民收入低导致他们参与乡村建设的积极性降低。因此，在经济基础相对落后的村庄进行"美丽乡村"建设时，必须将乡村经济基础建设摆在第一位，将"让人民看见财富"作为建设理念，从而提高村民的自主性和积极性，重视提升乡村经济在乡村建设中的基础作用，提升内部的发展活力。

（四）积极实践六次产业化建设，注重可持续的生态发展

1. 建设生态农业，塑造新型农民

当前，农业发展正面临着资源约束趋紧，投入品过度消耗、环境污染加剧等严峻挑战，农业资源利用强度高、转化效率低的矛盾日益加剧。博学村结合生态设计、生态建筑、可持续种植、绿色产品，以及替代能源等各种不同层面的工作，大力发展高效农业、生态农业，在发展经济、促进农民增收的同时，进一步增强了农业资源和环境的承载能力，发挥了农业的环保功能。2014年陈统奎创立火山村荔枝品牌，带领荔枝农转型自然农法耕种，以"零化肥、零除草剂、零农残"为目标，开始农业转型，发展生态农业。这种可持续的种植方式一方面为消费者提供了健康安全的农产品，另一方面也在持续利用土地、保护环境。同时，博学村的荔枝农们在前往日本、中国台湾进行生态农业经验学习的过程中，意识到生态农业的重要性和可行性，回来后主动、负责地投入天然健康农产品的生产活动中。在博学村生态农业发展过程中，荔枝农们的观念开始转变，不断提高自己，成为有文化、懂经营、会管理的新型农民，成为农业建设发展成果的最大受益者。

2. 关注消费者体验，打造乡村消费场景

火山村荔枝品牌成立时，正赶上"互联网+"的风口，火山村荔枝建立网络销售，产地直发，一件代发的商业模式，通过社交网络新消费场景，构建"看得见的关系"。在食品安全事件泛滥成灾的今天，消费者会越来越注重"溯源消费"，通过平台看到他们所购买的产品的品牌、产地，甚至农户信息，而品牌农业经营者也必须了解他们的"粉丝"群体，重视消费者的体验，与消费者构建起互相信任的"朋友"关系。

博学村发展乡村旅游经济，走六次产业化建设道路，致力于为

消费者搭建乡村消费体验场景。这意味着博学村的产业建设并不是孤立地打造一个农庄或一个农产品，而是把它放在一个乡村环境里进行，以"销售整个农村形象"为品牌的核心逻辑，而不是单单销售农产品，是从产品力、空间力、品牌力三个维度一起来打造博学村，探索一二三产业融合发展，从而提升农产品的附加价值。而消费者则能在其营造的乡村场景中感受乡村美好生活，获得对故乡情怀的满足，从而主动为乡村产品、乡村生活买单。

六、博学村"美丽乡村"建设中的问题

（一）资源保护与产业发展的现实困境

1. 民居保护

"美丽乡村"建设应以朴素村落民居为形。博学村保存的古村落火山石屋（含2000年以前兴建）多达50间，作为博学村重要的历史文化资源，倘若结合火山村荔枝六次产业营造消费场景蓝图，在未来这些民居可以修复活化为咖啡馆、书屋、精品店、木工坊等体验消费的新应用空间。在南京工业大学建筑学院博士生导师汪永平教授及其学生的帮助下，博学村的民居得到了一定程度的保护和更新，但由于其中大多数火山石屋已破败不堪，且居住的舒适度不够，近年来自然损毁和人为拆除盖新房的现象非常严重。不仅如此，修复古村落场景需要政府投入大量资金，维修一栋老房子起码需要花费5万元以上，预计需要投入资金额度不少于5000万元。巨大的资金数额也是博学村民居修复的一大拦路虎。古村落修复，任重而道远。

2. 技术门槛

博学村有荔枝种植园2万多亩，种植的品种包括妃子笑、荔枝

王、无核荔枝等，如此规模的荔枝产业为博学村探索一二三产业融合发展提供了坚实的基础。虽然博学村通过走六次产业化道路，开发荔枝副产品和创造旅游消费场景，提升农产品附加值，能够降低市场荔枝价格波动对农民收入的影响。但恶劣的气候条件对农业的制约问题依然无法得到解决，近年来荔枝产业受全球气候变暖影响非常严重，2016年和2017年都出现严重减产，收成不足丰产年的15%，2019年受到暖冬气候影响，荔枝开花坐果率创历史新低，几乎绝收。保证火山村荔枝丰产成为一个非常高的技术门槛。此外，自然农法转型对农民的生产要求极为严格，在缺乏生态农业种植技术的情况下，许多荔枝农没有足够的体能和精力坚持手工除草等，还会面临荔枝无法达到标准而被拒收的风险，因此许多荔枝农宁愿售卖价格低一些，也不愿意加入转型自然农法的行列中来。博学村实践自然农法的队伍规模尚且较小，荔枝农整体依然采取粗放式管理，技术落后，大部分依然未实行水肥一体化等标准化作业。

3. 产业融资

博学村走六次产业化道路，规划蓝图已经成形，但在实践层面却未能全面施展开来。目前，博学村只有"花梨之家"一家主题民宿兴办启用，计划兴建的小型加工厂还不见踪影，只是通过对外合作，委托加工厂研发制作出了荔枝精酿啤酒、汽水和荔枝冰激凌。

火山村荔枝六次产业化，不管是第二产业的深加工，还是第三产业的火山村荔枝六次产业园的兴建，都是千万级投资，陈统奎的返乡青年团队面临的最大问题就是融资。参考日本经验，日本能成功从一村一品迈向农业六次产业大国，离不开自上而下的政策支撑，日本农业六次产业项目的补贴高达50%，从中央到地方政府都提供了相应的配套资金与配套政策。在中国，除了创业者自筹资金之外，还急需银行政策性贷款和政府的三产融合补贴资金的大力支持，只有这样才能支持返乡青年探索农业六次产业化。

4.人才基础

人才是"美丽乡村"建设的重要支撑力量，然而当下农村传统产业没落，青壮年外流务工现象十分普遍。在这些青壮年劳动力中，包含着许多技能型、创业型人才。比如仅博学村一个自然村现在就有20多位厨师和10多位服务生。他们的存在为博学村发展社区休闲产业，尤其是发展民宿、农家乐和餐厅提供了宝贵的人才。此外，已经有陈统奎、陈统夸、陈同尧等5位大中专生返乡创业。但是由于无农家乐或餐厅等产业吸纳这些人就业，大部分的年轻人并不能在本地实现就业，不得不去外面打工。因此，当下博学村"美丽乡村"建设，急需突破产业融资困境，在村庄里营造多样化的业态，把人才资源留在本土，同时还需要政府提供配套激励政策，吸引更多年轻人返乡创业和就业。

（二）个人力量的局限与利益短缺的挑战

1.资源断裂导致社区营造中断

虽然精英返乡为博学村带来了外部社会资源，但大多数社会资源的投入均为短期行为，提供的帮助大多又在技术层面，缺少实质的资金投入且持续性差，村民因短期看不见收益而动力不足，博学村社区营造进程中断。

在博学村社区营造过程中，博学村引进的社会资源大多依赖于陈统奎个人，博学村与外界社会网络的联系基本上只能经过陈统奎"单点传输"，其自身社会网络实质上并没有得到扩展、完善。一方面通过陈统奎个人社会网络为博学村争取到的资源需要由他直接对接，而陈统奎定居上海，对博学村社区营造的具体工作往往采取远程指导的方式，加大了精英参与乡村事务的难度；另一方面博学村建立的理事会作为一个社区自治组织在协调外部进驻资源和帮助时难以达到专业机构的组织水平，因此加大了因"单点传输"引起的社会资本断裂的危机。再加上在乡村自组织的探索过程中，理事会没有明确自身的定位，既作为一个议事组织，也充当村内事务的决策机构，与乡村政治直接挂钩，导致后期发展理事会在乡村宗族网络的影响下陷入民主的困境——选出的领导人缺少相应的资历和社会网络资源，既争取不到政策扶持和外部资源，也没有组织村内事务的号召力。在发现社区营造动力不足问题后，博学村通过搭建产业来弥补不足，同时在收购荔枝问题上，陈统奎也组建了荔枝产销班，利用"市场化背景下，农民的行为逻辑倾向于市场逻辑，追逐利益最大化"的特点，用商业手段解决了社会问题。

2.缺乏非政府组织陪伴

在借鉴桃米生态村社区营造经验初期，博学村只注意到桃米生态村重建前和博学村现状的相似之处，迫切希望通过模仿桃米生态村社区营造开发属于博学村的发展路径，而在这个过程中忽视了自身与桃米生态村的现实差距及乡村建设的本土背景。

摆在乡村建设面前的是社会资本重塑存在周期长、见效慢、容易断裂等问题，博学村这样的村庄进行自下而上的社区营造急需具备专业能力的社区工作组织机构的介入、支持及长期陪伴。

参考文献

［1］王盈.海南传统火山村落的保护与利用：以海口博学村为例［J］.南方建筑，2014（5）.

［2］韦灵琛.社会资本视角下的乡村建设研究：以广东省新兴县龙山塘村和海南省海口市博学村为例［D］.广州：华南理工大学，2017.

［3］陈统奎.从故乡出发，从世界回来［M］.桂林：广西师范大学出版社，2020.

革命老区的新胜仗

——骆驼湾村与顾家台村的脱贫变迁

■ 周佳蓓

由于历史和自然因素，我国一些山区和农村的生产力发展缓慢，贫困人口较多。采取积极的扶贫措施，帮助贫困地区和贫困户加快致富，对于稳定社会秩序，构建社会主义和谐社会，促进各地区经济社会均衡发展具有突出的作用和意义。

一、脱贫背景：总书记踏冰雪寄温情

中国摆脱贫困的历史进程，注定会记下2012年岁末太行深山里这深情而浓重的一笔。

2012年12月29日至30日，"党的十八大后，习近平总书记第一次赴农村地区视察，就来到老区、山区、贫困地区三区合一的阜平县，冒严寒、踏冰雪深入骆驼湾村和顾家台村考察革命老区扶贫工作。在这里，总书记向全党全国发出了脱贫攻坚的进军令：没有农村的小康，特别是没有贫困地区的小康，就没有全面建成小康社会。彼时，河北脱贫攻坚任务比较重，共有贫困县62个，其中国定贫困县45个、省定贫困县17个，贫困人口499万"①。

在2017年新年贺词中，习近平总书记说"新年之际，我最牵挂的还是困难群众，他们吃得怎么样、住得怎么样，能不能过好新年、过好春节"②，真切地体现了党关心人民生活，立党为公，执政为民，全心全意为人民服务的宗旨。

我国脱贫攻坚的目标是确保到2020年农村贫困人口实现脱贫，贫困县全部摘帽，解决区域性整体贫困，做到脱真贫、真脱贫。2015年11月27日至28日，中央扶贫开发工作会议在北京召开。中共中央总书记、国家主席、中央军委主席习近平出席会议并发表重要讲话，他强调："消除贫困、改善民生、逐步实现共同富裕，是社会主义的本质要求，是我们党的重要使命。全面建成小康社会，是我们对全国人民的庄严承诺。脱贫攻坚战的冲锋号已经吹响。我们要立下愚公移山志，咬定目标、苦干实干，坚决打赢脱贫攻坚战，确保到2020年所有贫困地区和贫困人口一道迈入全面小康社会。"③

二、脱贫概况：承英雄血脉，创脱贫佳绩

"2012年12月，习近平总书记来到骆驼湾村考察，进村入户看真贫。在顾宝青家，总书记详细询问了她家的温饱、看病以及孩子教育情况。在这次考察中，习近平总书记向全党全国发出了脱贫攻坚的动员令。没有农村的小康，特别是没有贫困地区的小康，就

---

① 潘文静.攻坚之战［EB/OL］.（2020-08-02）.http://he.people.com.cn/n2/2020/0802/c192235-34199775.html.
② 习近平主席十年新年贺词金句［N］.人民日报，2023-01-01（2）.
③ 习近平：脱贫攻坚战冲锋号已经吹响 全党全国咬定目标苦干实干［EB/OL］.（2015-11-28）.http://www.gov.cn/xinwen/2015/11/28/content_5017921.htm.

没有全面建成小康社会。"[1]

2014年，经精准识别，拥有20多万人口的阜平县，有建档立卡贫困人口4.44万户、10.81万人，贫困发生率达54.37%。在2012年到2018年的6年间，阜平县紧紧围绕"两不愁三保障"[2]这一核心，大力发展富民产业，坚持精准方略，坚持苦干实干，在太行山深处书写脱贫攻坚的新时代答卷。

截至2018年底，全县共建成食用菌产业园区98个，发展规模2万亩；林果产业园区134个，种植高效林果8万亩；肉鸡、生猪等规模特色养殖410家；中药材园区260个，种植面积8万亩；15人以上家庭手工业加工点218家；注册了"阜礼""老乡菇"等农产品区域公用品牌，打造了"小牧耳""高老西"等一批省级名牌。部分企业食用菌产品通过绿色食品认证，阜平苹果、仙桃等6种农产品获批国家地理标志证明商标。依托"产、城、教、研"为一体的阜东经济开发区，建设占地1260亩的食品、农副产品加工产业园，引导产业关联度较强的农副产品、食品加工企业向园区集中，实现农业产业链由低端向高端的转化。截至2019年底，全县农民人均可支配收入从2012年的3262元增至9844元；贫困发生率从2014年建档立卡时的54.37%降至0.45%。[3]

阜平县曾是英雄的土地，是晋察冀边区的所在地，为抗战胜利作出了卓越的贡献。而在新时期脱贫攻坚战中，阜平县同样延续了血脉中的民族精神，发扬了艰苦奋斗的革命精神和改革创新的时代

---

[1] 奋进新征程 建功新时代 非凡十年 | 河北：奋力走好新时代"赶考"路 [EB/OL].（2022-07-14）. http://politics.people.com.cn/n1/2022/0714/c1001-32475357.html.

[2] "两不愁三保障"是我国扶贫开发针对扶贫对象的总体目标，"两不愁"即不愁吃、不愁穿；"三保障"即保障其义务教育、基本医疗和住房。

[3] 徐运平，张志锋.阜平战贫[N].人民日报，2020-07-17（13）.

精神，于2020年2月底成功实现全县高质量脱贫摘帽。[①]其中，骆驼湾村、顾家台村率先于2017年底脱贫。截至2020年6月底，阜平县剩余贫困人口实现脱贫。

三、产业扶贫：产业发展模式分析

产业扶贫是增强贫困地区造血功能的长远之计。2014年，农业部发布了中国"美丽乡村"十大创建模式，其中产业发展型的特点是产业优势和特色明显，农民专业合作社、龙头企业发展基础好，产业化水平高，初步形成"一村一品""一乡一业"，实现了农业生产聚集、农业规模经营，农业产业链条不断延伸，产业带动效果明显。

阜平县将产业发展作为脱贫的主要支持，创建"长短结合、多点支撑"的扶贫产业体系，在骆驼湾村、顾家台村发展林果种植、食用菌乡村旅游三个"长短结合"的主导产业，辅以箱包加工、中药材种植，推动融合历史文化、山水休闲、商贸购物等多种体验于一体的文化旅游产业。顾家台村建立南山种植园；骆驼湾村、顾家台村民宿旅游自2019年五一开业运营以来累计接待游客超过10万人，昔日贫瘠偏僻的小山村成为"网红打卡地"，村民成为接待游客的"上班族"。

（一）两村概况

骆驼湾村地处太行山深处，辖骆驼湾、瓦窑、辽道背、木桥、菜树塔、朱行塔、杨树塔、高石堂沟和藏粮沟等9个自然村，总面

[①] 李宝荣同志带队赴河北省阜平县调研推进定点扶贫工作[EB/OL].（2020-08-24）. http://wzjgswj.wenzhou.gov.cn/art/2020/8/26/art_1228999464_55355964.html.

积3.4万亩，其中林地占2.2万亩，荒山1.1万亩，耕地990亩。骆驼湾村南的几座山峰称"辽道背"，海拔近1900米，山上有包括落叶松、槐树、杨树等树种在内的2000多种植被，还有几百种药材，如猪苓、黄芩等，主要集中在骆驼湾和瓦窑两个自然村。骆驼湾村于明洪武年间因卫河码头、商道成村。骆驼湾村共计277户576人，村"两委"班子5人，党员52人。2018年12月，住房城乡建设部拟将骆驼湾村列入第五批中国传统村落名录。当地农民以前主要靠外出打工和传统种养业谋生计，2014年，该村有贫困人口189户447人。2017年底骆驼湾村脱贫出列，2018年底贫困户降至1户3人，人均可支配收入达到11239元。

顾家台村隶属于龙泉关镇，位于阜平县西部，距镇区1千米处。全村共148户360人，耕地面积689.7亩，其中水浇地350亩、旱地339.7亩，林地面积1171.8亩，荒山面积4000亩。受地理位置和气候条件影响，该村昼夜温差大、土壤贫瘠，一年只能种一季庄稼，以玉米、土豆为主，村民收入较低。村"两委"班子7人，其中村党支部4人，村委会3人。全村共有党员34名，预备党员2名，村民代表7名。2013年，顾家台村人均收入只有980元，不及全国平均水平的1/8，贫困发生率高达75%。2018年，顾家台村人均收入14971元，6年增长了14倍，贫困发生率下降至1%。

（二）扶贫产业体系分析

骆驼湾村和顾家台村的脱贫主要以林果种植、食用菌、乡村旅游等产业为主导，群众通过多渠道就业实现稳定增收，形成了"长短结合、多点支撑"的扶贫产业体系。

1. 发展林果种植产业

中国自在农村推行家庭联产承包责任制以来，农村社会生产力迅速发展，农村面貌发生了翻天覆地的变化。但是随着市场经济在中国的深入，家庭联产承包责任制本身的局限性逐步显现，它以家庭为单位，导致农田等生产资料过于分散，农户在市场经济中逐渐丧失主体地位。国家为了扶持弱势的农户主体，寄希望于企业和公司的帮扶带动，通过政策鼓励和支持企业与农户联结，推动了"公司＋农户"模式的发展和应用——在龙头企业的带动下，企业与农户以某种方式签订合约，进行特定形式的合作，形成规模生产，稳定农民收入。该模式始于20世纪80年代，经过多年的探索与发展，在农民学习生产技术、规避市场风险和规模经营增收等方面发挥了诸多积极作用，成为我国农业的重要经营模式。

依托该模式，骆驼湾村土地流转780余亩，分别种植高山苹果、优质核桃、樱桃、林下药材等经济作物，带动本村常年务工人员18人，每人每年增收1万元；带动季节性务工人员80余人，每人每天100元。果树进入盛果期后，公司与农户五五分红。顾家台村土地流转527亩，用于苹果种植407亩，香菇种植120亩；林果产业覆盖全村148户360人，村民可享受土地流转金、打工薪金、股金分红"三金"收益，公司与农户五五分红。

2. 发展食用菌产业

2015年当地政府引进食用菌产业。2016年，在国网河北省电力有限公司阜平县供电分公司支持下，扶贫攻坚电力配套工程绿色通道正式开通，顾家台村仅用45天就建造完成了食用菌种植全电产业园区。在灭菌、净化、培育、冷藏等一系列电气化设备的支撑下，通过"政府＋龙头企业＋金融＋科研＋合作社＋农户"六位一体模式，骆驼湾村建成食用菌大棚75栋，参与包棚和务工的人员147人，每年种植香菇117万棒，销售收入约600万元，农民增收200余万元。顾家台村发展香菇种植产业，覆盖51户138人，其中贫困户46户117人。香菇采摘后统一由公司收购销售。利用集中流转的120亩土地，建设香菇大棚50个，带动200人就业，其中本村的村民就有30人。园区每天平均生产10万个菌棒，2018年每棚净收入可达3万元以上。

阜平县从全国聘请一流专家组成10人专家组，成立太行山食用菌研究院，县财政每年拿出数百万元支持研究院发展。通过"企业聘请、政府补贴"方式，请来170多名技术人员，天天走村进棚提供技术指导。一些种菇能手也被培养成了准技术人员，辐射带动周边农户。

大力推行"政银企户保"贷款模式——政府搭台增信、银行降槛降息、企业农户承贷、农业保险兜底保障。协调联动下，群众不需抵押，便可申请贷款，且5万元以内的三年期贷款由政府全额贴息。为了方便群众贷款，阜平县还在县乡村分别建立了服务网点。搞产业脱贫，贫困户最担心"赔"，为此，阜平县人民政府与保险公司合作，在全国率先推出成本价格损失保险，对因市场价格波动造成的成本损失进行保险，防止贫困群众因创业返贫。

采取"政府+企业+农户"种植销售模式，龙头企业生产菌棒，技术人员上门指导，农户负责大棚种植，采出的蘑菇由提供菌棒的企业回收。龙头企业最大的优势是对市场的经营组织及产业的规模发展有很强的号召力、影响力和一定的示范性及引导作用。合作社最大的优势是组织发展农户并让其与龙头企业联结起来，因此具有现代农业发展的组织化、合作化的基础条件。如果把企业比作"龙头"，农户比作"龙尾"，那么合作社就是"龙身"，龙头有力带动，龙身关联灵活，龙尾才能紧跟和运动自如。农户最大的优势是具备劳动力及农业发展的其他自然要素，拥有现代农业发展不可或缺的独特优势。在河北省的农村"三变"改革中（"三变"指资源变资产、资金变股金、农民变股东），农民还有"股东"的角色，对农业企业行使知情权、参与权、表决权、监督权，是农业现代产业链上的企业决策参与者，是现代化农业发展的重要参与者、受益者和监督者。"龙头企业+合作社+农户"整合农业生产、加工、销售为一体，搭建起产业链不同维度之间的合作分工，各有侧重，逐个击破，实现作用最大化、贡献最大化，推动农业产业多要素、内涵式、全链条发展，有效释放农村社会生产力。[①]骆驼湾村不少脱贫户表示，如今政府打造好了食用菌产业，龙头企业供菌棒、管收购，脱贫很简单，只要按照要求干就行。

"政府+龙头企业+金融+科研+合作社+农户"六位一体模式，构成了各种社会力量汇聚、多种合作方式叠加的大合作、大联合、大流转的全新农业经营格局，有效促进了农业产业化经营，适应农业现代化发展趋势。2017年，顾家台村党支部书记陈国在接受记者采访时说道：

> 国家有政策，怎么脱贫，国家想方设法扶持，我们总得有项目吧。我们召开村民大会，提议把土地拿出来经营，种苹果。老百姓顾虑挺多，你把我地租了，我干吗，地块小，需要平整，成功还好，不成功我的地去哪儿找。经过做工作，当时租了80多亩。紧接着县里边镇里边找了好多专家，这个地方到底适合发展什么产业。后来对土地流转种苹果树给予肯定。2015年底，开始大面积流转土地，种植业收益慢，有生长期，眼下老百姓干吗？可以去果园里打工，老百姓也想开了："我没地了，可以用更多时间打工去了。"县里边帮忙找了一个企业，村民也以土地形式入股，将来纯利润按五五分红。一般4年到5年收获期，那时老百姓就有收入了。
>
> 村里2015年底开始建香菇大棚，老百姓不懂，我也不懂。县政府帮忙找专家，引进企业，通过去年一年实践，效果是可

---

① 发挥"龙头企业+合作社+农户"各自优势推动农村社会生产力发展[EB/OL].（2019-09-11）.https://lsfz.gufe.edu.cn/info/1003/1111.htm.

以的。去年村民顾虑太多，所以就公司、农户一块经营，投资分半，利润分半，风险小。没有钱怎么办，政府帮你贷款，县里有金融办公室，协调各个银行贷款，一个大棚可以贷5万元就够用了，并且帮我们入了保险，意外保险，还有成本损失险。出现意外灾害、市场价格过低造成损失，都有保险……今年这个模式改了，农户自己承包经营，企业还免费配备技术员。村民自己投入，利益自己收成。自己经营需要的投资多，怎么办，报到县上，加大贷款资金额，5万元不够贷8万元都可以，但是这笔钱必须要用在香菇大棚上。现在香菇正在出菇，去年好的香菇可以卖到5.5元一斤，今年效益要比去年好。[①]

3. 发展乡村旅游产业

由北京知名旅游管理公司寒舍旅游投资管理集团有限公司通过流转农户房屋进行带动经营，骆驼湾村2019年流转房屋68户，每户均获得流转租金1万元。租赁流转民宿80家，打造业态20多个，40多种小吃，249个床位，由阜平县顾家台骆驼湾旅游发展有限责任公司与寒舍旅游投资管理集团有限公司的专业经营团队，统一管理经营，辐射带动95名本村及周边村民务工，平均每人每月收入2100元。2019年5月1日开业以来，骆驼湾村日均游客量达500人次，成功举办了多次大型的文艺演出活动和体育赛事活动，聚集提升了人气，已经成了生态旅游的打卡地。骆驼湾村综合考虑当地的自然条件与人文氛围，打造了特色鲜明的民宿旅游新业态，包括美食街、骆驼湾大戏台、山货特产店、民俗技艺坊、农耕博物馆和骆驼湾小院民宿等。

[①] 脱贫口述 | 总书记关心的顾家台村：只要想挣钱，出门就有活干[EB/OL].（2017-05-22）.http://www.xinhuanet.com/politics/2017/05/22/c_1121015068.htm.

图 1　骆驼湾村的旅游指示牌

顾家台村发动30户村民将闲置房屋出租，做精品民宿、餐饮业，发展乡村旅游。2019年9月中旬，顾家台村的民宿、店铺已经开张营业。保洁、保安、有手艺的村民已经参与进来。如今在村里转一转，除了老人孩子，街上没有闲人，有劳动力的村民每天都忙忙碌碌。[①]顾家台村党支部书记陈国说：

> 我们这里离五台山、国家地质公园、国家森林公园、4A景区天生桥都很近，村边要开一个高速出口，就可以下村里来了。我们这边还有一个招提寺是个唐代寺院，要把它恢复起来，搞旅游得有一个可以参观的地方。我过去在县旅游局工作时总结了几条经验，发展旅游，要给我一个来的理由，给我一

---

① 杨亚红，马宁，王亮.【辉煌七十年 燕赵展新颜】顾家台变形记③：为了这14000块钱……[EB/OL].（2019-09-28）.https://www.sohu.com/a/343969208_120333600.

个住下来的理由，给我一个再来的理由。让他们住下来老百姓才有收入，吃吃农家饭，住住农家屋。缺钱可以通过金融办贷款，缺技术，县镇有政策，可以安排到保定、石家庄免费培训。

2015年村里脱贫了58户，现在剩5户。年底脱贫2户没问题，剩余3户是五保户，他们也可以通过土地流转参股分红。现在只要想干活，想挣钱，一出大门口就有活干，街里边没有几个闲人。

前期产业带领农民脱贫，后期可以为旅游服务。果园可以采摘，箱包可以做成纪念品。路子有了，甩开膀子可以干了，等待产业一步步壮大之后，也就是我们乡村旅游开始红火的时候。

产业发展好，这么好的政策，把老百姓这个心都给归拢了，思想解放了，我拿笔来一笔笔算账，2020年奔小康都没有一点问题。①

图2 顾家台村生态旅游打卡地

---

① 脱贫口述｜总书记关心的顾家台村：只要想挣钱，出门就有活干［EB/OL］.（2017-05-22）.http://www.xinhuanet.com/politics/2017/05/22/c_1121015068.htm.

4.村民多渠道就业

在"长短结合、多点支撑"的扶贫产业体系下,除了三大主导产业的支撑,村民还通过多渠道就业实现稳定增收。以顾家台村为例,手工加工产业覆盖18户18人;30户加入龙头企业阜平县嘉鑫种植有限公司,每户1万元入股,分红1000元;30户加入阜平县阜裕投资有限责任公司,每户1万元入股,分红1000元;34户加入养猪合作社,每户分红1000元;9户加入阜平县南会麻核桃农民专业合作社,每户分红1000元;10户加入乡村旅游民俗酒店,每平方米每年30元;皮具公司吸纳了本村及附近的家庭妇女55人进厂务工,每人每月至少能有2200元钱的工资。

四、驻村制度:嵌入式扶贫模式分析

如果说产业发展是两村脱贫摘帽的血肉工程,那么嵌入式扶贫的驻村制度就是支撑起这一切的骨骼架构。

(一)驻村制度——中国特色嵌入式扶贫模式

党的十九大报告指出,现阶段我国社会的主要矛盾是人民日益增长的美好生活需要和不平衡不充分的发展之间的矛盾。从实践看,发展不平衡,最突出的是城乡发展不平衡;发展不充分,最突出的是农村发展不充分。长期以来,城乡发展资源分配的失衡、乡村发展主体自身的局限性加剧了这一矛盾。为了解决这一矛盾,党的十九大报告中提出了乡村振兴战略,而打赢脱贫攻坚战是实施乡村振兴战略的优先任务,精准扶贫是打赢脱贫攻坚战的内在要求,嵌入式扶贫模式是精准扶贫的必然选择。为此,自2015年中央扶贫开发工作会议召开以来,省市县各级机关选派干部到贫困村驻村帮扶,有力推动了扶贫开发工作的开展。在贫困地区内生动力不足的情况下，借助外力的嵌入式扶贫模式，即通过党和政府的力量引入外部资源进行帮扶，是实现精准脱贫的有效途径。与此同时，2019年8月由中共中央印发的《中国共产党农村工作条例》第四章第二十条提出，"选派优秀干部到县乡挂职任职、到村担任第一书记"，这是第一次将"驻村"纳入党内法规，也标志着嵌入式扶贫模式逐步向制度化、规范化和常规化迈进。实际上，如何实现国家意志与乡村发展的高效衔接，外部力量对乡村振兴的有效帮扶，打破城乡资源分配的失衡状态，实现贫困地区的精准脱贫，是新时代背景无法回避的重大课题。

"嵌入"作为一个学术上的概念最先应用于社会学领域，是社会学家卡尔·波兰尼在《大转型》一书中提出来的。近些年，国内学者将其用于政治学领域，研究国家的嵌入式治理，形象地描述外部力量帮扶对乡村发展作用机制的状态。改革开放以来，中国已累计使近8亿人口摆脱贫困，减贫事业取得了举世公认的成就；但是长期以来粗放式的扶贫模式浪费了大量人力物力，贫困人口不清晰、贫困状况不明了、扶贫针对性较弱、扶贫资金和项目分散化等问题较为突出。党的十八大以来，中国特色社会主义进入新时代，在我国的扶贫开发工作中，剩余了一些难啃的"硬骨头"，中央领导集体汲取党近些年来在扶贫工作中积累的经验，提出了精准扶贫的要求。在此背景下，党和政府先后在出台有关"三农"问题的系列文件中多次强调下派人员到贫困村进行驻村帮扶，驻村制度成为中国特色扶贫开发制度体系的重要组成部分，也成为国家与乡村联系的纽带。2020年3月6日，在决战决胜脱贫攻坚座谈会上，习近平总书记提到了这几组数字："全国共派出25.5万个驻村工作队、累计选派290多万名县级以上党政机关和国有企事业单位干部到贫困村和软弱涣散村担任第一书记或驻村干部，目前在岗

91.8万。"[1]正是在此基础上，才可以把嵌入式的扶贫模式定义为党和政府主导的以扶贫为目的的外部参与型乡村建设与发展机制。[2]

在我国的脱贫攻坚战中，产业扶贫与驻村制度息息相关，密不可分。产业扶贫是嵌入式扶贫模式的主要形式。驻村工作队对贫困村的自然、社会、文化资源进行科学分析与高效整合，确定其在引进产业资源时的独特优势。在精准扶贫背景下，所谓精准，就是因地派人、因人派人、因事派人，这种派人的精准会促进当地因地制宜的开发、因人制宜的治理、因时制宜的发展。此外，驻村工作队队员相比于基层干部在业务素质和能力方面水平较高，更具前瞻性、长远性的发展设计，也推动"造血式"扶贫，实现乡村的可持续性发展。嵌入式扶贫模式有利于推动乡村自治组织的建设，引导乡村自治制度的有效运行，实现其与科层体系的高效衔接。在乡村经济、文化、社会建设的方方面面，驻村制度都发挥着不可替代的关键作用，体现了党在脱贫攻坚战中的战略智慧。

（二）两村实践样态分析

驻村制度根植于党政机关选派干部深入基层帮扶开发的扶贫制度体系中。县级党委和政府统筹整合各方面驻村工作力量，根据派出单位帮扶资源和驻村干部综合能力科学组建驻村工作队，实现建档立卡贫困村一村一队。

"工作队"和"第一书记"是驻村最为常见的形式。在精准扶贫背景下，存在两种驻村模式：一种是将两种形式结合，即下派驻村工作队，由驻村工作队队长兼任第一书记；另一种是直接选派一

---

[1] 张琰. 25.5万个驻村工作队，25.5万支战斗队[EB/OL].（2020-03-14）. https://www.ccdi.gov.cn/yaowen/202003/t20200313_213440.html.

[2] 位杰，徐海峰. 驻村制度：精准扶贫视域下嵌入式扶贫模式探析——基于河北省顾家台村的调查研究[J].太原理工大学学报（社会科学版），2020，38（2）：27-32，44.

名干部驻村担任第一书记。根据驻村工作队选派管理工作指导意见，驻村工作队队长原则上由驻村第一书记兼任。[1]骆驼湾村和顾家台村就是第一种驻村模式，也是精准扶贫阶段最为常见的模式。相比于第二种模式，第一种模式扶贫人员人数较多，在扶贫工作开展中，扶贫队员能够能力互补，集思广益。驻村人员代表国家的意志行使在乡村治理中的权力，成为党和国家与基层乡村联系的纽带，尤其是在贯彻党和政府的方针政策等方面发挥了至关重要的作用。同时，这种嵌入都是精英式的嵌入，即派遣各个机关的优秀年轻干部、后备干部，国有企业、事业单位的优秀人员和因年龄原因从领导岗位上调整下来、尚未退休的干部组成工作队，参与扶贫开发工作，他们都是各个单位的精英，有着较高的学历层次、较硬的思想素质和较强的业务能力。

为打赢脱贫攻坚战，河北省委决定自2016年起，连续5年时间，在省市县三级选派机关企事业单位优秀干部驻村帮扶。按照省精准脱贫工作的统一安排，河北省住房和城乡建设厅派出多名优秀干部组成3个小组，分别进驻阜平县骆驼湾村、顾家台村和上堡村，从村庄规划、房屋改造、村貌整治等多方面开展帮扶工作。在骆驼湾村和顾家台村，村组干部责任、驻村工作队责任、对口帮扶单位责任清清楚楚，家家户户都有脱贫手册，帮扶的年度目标、政策措施明明白白。对"两不愁三保障"，人人都讲得出事实、说得出数字、举得出例子，真正做到了全覆盖、硬兜底。[2]

2018年，在顾家台村脱贫摘帽一年之际，由河北省委组织部和省住房和城乡建设厅统一安排，省建筑科学研究院牵头组建了顾

---

[1] 中共中央办公厅 国务院办公厅印发《关于加强贫困村驻村工作队选派管理工作的指导意见》[EB/OL].（2017-12-24）.http://www.gov.cn/zhengce/ 2017-12/24/content_5250001.htm.

[2] 特约调研组.只要有信心，黄土变成金：河北阜平县骆驼湾村和顾家台村脱贫调查[N].人民日报，2019-09-12（2）.

家台村第五批驻村工作队，严格落实"摘帽不摘责任、摘帽不摘政策、摘帽不摘帮扶、摘帽不摘监管"的工作机制，持续巩固扶贫成果。驻村工作队由三名成员组成，队长由省建筑科学研究院的副院长担任并兼任第一书记，工作队队员分别来自省建筑科学研究院和省住房和城乡建设厅，于同年3月开展帮扶工作，显著增强了村"两委"的领导组织能力，提高了村庄的整体发展水平，得到了群众的广泛赞誉。①

1.党员助力：激发脱贫内生动力

在精准扶贫背景下，驻村工作队更加注重激发村庄内生动力。

驻村工作队深入宣传贯彻习近平新时代中国特色社会主义思想，宣传贯彻党的农业农村工作政策和乡村振兴战略，宣传贯彻党中央、国务院和省委、省政府关于脱贫攻坚各项方针政策、决策部署、工作措施；注重扶贫同扶志、扶智相结合，做好贫困群众思想发动、宣传教育和情感沟通工作；帮助整顿村级软弱涣散党组织，协助县乡党委搞好村"两委"换届选举；组织开展"脱贫攻坚党旗红"活动，培养贫困村创业致富带头人，吸引各类人才到村创新创业；推动发展村级集体经济，协助管好用好村级集体收入；对治理扶贫领域腐败和作风问题提出建议，推动管党治党政治责任落实。

自2012年来，骆驼湾村、顾家台村经过换届选举，调整了"两委"班子，充实了有点子、有办法、有担当、有威信的同志，下派的驻村工作队队长兼任第一书记，都是有农村工作经验的机关干部，逐渐形成了以党支部为核心的村级治理体系。党支部坚强有力，村里带头人选得准，党员发挥先锋模范作用，脱贫攻坚才有底

---

① 位杰，徐海峰.驻村制度：精准扶贫视域下嵌入式扶贫模式探析——基于河北省顾家台村的调查研究[J].太原理工大学学报（社会科学版），2020，38（2）：27-32，44.

气。村党支部健全工作制度，加强集体学习，组织外出观摩，坚持民主决策，现场解决问题，使一项项脱贫攻坚任务落地生根。两个村75名无职党员，有的带头找致富门路，有的参与监督村务，有的联系引导群众，个个肩上有责任，人人身上有干劲。

顾家台村党支部书记和成员全力推进"三步走"计划：一是解放思想、改变观念，使村民们动起来；二是通过参观学习外地的先进产业、因地制宜发展本村产业，使村民们干起来；三是做大做强村内各项产业，使村民们富起来，从而将顾家台村建设成和谐、富裕、美丽的小康村。他们向群众做思想工作，通过一个个具体生动的案例，讲述发展食用菌、林果种植、规模养殖、旅游等产业的效用，以及其中可能遇到的困难和解决方案，带领一批批村民走上脱贫致富之路。顾家台村党支部书记陈国说：

> 香菇大棚刚成立时老百姓有顾虑，村干部带头承包种植，"两委"班子7个人，参加香菇种植的有4个。村干部带了头，老百姓觉得有可信度。主要还是靠做工作，带他们去成功的地方参观，所有村民只要对种植香菇产生兴趣都可以去，不限名额。实实在在挣到钱的例子在眼前放着，今年不用说太多话就都去干了。①

骆驼湾村党支部书记顾瑞利说："只有把心窝子掏出来为群众做事，才能做好。"顾家台村第一书记郄志忠说："脱贫攻坚最为重要的，就是干部群众拧成一股绳干活。"现在，两个村有各项制度几十项，集体经济收入逐年增加，每年都发展1—2名年轻人入党，

---

① 脱贫口述｜总书记关心的顾家台村：只要想挣钱，出门就有活干［EB/OL］.（2017-05-22）. http://www.xinhuanet.com/politics/2017-05-22/c_1121015068.htm.

真正做到了有人管事、有钱办事、有章理事。①

骆驼湾村党支部书记顾瑞利说:"最开始动员大家搞'美丽乡村'提升改造,很多老百姓不愿改变……挨家挨户做工作……"骆驼湾村驻村第一书记刘华格也说:"原来常有村民问'我为什么不是贫困户,为什么不能吃低保',等靠要的思想在村里一度很流行,现在都是抢着干了。如果说变化,最大的变化就是思想观念的变化。"②

在脱贫摘帽后,继续加强农村党员的思想建设,不断提升党员的思想水平,打造带领村民致富奔小康的基层组织,是持续激发村民内生动力、保证稳定脱贫的重要手段。2018年,顾家台村第五批工作队编辑印刷数十本《十九大报告学习手册》,确保党员人手一份,便于随时学习;协调河北省住房和城乡建设厅与66481部队,为村里购置《习近平扶贫论述摘编》等多套理论学习丛书,在农村书屋开辟了党建学习阵地;做实"三会一课",由第一书记上党课,以党的十九大精神和新宪法为重点,带领党员学习最新政策、精神,并同步展开座谈交流,引导党员积极为村庄发展献计献策。此外,同年5月,工作队全程参与村"两委"换届选举工作,与镇、村两级党委一同研究换届程序,直接负责设计各环节宣传公告,并组织选民、党员有序领票、写票、投票,监督公开唱票、统票。在多方共同努力下,顾家台村"两委"换届顺利完成,其间并没有发生纠纷、争议,整体进程和谐、平稳、有序。

除了加强党建,河北省政府还注重加强驻村工作队的教育培训。省级举办示范培训班,重点培训省直事业单位选派的驻贫困村

---

① 特约调研组.只要有信心,黄土变成金:河北阜平县骆驼湾村和顾家台村脱贫调查[N].人民日报,2019-09-12(2).
② 李斌,乌梦达,范世辉,等.春到骆驼湾[EB/OL].(2020-04-30).http://www.xinhuanet.com/politics/2020-04-30/c_1125929783.htm.

第一书记，每年至少轮训一遍。市级抓好骨干培训，县级实施兜底培训，县级每半年至少对第一书记进行一次集中培训。通过专题轮训、现场观摩、经验交流等方式，加强对脱贫攻坚方针政策、科技知识、市场信息等方面的培训，帮助驻村干部掌握工作方法、熟悉业务知识、提高工作能力。

2."造血式"帮扶：注重发展可持续性

在精准扶贫背景下，驻村工作队更加注重乡村发展的可持续性。

嵌入式扶贫模式无论是弥补科层体制运作的弊端，还是对乡村自治制度的补充，其最终目的就是实现贫困人口脱贫，实现乡村振兴。如何摆脱"扶贫后返贫，返贫后扶贫"的怪圈，还是要增强乡村自身的造血功能，实现乡村的可持续发展。如果说之前的"输血式"帮扶是"治标"的话，那现在"造血式"帮扶就是"标本兼治"。从某种程度上讲，驻村的最终目的是不驻村。

顾家台村人少地少，依靠由阜平县统一规划的"长短结合、多点支撑"的现有扶贫产业体系已经脱贫，但脱贫摘帽不是终点，而是新生活、新奋斗的起点，想要致富奔小康，必须制订长期发展规划，开拓发展高附加值产业。2018年第五批驻村工作队根据顾家台村自然禀赋和后天优势，先后帮助村庄研究制定了《顾家台村产业发展规划》、《2018年顾家台村帮扶计划》和《顾家台村年度帮扶任务清单》，明确致富目标，科学指导产业发展。此外，驻村工作队在前期调研的基础上规划设计了"一基地两公司"发展思路。"一基地"指的是党建教育基地，并且在工作队的积极争取和河北省直机关工委的大力支持下，顾家台村被列为省直机关党员干部教育基地。"两公司"指的是劳务和旅游两个公司。2018年6月，驻村工作队帮助顾家台村注册成立集体企业——阜平泰嘉建筑劳务有限公司，先期依托周围劳动力发展劳务输出，并与"美丽乡村"建设项目相衔接，提前承接好村内劳动力，确保不断档、不失业，并且劳务公司在运营近半年后已经具备赢利能力。此外，工作队还利用顾家台村的区位优势，带动村民发展多种旅游业态，打造"窗口经济"。同时，工作队巩固并提升既有扶贫产业，试点山货包装外销，并进一步巩固和发展香菇种植业、手工业、林果业和乡村旅游业，保证全村稳定脱贫。

从顾家台村驻村工作队帮扶成果来看，相比之前国家对顾家台村的"输血式"帮扶，即直接给贫困户送钱、送物，在驻村工作队的帮扶下，顾家台村村民通过土地流转入股，因地制宜引进高附加值产业，对山地农田进行高标准开发，实现了经济效益、社会效益和生态效益的同步提升。土地流转金、土地入股分红和村民劳动薪金的收入多元化，使顾家台村村民实现了由传统农民到"三金"农民的转变。顾家台村于2017年实现脱贫，直到2019年（截至参考资料调查时）没有一户返贫。[1]

"下一步就是如何把收入保持下去，并且有提升。"2020年，现任顾家台村党支部书记陈国说，"第一是关注这些刚刚脱贫的家庭，重点关注人均年收入5000元左右的家庭，在政策上进行保障。第二就是要关注低保户，社会兜底的政策不能变。接下来，主要是防返贫，由过去的精准脱贫向精准的防返贫转变"。

如今，顾家台村正谋划下一步发展，村里也制订了新的三年和五年规划。村党支部书记陈国和村干部商量，要支持企业扩大规模，增添生产设备，带动更多村民奔小康。[2]

---

[1] 位杰，徐海峰.驻村制度：精准扶贫视域下嵌入式扶贫模式探析——基于河北省顾家台村的调查研究[J].太原理工大学学报（社会科学版），2020，38（2）：27-32，44.

[2] 牛镛，周博.河北省保定市阜平县顾家台村：用特色产业闯出一条脱贫路（新春走基层）[EB/OL].（2020-02-02）.http://www.81.cn/gnxw/2020-02/02/content_9730220.htm.

3.联系群众：实效助力民生建设

在精准扶贫背景下，驻村工作队更加注重贯彻党的群众路线。

为实现脱贫目标，顾家台村深入贯彻精准扶贫战略思想，在全村建档立卡，贫困户一户一档，统一管理。驻村干部深入实地分析查找致贫原因，制定因人制宜的脱贫措施，在脱贫攻坚战中不让一户一人掉队。驻村工作队密切联系群众，建立了定期走访制度，坚持每月到贫困户家走访一次，协助扶贫专干核实月收入情况并按时上报；每逢重大节日或换季，购置防暑、御寒物品送到贫困户、重病户家中；每两个月走访非贫困户一次，了解村民生产生活情况，听取他们对村庄发展的意见和建议。[1]从脱贫建档立卡情况看，2014年以前贫困户110户270人，贫困发生率为75%。2015年脱贫42户138人，剩余68户132人，贫困发生率为36%。2016年脱贫63户123人，剩余5户9人，贫困发生率为2.5%。2017年底脱贫4户7人，剩余贫困户3户4人，贫困发生率为1.11%。

2013年，在党中央和省委、省政府的大力支持下，在驻村工作队的科学协助下，顾家台村开始着力建设村内基础设施，切实改善村民生活环境。为了拓宽街道，在和村民协商后拆除了部分村民家的鸡舍、猪圈、茅房及院墙，建成了现在的四条主街道，加上几条水泥小路，6年多的时间完成村里路面硬化4000米。以前的羊肠小道没有了，与村民常年相伴的扁担背篓都"下岗"了，汽车能直接开到家门口。2017年底，全村264户村民全部住上新房，户户安装无线电视、4G网络全覆盖。从前黢黑的土坯房不见了，取而代之的是一栋栋灰瓦泥墙、宽敞明亮的太行民居。新建房屋配备独立卫生间、抽水马桶，铺设管道，污水统一处理，实现自来水进院

---

[1] 位杰，徐海峰.驻村制度：精准扶贫视域下嵌入式扶贫模式探析——基于河北省顾家台村的调查研究[J].太原理工大学学报（社会科学版），2020，38（2）：27-32，44.

进屋。村内新建猪舍、鸡舍统一养殖地，安置太阳能LED路灯160盏，新建养老院、红白理事会、数字影院、大戏台、便民购物商店、广场、村民活动中心、文化书屋、卫生室等。

驻村工作队还参与完善村民社会保障机制建设。"村里60岁以上的老人看病也不用花钱，家门口就有卫生所、3个健身的地方，我们还有停车场……标准化的卫生室、村民文化活动场所，新农合参合率100%，基本医疗保险、大病保险、医疗救助三重保障政策全面实施，基本解决了村民看病难问题。"[①]60周岁以上老人在县内住院合规费用按政策100%报销，重大疾病除新农合报销费用后，剩余费用仍然较高的，县政府进行二次报销。教育救助帮扶施行雨露计划，例如对河北农业大学一名学生、保定太行技工学校一名学生各资助3000元，对龙泉关中学一名学生资助2000元，对龙泉关小学一名学生资助1500元。

2018年，河北省委办公厅、省政府办公厅印发《关于加强贫困村驻村工作队选派管理工作的实施意见》，该文件指出驻村工作队要明确为民办事服务的职责任务，组织开展"暖心行动"，经常到贫困户家中走访，帮助解决就业、创业、就医、上学等实际困难；指导帮助村级组织建立服务平台，开展为民服务全程代办；帮助贫困村加强基础设施建设，改善贫困群众生产生活条件。同年，顾家台村第五批驻村工作队协助村"两委"巩固完善村内基础设施建设——新建储水池一座，并对供水管网进行整修，确保村民用水充足；完成村内"希望路"修建和停车场地面修复工作；协调省建筑科学研究院对村庄东侧道路山体护坡进行规划设计。同时，工作队争取并用足用好专项资金支持，完成水库护栏修建工作，保证村

---

① 杨亚红，马宁，王亮.顾家台变形记①：用了半辈子的扁担背篓"下岗"了［EB/OL］.（2019-09-28）. https://baijiahao.baidu.com/s?id=1645891686263751078&wfr=spider&for=pc.

民出行安全的同时也打造了景观；完成通往菜园道路的修建工作，方便村民下地劳作，保障农产品的正常运输；完成村内路灯维修养护工作，确保全部路灯夜间正常工作。

（三）驻村工作队实践特点总结

从顾家台村驻村工作队的实践样态来看，相比于之前粗放式扶贫模式，精准扶贫背景下的驻村在借鉴以往经验的基础上，其驻村的主体、任务、机制呈现出新的实践特点，这种变化极大地推动了扶贫开发工作的开展。

1.在精准扶贫阶段下，驻村任务更加精准化、综合化

相比之前的粗放式扶贫模式，精准扶贫阶段的驻村任务以问题为导向更加精准和综合。这里的精准一是指覆盖范围精准，即对党组织软弱涣散村、建档立卡贫困村和革命老区、边疆地区、民族地区及灾后重建区的全面覆盖；二是指人员选派精准，即坚持因村选人组队，把熟悉党群工作的干部派到基层组织软弱涣散、战斗力不强的贫困村，把熟悉经济工作的干部派到产业基础薄弱、集体经济脆弱的贫困村，把熟悉农村工作的干部派到矛盾纠纷突出、社会发育滞后的贫困村，根据各村各镇的实际情况，考虑派出单位的帮扶资源和驻村干部的综合能力，科学组建和派驻人员。综合是指任务涉及领域广泛。从顾家台村的实践来看，驻村人员从派驻村实际出发，在引导乡村基层组织建设、推动产业扶贫开发、提升乡村治理水平、改善村民生活环境、反馈乡村实际情况等方面发挥了重要作用。

2.在精准扶贫阶段下，驻村主体更加多元化、配角化

相比之前粗放式扶贫开发中的单一主体，在精准扶贫阶段，参与主体更加多元化。这里的多元化一是驻村主体来源的多元化，即驻村人员来源于党、政、军、企、事等各级单位。从顾家台村的实践来看，来自66481部队的军队人员在顾家台村的扶贫开发工作中扮演着重要的角色。66481部队扶贫具体工作负责人吕鸥组织官兵利用"国家扶贫日"、春节及定期走访慰问时机，多次进村入户开展传播红色故事、宣讲国家政策、军民文艺联欢等文化下乡活动，进一步坚定了村民打赢这场脱贫攻坚战的信心与决心。[①]二是驻村主体的角色多元化，即驻村人员成为党和政府扶贫政策的"宣传员"、农村基层组织建设的"指导员"、农村村情民意的"调查员"、农民脱贫致富的"帮扶员"。以往驻村人员的工作权限不明确，往往充当"钦差大臣"的角色，现在的驻村工作队基本改变了过去那种包揽乡村基层日常工作的做法，把自己的角色定位为支持、帮助、促进和服务于基层组织。换言之，如今出现在乡村社会中的"工作队"已从主导角色转变为配角角色、从全能角色转变为有限角色。

3. 在精准扶贫阶段下，驻村机制更加制度化、常规化

驻村制度不再是因为完成某一任务而短期存在的临时举措，而是成为一种非科层性的常规化、规范化运作机制，驻村制度的常规化和规范化是靠制度去支撑的。2015年和2017年中央分别出台了《关于做好选派机关优秀干部到村任第一书记工作的通知》和《关于加强贫困村驻村工作队选派管理工作的指导意见》，这标志着"驻村制度"成为国家扶贫制度体系的重要组成部分。在2016年至2019年的中央一号文件中，有关"三农"问题的一号文件都提出向农村派遣"第一书记"，并且在2018年的一号文件中明确指出建立"长效机制"。"长效"意味着非短期性、非临时性。河北省积极响应中央一号文件，2018年全省贫困村驻村工作队重新选派，派出单位原帮扶村不变，驻村干部在村工作时间为3年。脱贫攻坚期

---

① 2019，这些暖心瞬间让我们热泪盈眶[EB/OL].（2020-01-07）.https://rmh.pdnews.cn/Pc/ArtInfoApi/article?id=10653844.

内，贫困村脱贫退出的，驻村工作队不撤离，帮扶力度不减弱。

此外，地方各级机关根据本地区情况，也相继制定了有关驻村的文件。2018年，河北省委办公厅、省政府办公厅印发《关于加强贫困村驻村工作队选派管理工作的实施意见》，意见包括规范人员选派、明确职责任务、严格管理考核和加强组织保障四个方面，为更好发挥驻村工作队脱贫攻坚生力军作用提供了有力的制度保障。

驻村制度作为一种嵌入式发展模式在乡村治理中的高效性和有效性使它得以持续运行，而这种高效和有效会弥补科层体系和乡村自治制度治理的低效甚至无效的缺陷，实现乡村的可持续发展。同时，在驻村制度运行过程中，第一，应该警惕驻村工作"保姆化"倾向，避免乡村对其产生依赖心理。驻村工作队要明确自己的工作权限，避免职能的缺位、越位和错位。"驻村"是工作形式，而"助村"是工作内容，实现形式向内容的深化与转变是一种量变到质变的升华。第二，应该警惕驻村工作"运动化"倾向，避免扶贫开发急于求成。党领导社会主义建设的经验表明，运动式的建设虽然能够在短期取得明显的成效，但是也不可避免会出现大量资源浪费的情况，要把驻村工作制度化、长期化，目的是乡村发展持续化。第三，伴随着驻村制度成为一个常规性的运作机制，应警惕其科层化运行的倾向，避免其"离农化"，完善制度，加强监督，把驻村制度的运行限定在制度的笼子里。

结 语

消除贫困、改善民生、逐步实现共同富裕，是社会主义的本质要求，是中国共产党的重要使命。

河北省阜平县骆驼湾村和顾家台村的扶贫攻坚工作在短短几年

间取得的显著成效，离不开科学体系下的产业扶贫和精准扶贫下的驻村制度这两驾马车的助力。作为社会主义国家，我国扶贫带有一定的政策性，通过政策引导，从上而下各界各阶层形成一股合力，对扶贫地大力支援，内外联合，共同为脱贫想办法，支真招，立即行动，行动见效。正如顾家台村第一书记郄志忠所说："脱贫攻坚最为重要的，就是干部群众拧成一股绳干活。"这句话鲜明地体现了我国扶贫工作的特点。阜平县作为曾经的革命老区，在经过改革开放40多年后，多数村户仍然没有脱离贫困，对这些地区进行嵌入式的扶贫助力是必要的，是促进我国社会团结进步的要求。在驻村工作队的协助下，党支部和党员发挥先锋带头作用，对村民进行思想解放，用科学思想武装头脑，探索脱贫致富的方向，通过外力的带动激发村民内在的致富动力。同时，利用太行山良好的自然风光越过工业阶段进行农村旅游文化产业的开发，结合自然资源与地形特点，着力培育特色农产品，有效促进农业产业化经营，构建现代化农业产业链。从生产、制作到销售、分红，实现村民收入多元化；从脱贫到致富，从扶贫开发到建设美丽乡村，构建起一种中国特色的可持续发展的乡村建设模式，对我国其他贫困地区的开发建设工作提供有益参考。

参考文献

[1]潘文静.攻坚之战[EB/OL].(2020-08-02). http://he.people.com.cn/n2/2020/0802/c192235-34199775.html.

[2]习近平主席十年新年贺词金句[N].人民日报，2023-01-01(2).

[3]习近平：脱贫攻坚战冲锋号已经吹响 全党全国咬定目标苦

干实干［EB/OL］.（2015-11-28）.http://www.gov.cn/xinwen/2015-11/28/content_5017921.htm.

［4］徐运平，张志锋.阜平战贫［N］.人民日报，2020-07-17（13）.

［5］李宝荣同志带队赴河北省阜平县调研推进定点扶贫工作［EB/OL］.（2020-08-24）.http://wzjgswj.wenzhou.gov.cn/art/2020/8/26/art_1228999464_55355964.html.

［6］杨亚红，马宁，王亮.【辉煌七十年 燕赵展新颜】顾家台变形记③：为了这14000块钱……［EB/OL］.（2019-09-28）.https://www.sohu.com/a/343969208_120333600.

［7］曹建平.农民唐荣斌的幸福生活："俺想给总书记带个话"［EB/OL］.（2017-06-29）.http://www.dangjian.com/djw2016sy/djw2016qunz/201706/t20170629_4319694.shtml.

［8］牛镛，周博.河北省保定市阜平县顾家台村：用特色产业闯出一条脱贫路（新春走基层）［EB/OL］.（2020-02-02）.http://www.81.cn/gnxw/2020-02/02/content_9730220.htm.

［9］发挥"龙头企业＋合作社＋农户"各自优势推动农村社会生产力发展［EB/OL］.（2019-09-11）.https://lsfz.gufe.edu.cn/info/1003/1111.htm.

［10］脱贫口述｜总书记关心的顾家台村：只要想挣钱，出门就有活干［EB/OL］.（2017-05-22）.http://www.xinhuanet.com/politics/2017-05/22/c_1121015068.htm.

［11］位杰，徐海峰.驻村制度：精准扶贫视域下嵌入式扶贫模式探析——基于河北省顾家台村的调查研究［J］.太原理工大学学报（社会科学版），2020，38（2）.

［12］中共中央办公厅 国务院办公厅印发《关于加强贫困村驻村工作队选派管理工作的指导意见》［EB/OL］.（2017-12-24）.http://www.gov.cn/zhengce/2017-12/24/content_5250001.htm.

［13］特约调研组.只要有信心，黄土变成金：河北阜平县骆驼湾村和顾家台村脱贫调查［N］.人民日报，2019-09-12（2）.

［14］李斌，乌梦达，范世辉，等.春到骆驼湾［EB/OL］.（2020-

04-30）.http://www.xinhuanet.com/politics/2020-04/30/c_1125929783.htm.

［15］杨亚红，马宁，王亮.顾家台变形记①：用了半辈子的扁担背篓"下岗"了［EB/OL］.（2019-09-28）. https://baijiahao.baidu.com/s?id=1645891686263751078&wfr=spider&for=pc.

［16］2019，这些暖心瞬间让我们热泪盈眶［EB/OL］.（2020-01-07）. https://rmh.pdnews.cn/Pc/ArtInfoApi/article?id=10653844.

经典闽台生态文化村

——青礁村的"美丽乡村"建设

■ 莫芷若

一、印象"青礁村"

(一)青礁村简介

青礁村隶属于福建省厦门市海沧区海沧街道,位于厦门市西南角,背依文圃山,前临九龙江,西临漳州角美镇。据传,由于古时近村海滨有绿色的礁石,故名青礁。村庄总面积约5平方千米,耕地面积665亩,常住人口约5200人,下辖7个自然社,14个村民小组。7个自然社分别为埭仔社、后松社、大路社、鸿江社、院前社、过田社、芦塘社。该村地势较平缓,属于亚热带海洋性季风气候,温暖湿润,日照时间长,夏长冬短,年平均气温在20℃。降水充沛,平均年降雨量在1200毫米。这样的自然条件适合种植业的发展。青礁村蔬菜种植产业发展悠久,主要种植水叶菜,素有"厦门菜篮子"之称。该村种植的蔬菜大多卖给周边地区和厦门岛内。村内制造业有小型食品加工,如手工面厂、凤梨酥工厂等,还有小型木头加工厂、五金加工厂等。

青礁村具有三个突出特点：一是人文底蕴厚。历史上出过3个尚书、24个进士，自古传扬耕读文化。此外，青礁村保生慈济文化和颜氏家训文化氛围浓厚。村内著名景点有开台文化公园、青礁慈济祖宫和众多具有上百年历史的红砖古厝。二是自然风光美。青礁村院前社通过"美丽厦门共同缔造"，被评为"美好环境与幸福生活共同缔造活动第一批精选试点村、连片推进村和试点县"；芦塘社保留着传统农村的田园风光，也是水叶菜的种植基地之一。三是两岸交流深。青礁村是"开台王"颜思齐的故乡、闽台地区民间共同信仰保生慈济文化的主要发祥地，与台湾地区有着不可磨灭的历史渊源。每年4月18日，两岸同胞会聚青礁慈济祖宫，共同举办隆重的"海峡两岸（厦门海沧）保生慈济文化旅游节"。

青礁村致力于打造特色乡村旅游品牌，现已荣获中国乡村旅游创客示范基地、中国美丽休闲乡村、美好环境与幸福生活共同缔造活动第一批精选试点村、福建省"金牌旅游村"、福建省二十佳旅游特色村、福建省第一批省级传统村落、美丽厦门新24景、福建

图1 青礁村村貌

省农村人居环境整治提升试点村、厦门市乡村振兴重点示范村、第二批全国乡村旅游重点村等荣誉称号,成为远近闻名的"经典闽台生态文化村"。

(二)视觉青礁村

在城市化快速发展的影响下,青礁村一度面临着年轻人口外流、部分自然村破败、沦落为空壳村的困境,还面临着即将被拆迁的风险。经过村民的共同努力,以及"美丽厦门共同缔造"项目的实施,青礁村转身变成了美丽厦门新24景之一。

现在的青礁村历史底蕴深厚,生态环境优美,干净整洁的乡间柏油路,错落有致的田地、果树、香草地,细致分类的垃圾桶,俨然世外桃源。村内保留的祠堂、古树、老屋等向世人展示着独属于这里的古风意蕴。提到村内的古民居,就不能不提这饱经历史风霜而保留下来的几十座百年古厝。作为颜氏的聚居地,这些古厝风格古朴典雅却又气势恢宏,虽历经几百年岁月的洗礼,壮观气势不减当年。在修复改造中,人们根据当地人文、自然环境及历史背景对

图 2 青礁村内古厝景貌

当地的民宅进行了修复,重新提炼当地历史传统建筑元素,结合现代手法,重点对民宅立面进行了改造,充分保留了原始的风味。此外,村里还利用这些古民居开发咖啡馆、民宿、私房菜、博物馆等文化旅游产品,为古村落的复兴注入了强劲的文化因子。

二、典范"青礁村"

(一)"五位一体"建设现状

1.政治建设

(1)合理组织规划建设。

青礁村党组织下设5个网格支部,分别位于院前、鸿江、大路、后松、埭仔5个自然社。村"两委"成员7名,全村党员共202人。

青礁村党组织坚持"青山绿水,党建聚礁"工作模式。为增强"两委"班子凝聚力,坚持会前商议,会上决议,近年来落实"三会一课"、党日五件事,不断深入推进"不忘初心、牢记使命"学习教育,开展针对老党员的一对一帮扶教学。村"两委"严格实行"两委"坐班制度,完善村务监督制度,落实"四议两公开"(支部提议,"两委"商议,党员大会审议,村民代表大会决议;决议公开,实施结果公开),将老人协会资金也纳入村财管理,规范公章使用管理。村党委和村务监督委员会明确规定村"两委"要"回避"工程项目。在村庄建设上,村"两委"干部和党员及其亲属先行先试,发挥带头作用,积极推进乡村振兴项目建设,为乡村旅游打下硬基础。在宣传发动上,村"两委"干部和党员广泛动员部署、压实责任,由村"两委"包户到人、入户走访,站在村民角度积极宣传、解析政策、描绘前景,听取民意,发动群众。在群众参与度上，村"两委"积极召开户代会、乡贤理事会等讨论研究，梳理问题，为村民答疑解惑，充分激发村民的主人翁精神。

青礁村的乡村振兴属于内部牵头模式，由海沧街道的主要领导来进行详细指导，海沧街道的书记和主任每周六都会到村里开乡村振兴的周例会，在会上进行详细的部署。此外，村"两委"也会去其他的革命基地或者乡村振兴示范点，吸收、学习先进经验。

（2）扫黑除恶，建设平安青礁。

在建设发展过程中，青礁村的政治发展也曾走过弯路。在2018年换届之前，青礁村"两委"被列为软弱涣散党组织。2018年青礁村党委换届后，新一届"两委"便从扫黑除恶专项斗争开始进行整改，直到2019年摘除软弱涣散的"帽子"。有了前车之鉴，青礁村成立了青礁平安七社联盟（简称"七社联盟"），作为乡村社会治理联系党委和村民的桥梁纽带。青礁平安七社联盟是以党员干部为骨干，以平安志愿者为基础组建的整体，打造了"宣传发动我们来说、项目确定我们做主、巡逻防控我们参与、安全隐患我们来管、幸福家园我们享受"的社会治理格局。为了促进党风廉政建设，村党委和村务监督委员会明确规定村"两委"要"回避"工程项目，保证项目建设利村、利民最大化。此外，为加强党员和村民的法律意识，在思想宣传层面上，青礁村党员签订扫黑除恶承诺书200多份，向村民发放扫黑除恶宣传材料2万多份，组织扫黑除恶知识测试300人次左右。

2.经济建设

（1）因地制宜，以点带面，推动整体发展。

为避免自然村发展同质化的问题，青礁村下辖7个自然社通过规划制定了不同的发展路线。总体来说就是巩固院前、打造芦塘，带动整体发展。

院前社由于地理区位、历史资源的优势及现实的情况成为发展的领头羊，通过改革，完成了从一个"空壳村"到"经典闽台生态文化村"的美丽蜕变。2014年院前社在"美丽厦门·共同缔造"政策的引领下，一帮"回乡"的"80后""90后"成立了济生缘合作社，经过大胆探索，从发起城市菜地到改造闽南古民居，再到引入台湾DIY手工产业，走出了"城市菜地""手工DIY体验"等特色商业模式。伴随着多元化产业的引进，以及各种旅游配套服务设施的日臻完善，院前社已经成为海内外游客体验闽南特色乡村旅游、享受"城市慢节奏生活"、全国乡村旅游创客学习培训的综合性旅游区，成为厦门市乡村旅游的一张新名片。同时，它也吸引全国各地及海外创业青年前来参加乡村振兴培训，成为全国共同缔造培训点。

在院前社先进建设经验的指导下，芦塘社的打造也正如火如荼地展开，从2019年开始，陆续生成了数十个乡村振兴项目。结合芦塘美丽乡村示范村建设，引进厦门文圃研学教育有限公司规划运营，建设芦塘研学基地，包括现代化蔬菜大棚、儿童公园、昆虫馆、小芳工作室、观景平台等，进一步带动周边民房出租、村民就业，增加村民和集体收入。此外，芦塘社还号召"爱心妈妈"民间团队参与创业，以新兴的"芦塘小芳工作室"为载体，挖掘村中传统手工技艺，开展培训课程，借由"爱心妈妈"之手以古法工艺制作特色花茶、豆浆、海蛎饼等商品。

在整体规划上，青礁村计划充分联合院前社、芦塘社、青礁慈济祖宫、开台文化公园（位于后松、过田片区）四个主要景点，实现以点带面，从而全面提升青礁闽台文化的整体魅力。

（2）发展集体经济，共同缔造富裕生活。

调研期间，青礁村的村庄集体经济收入包括5个店面及地块的租金、一个政府储备用地的管理费用、利息收入。2019年村集体收入144.55万元，人均可支配收入3.38万元。

集体经济是农村共同富裕的重要载体。院前社"济生缘合作社"的建立与发展就是最好例证。"济生缘"寓意慈济、生态、缘分，它是由返乡创业青年陈俊雄发起成立的。陈俊雄初中毕业就外出打工了，十几年来，他做过建筑工人、司机、装修工等多个职业，五六年前回到故乡，才发现熟悉、热闹的小村已经变成"空壳村"。因种菜收益太低，许多年轻人选择外出打工，土地荒废得令人心疼。陈俊雄心想，青礁村以前就号称是"厦门菜篮子"，种菜就是我们的优势，或许可以从这方面做文章。深入思考后，他带领村里的一帮"80后""90后"的小伙伴，经过多方考察，成立了"济生缘合作社"，模仿网上"开心农场"的做法来经营城市菜地，通过认种、发展会员的形式，召集年轻人把村里的闲置土地利用起来，走出新型城市菜地的路子。他与首批招募来的15名本村的年轻人一起动手开垦了二三十亩闲置土地，"城市菜地"就这样建起来了。城市菜地以20平方米为一个会员单位，由合作社帮助认养人管理菜地，不喷农药、不喷生长素，每年保证至少500斤的蔬菜，吸引周边和岛内的居民成为会员。一方面，通过城市菜地的经营模式，每年每亩菜地的收入从原来的2万多元提升到了8万元。另一方面，借由城市菜地的引领，还带动了摘蔬菜、磨豆浆、识农具、烤地瓜等附属娱乐项目的发展，有效促进了村民增收。短短半年左右的时间，院前社不但吸引了6万多人前来休闲旅游，而且让看到实惠的村民们都争着要求加入合作社，许多到外地打工的年轻人也纷纷回乡加入其中。截至调研期间，合作社已发展了50多名成员，"城市菜地"项目也吸收了300多名会员。

随着合作社日益壮大，吸引了大批外地企业前来投资，进一步带动了观光旅游业的发展。通过整合城市菜地、青礁慈济祖宫、古厝和闽台文化交流等乡村休闲旅游资源，凤梨酥文化馆、陶艺馆、特色DIY、餐饮民宿等产业发展也风生水起，为村社提供了近200个就业岗位，促使越来越多的外出务工人员选择回乡创业就业。今后，合作社还将引导村民逐步发展咖啡馆、国学书院、博物馆等与乡村休闲旅游相配套的产业，力争把院前社不断提升的人气转化为村民源源不断的财气，从而实现"百姓富"的目标。

（3）借对台优势形成集聚产业。

"台味浓"是青礁村的一大优势，青礁村是台湾民间第二大信仰"保生慈济文化"的主要发祥地，还是"开台王"颜思齐的故乡。于是青礁村发挥对台优势，借助慈济文化节等平台广结"台"缘，促进两岸合作交流。

台湾南投县的"凤梨博士"黄来裕是第一批来院前社创业的台商，他与院前社"济生缘合作社"携手，把一座旧厂房改成了凤梨酥观光工厂。台湾社区营造专家李佩珍老师受政府邀请，负责对院前社村容村貌进行规划和改造。合作期结束的她留在了院前社，和合作社一起推介两岸的特色农产品。越来越多的台胞选择院前社创业，形成了聚集效应。来自台湾的郑老师在院前社成立龙永发智慧农场，进行火龙果种植、采摘、推广。台湾牛樟芝养生馆、台大兰园等如雨后春笋般涌现，台湾味道成为院前社新产业的一大亮点。现在，每逢周末和节假日，慕名来到院前社的游客络绎不绝，除了观光旅游休闲，院前社还打造了学生科普教育、社会实践、团队拓展训练基地。此外，芦塘社积极引进台胞社区主任助理进行创业，与本地村民联手打造"古意烘焙坊"，由台湾专业面点师将特色风味引入青礁村，目前已具备线上下单、线下配送、预约定制蛋糕等多种业务，推动了经济发展。

图3 青礁村里的牛樟芝养生馆

图4 青礁村里的台大兰园

3.文化建设

(1) 文化遗产绽魅力，社区书院播新风。

2014年，应海沧区民政局邀请，台湾社区营造专家李佩珍老师来到厦门市海沧区青礁村院前社，参与协助社区规划、改造工作。她将台湾社区总体营造的"先造人后造物"的理念推展至院前社，先以"培力"的方式，强化在地组织的自主力量，进而由在地组织及村民主动参与村庄建设。借由活化修复村里老废古厝之际，挖掘地方文化历史，让村民产生文化自信心与自豪感，提升其建设、改造家乡的热情。

青礁村文化底蕴丰厚，文化遗产众多。例如，闽南天然香制作技艺，闽台独特的民间游艺活动"蜈蚣阁""油炬走境"，民俗活动"火把节""炮炸寒单爷"等沿传至今，成为文旅产业发展的重要文化支撑。此外，为了传承传统国学及颜氏家训文化，青礁村修缮了院前社的古民居"大夫第"，芦塘社的光裕堂（芦塘书院）、明清官宅等，开办书院、学堂等，并在书院内有计划地安排专题讲座或座谈会，截至调研实践团调研期间，共组织专题讲座20多场。先后邀请厦门大学教授、讲古专家、古厝达人等贤达能人授课讲学、传经解惑，如闽南文化研究专家彭一万等就曾受邀前来讲授"耕读文化"，还组织了"返乡创青春，耕读在书院"返乡青年座谈会，引发了参会者的共鸣。这些举措既能让村民们在古厝里追寻过去的声音和足迹，也满足了村民们现在的文化需求，对凝聚乡情意义重大，同时也使古代书院所具备的民间教化和乡贤自治这两大功能得到了一定程度的复苏。

(2) 广结"台"缘，借助"台"力。

在历史和文化信仰方面，青礁村和台湾地区有着无法割舍的联系。一方面，青礁慈济祖宫是闽南和台湾地区共同信奉的道教神祇——保生大帝的祖庭，具有深厚的历史文化底蕴，已成为海峡两岸民间信仰朝拜圣地，以及闽南民俗文化展示的窗口。另一方面，作为"开台王"颜思齐的故乡，青礁村至今仍是颜氏族群聚居地，闽南文化与历史底蕴深厚，村里建设了开台文化公园。开台文化公园作为祖国大陆第一座以纪念颜思齐开台文化为主题内容的文化公园，在促进颜氏宗亲的交流互动、增进两岸情谊、弘扬闽台文化、传承优秀历史文化方面起到了重要的作用，并为各地游客和周边居民提供了一个集文化交流、纪念教育、休闲娱乐于一体的特色景点。

此外，青礁村还修缮了有着700多年历史的颜氏宗祠，打造了集保生慈济文化和颜氏宗亲文化于一体的乡愁展览馆，并依托开台先驱颜思齐文化交流基地，举行两岸颜氏宗亲会"同祭开台王"大型活动，共同续修颜氏族谱，成为两岸文化交流的一大盛事，不仅加深颜氏宗亲对同根同源的认识，更促进了两岸经济文化社会的共同发展。例如，青礁村与台湾大学城乡发展研究基金会、中山大学、厦门大学台湾研究院合作，将院前社作为试点，打造两岸社区；台湾企业主动对接院前社，为合作社引入台湾种子，设置台湾果蔬种子供应中心；台湾环保无公害协会主动邀请合作社人员到台湾参观交流；台湾大学也主动派出专人来对接古厝改造；等等。

如今，青礁村引进的驻村台胞助理一共3人，他们除了在社区营造、旅游发展规划等方面出谋划策，还开展了"小小讲解员"项目，从青礁小学里选出学生开展演讲培训，既加深了年轻一代对村庄文化的了解，也为展现村庄魅力开拓了一条新途径。

图 5　青礁慈济祖宫

图6 开台文化公园

4.社会建设

（1）公共设施与公共服务日渐完善。

在公共设施方面，为了方便本村居民和服务外来游客，青礁村村庄道路、各项水电设施、邮电通信设施及环保设施不断完善，也具备相应的停车场、导览标识、旅游厕所、专门的游客服务中心等。村"两委"还组织村中能工巧匠参与项目建设，挖掘传统建筑工艺，发扬工匠精神，并由村民监督工程质量，力争改造设计既兼顾村容村貌，又能满足村民生产生活需要，如平改坡、美丽庭院、"我想静径"等景观。现阶段青礁村已完成芦塘书院修缮、青礁村后松社道路改造、平改坡、裸房整治71栋、村民文化广场、休息厅、戏台、花径瓜果长廊及配套停车场建设等项目，目前正在推进缆线落地工程、芦塘古厝修缮工程、昆虫馆建设工程、新菜市场迁移等项目。在公共自来水方面，青礁村正在努力推进抄表到户项目，方便村民用水缴费等。

在公共服务方面，青礁村将村委会一楼作为面向村民的公共服务窗口，开设77项村民服务项目，村民大小事基本都可以在此得到解决，并且实现了电子扫码办理业务的渠道开发，免去了村民到处跑、办事难的麻烦。在养老保险方面，青礁村目前分为城乡养老和被征地养老两种类型。此外，特殊人员做到应保尽保，残疾人和低保户还有区政府补助每人200元。截至调研期间，青礁村有低保户41户70人，除补助金外，这些人员还可申请住房货币补助。为了借助外力更好地建设村庄，青礁村还成功对接了厦门一中、厦门第一医院、海沧区侨联、舒友集团等单位到院前社开展义诊、义演、慰问老人等活动，引进国家一级美术师康明义开展"艺术入村"公益教学，倡导和引领了"健康、快乐、环保、可持续"的生活理念。

社区书院的建设也为村民的生活提供了许多便利与帮助。一方面，针对留守儿童放学没人管或管不好的情况，青礁村在芦塘书院内开设"四点钟课堂"，把他们集中起来完成作业、温习功课，聘请老师进行管理和辅导，并组织开展一些农耕生产体验活动，实现小孩放学有"晚托"。同时，利用书院房前屋后开辟文化广场，装上大显示屏、配上音箱设备，让村民尽情地唱起来、跳起来。现在，每到晚饭后，男男女女、老老少少都成群结队来到广场，一直要到晚上9点多才会散去。有的村民自豪地说："别人花钱去歌舞厅唱歌跳舞，我们是在免费观赏着自然美景、呼吸着清新空气中放声歌唱。"另一方面，院前社的"两岸青创书院"成为两岸创业就业青年分享交流的园地、学习培训的基地、资源共享的平台。

(2) 构建和谐、文明乡风。

青礁平安七社联盟作为乡村社会治理中联系党委和村民的纽带，在2019年成立时虽然是以平安综治为起点，但是后续实践过程由海沧派出所和海沧街道综治办持续予以指导和调整，成为村庄综合建设的一大力量。

七社联盟依托"新时代文明实践站"（芦塘书院），联合9支志愿服务队，开展"讲文明、树新风、献爱心"活动，组织开展法治宣传教育、讲授惠农政策；由老人协会负责移风易俗，推行婚事"四不两用"倡议（不办订婚宴、不攀比彩礼、不讲排场、不比阔气，将节省下来的钱用于发展事业、用于子女教育）；号召村民牢记传统美德，筹集社会爱心资金66万余元，开办"幸福食堂"，为全村75周岁及以上老人免费提供午餐；济生缘合作社为回馈村庄，每年重阳节会举办百老宴活动，将村里的老人聚在一起过节并分发礼物，还会为村里上大学的孩子提供补贴。新冠肺炎疫情防控期间，各类人士捐资捐物达30余万元，口罩1.5万余个，食物、水、医用物资等数百箱。金荣发合作社向一线医务人员捐菜50吨，价值达20万元，非物质文化遗产项目"妙吉祥"香道向村民捐赠艾草熏香2000份，价值达14万元。七社联盟还建立了"日排查、周报告、月稳控"机制，对各类诉求和问题及时掌握、预警、调处，每天安排巡逻车在村庄内巡逻，以便及时化解各类治安问题，树立和谐、文明乡风。

5. 生态文明建设

（1）整治村容村貌，共同缔造美好家园。

新型治理模式极大限度地激发了村民们参与村容村貌整治工作的热情：以群众参与为核心，以房前屋后的大事小情为抓手，将共谋、共建、共管、共评、共享思维嵌入村民的日常生活，让"共同缔造"内化到每一个村民的心中。村"两委"成员带头发动亲朋好友共捐共建、募集资金；乡贤理事会入户动员村民走出"小家"局限，让位"大家"环境；政府"以奖代补"，通过资金、建材等多形式奖励，充分激发村民参与热情。从2014年3月开始，村民们纷纷行动起来，清扫房前屋后的垃圾、拆除猪舍、旱厕等，为花坛砌上鹅卵石、在荒地种上一畦畦菜苗。据统计，整个村庄在改造过程中，村民自发出让菜地、空地、猪舍、鱼塘等场所4800余平方米，投工投劳1000多人次，折合人民币400余万元。清理出来的空间不仅拓宽了村社道路，还打造出了精致的绿化景观。

图7 青礁村改造后的村容村貌

院前社借鉴台湾经验开展了"垃圾不落地"活动，给村民发放300个垃圾桶，专门的垃圾运输车一天早晚2次运走垃圾。据介绍，村里只用了3天时间便做到了垃圾不落地。芦塘社还承接了"垃圾分类试点工作"，村民们集思广益，采取边宣传、边整治、边检查、边巩固的方式，自发管护房前屋后。为了提升品位和形象，村里还请来了台湾社区营造专家李佩珍老师，在她的指导下对村容村貌、房前屋后进行规划、改造和提升。

（2）缔造功能分区，实现良性发展。

青礁村除了对各个村庄总体有着不同的发展规划外，在自然社内部也实现了创意缔造功能化村落布局。在市区两级政府的大力支持下，中国城市规划设计研究院厦门分院为青礁村院前社制订了整体概念规划和风貌提升规划,将村社空间划分为城市菜地亲子园、特色餐饮区、农副产品展销区、文化创意街坊、田园滨水景观区、古厝文化展示区和商业配套区等7大功能分区,进行街巷路网机构调整,形成2街7巷9点的路网布局,设计了串联城市菜地、面线馆、大夫第、古厝群、凤梨酥工厂等重要节点的游览观光路线,并提出了包括水系治理、庭院美化、建筑修缮、道路提升、村社绿化和市政改善在内的6大专项整治计划。

在旅游产品和项目的规划设计上,青礁村注重保留村庄原始风貌,不削山、不填塘,在村庄道路、沟渠、河道、池塘改造方面注重自然生态,保留浓厚的乡土气息,并着力挖掘传统文化内核。

(二)"典范青礁"建设经验

青礁村的成功建设经验得到了社会各界的广泛认可:多位领导干部莅临参观,越来越多人慕名而来;央视大型纪录片《记住乡愁》栏目组为其拍摄了一期名为《青礁村——自强不息》的纪录片;2020年青礁村还入选了文化和旅游部、国家发展改革委联合开展的第二批全国乡村旅游重点村名单。随着知名度的提升,院前社通过搭建培训教学平台,总结推广村庄治理经验,吸引全国各地的人前来学习,顺势带动了乡村旅游经济的发展。目前,已有沈阳、河南、海南、青海、贵州、新疆等多个省市自治区及日本、"一带一路"沿线国家前来学习取经,每年培训约2万人。同时,合作社也加强了与台湾地区、日本等的交流,互访学习社区治理理念。青礁村乡村旅游发展主要有以下经验:

一是发挥年轻人的带动作用,成立合作社,走强村富民的共同富裕道路。年轻人在自己的家乡找到了发展的舞台,通过在家门口创业,带动村民共同富裕。合作社发挥自身造血功能实现发展,运用陀螺管理法则,让引进的商家带动合作社及整个村子的发展。通过"支部+专业合作社"方式,探索走出一条"支部强、机制活、百姓富、生态美"的新路子。

二是传承传统文化,将文化资源作为旅游产品,闯出一条可持续发展的乡村旅游之路。注重传统文化的保护和传承,不断挖掘村中的传统文化元素,对特色文化进行包装、宣传,以文化促发展。

三是创新发展,打响品牌。青礁村乡村旅游发展以手作、实践为特色,成立了极具海峡两岸特色的"绿色文化创意产业基地"和"亲子教育体验基地"。在此基础上,青礁村也将不断深化实践,引入社会资本,流转闲置土地资源,通过开发各种DIY产业,结合在地资源发展研学教育产业,实现创新发展,打响品牌。

三、未来的"青礁村"

在宣传营销规划方面,青礁村下一步将以"田园综合体"为底板,以海上丝绸之路文化、漳厦铁路文化作为亮点,引入更具年轻态的互联网思维,凸显传统与现代的充分融合,从而使青礁村走出一条自己的新路。将休闲旅游产业依附于农业,呈现特色,注重发挥休闲现代农业社会效益和生态效益,打造出海沧乃至国内知名的"田园综合体"。为此,青礁村要着力解决发展中现存的问题,譬如现代化的专业人才不足、旅游化发展中本地老百姓的文化建设不足、产业结构性调整还需要进一步深化、与台胞深化互动等。针对这些问题,可采取以下措施:

第一,强化"人文意识"。注重"人"在村落建设中的积极作用,多元打造适应本村可持续发展的人才梯队。

人才流失是当今村庄发展面临的一大问题,人才的流失意味着村庄发展的内生动力的流失。相较于过去大量年轻劳动力、人才外流的现象,现如今的青礁村通过一系列的乡村振兴计划在建设人才方面已经取得了进步，但是仍然不够推动青礁村实现长远发展。专业人才的培养与引入速度跟不上村庄发展的速度，这在一定程度上导致青礁村发展内生动力不足。此外，青礁村还存在本地老百姓文化建设不足的问题，这也给青礁村的全面转型带来了一定麻烦。因为村民思想文化较为落后保守，在乡村基层治理建设方面便会发生村民不理解、不配合的问题，这在一定程度上给村庄的发展拖了后腿。

为解决以上困境，首先，需要培养壮大在地青年团队。一方面，立足于本土建设，加强本地致富能手的孵化，鼓励他们带动全村老百姓富起来。另一方面，也要注重文化能人的培养，创造条件积极培育群落的现代文化意识，在经济增长的同时做到精神富裕，实现当代新农村的文化小康。其次，还要不断引进人才，调动多元主体的力量，为乡村发展注入新活力、新动力。

第二，优化"产业意识"。深入挖掘本地文化资源，充分推动文化与农业、旅游业等传统产业的融合发展。

单一产业发展容易导致内卷化问题，破解此类问题的一大方法便是促进产业融合发展。青礁村从过去的"厦门菜篮子"发展到如今建立在"城市菜地"基础上的乡村旅游业，第一产业和第三产业融合发展带来的经济快速增长便是一个很好的例证。但是产业的融合也需要不断优化升级，才能更好地实现村庄的可持续发展。

为此，青礁村可以立足于现代化蔬菜生产基地建设，打造绿色全生态的"吃住行游购娱"一体化发展的农业主题游，实施立足农村、吸引城市的现代"农村包围城市"战略，构建"文旅为体，农业为魂"的特色产业体系。

第三，提升"合作意识"。注重本地村民与台湾同胞的互动合作，着力打造两岸人文交流的重要通道。

一方面，作为台湾颜氏的祖地，青礁村要充分依托祖宗故地服务于两岸颜氏同胞的合作交流，共同传承颜氏家族自强不息的家风。另一方面，作为海峡两岸民间共同信仰的保生慈济文化重要发祥地，青礁村要充分利用青礁慈济祖宫这一著名历史文化景点、举办好"海峡两岸（厦门海沧）保生慈济文化旅游节"，唤起两岸同胞的文化共鸣、增进两岸同胞之间的情感、促进两岸的文化经贸合作交流。

在青礁村"美丽乡村"建设过程中，台湾同胞给予了不少帮助。从前期两岸共同缔造计划实施时，台湾社区营造专家为青礁村的改造积极出谋划策；到后来乡村旅游经济发展时，众多台湾企业商家入驻；再到现在台胞社区助理驻村助力乡村建设，青礁村的进步离不开两岸同胞的共同努力。但是，村庄的长效发展不能过多依靠外力，最主要的还是村庄内生动力，过于依赖外力会助长村庄发展的不稳定性。因此，在建设发展中，青礁村不仅要直接借助"台力"，更要学会吸收台湾的先进经验，将其融入自身建设中，实现"鱼渔兼得"，打造青礁独特发展模式。

第四，升级"创新意识"。利用"互联网+"为"美丽乡村"建设服务，促进乡村现代化建设。

互联网的发展率先给城市带来了巨大福利，村庄也应该紧随其后抓住机遇、促进自身发展。现如今，青礁村所缺乏的便是更具年轻态的互联网思维，实现村庄各方面建设的高效化。现存的一些问题，譬如党建与政务处理工作较为传统、村庄宣传方式不够新颖、文化遗产保存与传承等，都可以利用"互联网+"解决。

在政治建设方面，通过"互联网+政务服务"的方式，简化村民办事流程，提高为民服务效率，公开村庄财政、党建信息，实现信息透明化和管理高效化。在经济建设方面，通过"互联网+宣传+销售"的方式，如利用自媒体平台进行形象宣传和网络直播带货等，实现村庄名气提升和经济创收两手抓。在文化建设方面，利用"互联网+教育"的方式,将青礁村历史传统文化和新兴媒介相结合,通过创新数字化方式,向村里年轻一代和外来游客进行文化宣传和教育;同时,利用互联网数据平台,记录村庄历史及发展历程,为后人追忆青礁文化及其发展脉络提供技术保障,实现村庄故事的永久保存。

未来,青礁村的发展还需进一步凝神聚力,充分发掘自身优势,让经典闽台古村落的文化魅力释放出更加耀眼的光芒。